权威·前沿·原创

皮书系列为
"十二五""十三五"国家重点图书出版规划项目

智库成果出版与传播平台

太平洋岛国蓝皮书

BLUE BOOK OF
PACIFIC ISLAND COUNTRIES

太平洋岛国发展报告
（2020）

ANNUAL REPORT ON DEVELOPMENT OF PACIFIC ISLAND COUNTRIES(2020)

聊城大学太平洋岛国研究中心
主　编／陈德正　吕桂霞

社会科学文献出版社
SOCIAL SCIENCES ACADEMIC PRESS (CHINA)

图书在版编目(CIP)数据

太平洋岛国发展报告.2020/聊城大学太平洋岛国研究中心,陈德正,吕桂霞主编.——北京:社会科学文献出版社,2020.11
（太平洋岛国蓝皮书）
ISBN 978-7-5201-7533-3

Ⅰ.①太… Ⅱ.①聊… ②陈… ③吕… Ⅲ.①太平洋岛屿-国家-社会发展-研究报告-2020 ②太平洋岛屿-国家-经济发展-研究报告-2020 Ⅳ.①D76 ②F160.4

中国版本图书馆 CIP 数据核字（2020）第 209170 号

太平洋岛国蓝皮书
太平洋岛国发展报告（2020）

聊城大学太平洋岛国研究中心
主　编 / 陈德正　吕桂霞

出 版 人 / 王利民
组稿编辑 / 张晓莉
责任编辑 / 叶　娟
文稿编辑 / 肖世伟

出　　版 / 社会科学文献出版社·国别区域分社（010）59367078
　　　　　　地址：北京市北三环中路甲 29 号院华龙大厦　邮编：100029
　　　　　　网址：www.ssap.com.cn
发　　行 / 市场营销中心（010）59367081　59367083
印　　装 / 天津千鹤文化传播有限公司
规　　格 / 开　本：787mm×1092mm　1/16
　　　　　　印　张：15.75　字　数：234 千字
版　　次 / 2020 年 11 月第 1 版　2020 年 11 月第 1 次印刷
书　　号 / ISBN 978-7-5201-7533-3
定　　价 / 128.00 元

本书如有印装质量问题，请与读者服务中心（010-59367028）联系

▲ 版权所有 翻印必究

《太平洋岛国蓝皮书》编委会

主编 陈德正　吕桂霞

编委（以姓氏拼音为序）
　　陈德正　陈万会　陈志强　顾銮斋　郭小凌
　　韩　锋　〔澳〕何包钢　李增洪　梁茂信
　　刘昌明　吕桂霞　庞中英　曲　升　汪诗明
　　王　华　王　玮　徐秀军　于　镭　喻常森
　　翟　崑　赵文洪　周方银

主要编撰者简介

陈德正 历史学博士、教授、博士生导师（合作）。现为聊城大学太平洋岛国研究中心执行主任，兼任中国太平洋学会太平洋岛国研究分会常务副会长、山东省世界史专业委员会理事长。荣获山东省教学名师、齐鲁文化英才、山东高校十大师德标兵、山东省智库高端人才等称号。主编《一带一路列国志》、《一带一路名城志》、《太平洋岛国研究》（集刊），在商务印书馆出版《〈希腊志略〉〈罗马志略〉校注》《〈欧洲史略〉〈西学略述〉校注》，在《世界历史》《史学理论研究》等学术期刊发表论文多篇，获省级教学科研成果一、二等奖 6 项，主持完成和在研国家级和省部级科研项目 7 项。

吕桂霞 历史学博士、博士后，澳大利亚国立大学访问学者。中国社会科学院世界历史研究所研究员，聊城大学太平洋岛国研究中心特聘高级研究员，南太平洋大学亚太研究院研究员，主要从事太平洋岛国政治与外交和斐济研究。出版《新版列国志·斐济》《遏制与对抗：越南战争期间的中美关系》和《牧场工行动：美国在越战中的落叶剂使用研究》等专著；发表学术论文 50 余篇；撰写咨询报告 30 余篇；主持国家社科基金项目"斐济独立后的对外关系研究"、教育部区域和国别研究专项"'一带一路'倡议在太平洋岛国地区的实施路径研究"等十余项。

序

《太平洋岛国发展报告（2020）》的出版是国内太平洋岛国和中太关系研究领域一件具有重要意义的事。作为长期从事太平洋岛国工作的外交人，我愿就此向聊城大学太平洋岛国研究中心和社会科学文献出版社致以热烈祝贺！

在2009～2011年、2014～2019年前后八年多时间里，我两次担任中国—太平洋岛国论坛对话会特使，率团出席各次太平洋岛国论坛会议，并多次赴各太平洋岛国访问。在与太平洋岛国各界接触中，我深切感受到，在世界百年变局大背景下，太平洋岛国地区形势风起云涌，也在发生很多深刻变化。其中最为重要的一点是，各岛国谋求自主发展和联合自强的意识不断增强，在地区和国际舞台上日趋活跃。近年来，太平洋岛国已经成为全球气候变化、南北对话和南南合作领域一支不可忽视的力量。各岛国在应对挑战、推进经济社会可持续发展方面也取得了积极进展。

太平洋岛国地区是"21世纪海上丝绸之路"的重要组成部分。2014年11月，习近平主席与建交太平洋岛国领导人在斐济楠迪举行集体会晤，共同决定建立"相互尊重、共同发展的战略伙伴关系"。五年后，中太领导人在巴布亚新几内亚首都莫尔兹比港再次聚首，决定将双方关系提升为"相互尊重、共同发展的全面战略伙伴关系"。2019年10月，在萨摩亚首都阿皮亚举行的第三届中国—太平洋岛国经济发展合作论坛通过《中国—太平洋岛国经济发展合作行动纲领》。目前，中国与十个建交的太平洋岛国正在积极推动共建"一带一路"合作。中太贸易投资往来，以及在农林渔业、能源资源、海洋、旅游、文教卫生等领域的交流合作越来越频繁和密切，中太关系进入蓬勃发展的新时期。中国正以自己的方式为太平洋岛国的发展进步做出贡献。

　　囿于地理距离和国家规模等，缺乏系统和权威性资讯和参考材料，是近年来国内在了解和研究太平洋岛国方面经常碰到的问题。2012年聊城大学太平洋岛国研究中心成立以来，在这方面做了大量卓有成效的工作，填补了空白，受到各方高度评价。在当前形势下，《太平洋岛国发展报告（2020）》的出版对于服务国内太平洋岛国研究和中太关系发展，无疑又是一个及时和具有重要意义的举措。这也是聊城大学太平洋岛国研究中心在专业建设方面迈出的新步伐，可喜可贺！

前中国—太平洋岛国论坛对话会特使　　杜起文
中华人民共和国外交部政策咨询委员
2020年6月16日于北京

摘　要

《太平洋岛国发展报告（2020）》主要分析总结2019年太平洋岛国地区的政治、经济和社会发展态势，特别是中国与太平洋岛国的交流与合作发展。

总体来看，2019年太平洋岛国地区政治、经济、外交局势保持平稳。2019年是太平洋岛国选举年，所罗门群岛、图瓦卢、基里巴斯、密克罗尼西亚联邦、瑙鲁、马绍尔群岛、新喀里多尼亚（法）等国家和地区举行大选，巴布亚新几内亚、汤加因政局变动进行了政府首脑选举，布干维尔地区则顺利进行了公投。在经济领域，太平洋岛国发展潜能正逐步释放，经济运行总体向好，但受制于自身特点，其短板与风险依然突出。在外交方面，南太平洋地区外交出现了新动向，主要表现为：第一，确定区域主义的新标签——蓝色太平洋，发展"蓝色太平洋"外交；第二，更为重视气候外交；第三，关注北太平洋地区局势，外交活动覆盖整个"太平洋世界"；第四，偏好区域组织的多边外交。

2019年是中国建设"21世纪海上丝绸之路"的深化发展年，2018年巴布亚新几内亚、纽埃、斐济等11个太平洋岛国相继与中国签署"一带一路"合作谅解备忘录，中国与太平洋岛国关系迅速发展。同时，中国在太平洋岛国地区取得外交新突破，不仅与所罗门群岛建交，而且与基里巴斯复交。中国—太平洋岛国旅游年、第三届中国—太平洋岛国经济发展合作论坛等活动成功举办，搭建了对话平台，有力地促进了双方经贸往来和人员交往。

关键词： 太平洋岛国　"一带一路"　中太关系

目 录

Ⅰ 总报告

B.1 2019年太平洋岛国总体形势 …………………………… 于 镭 / 001

Ⅱ 分报告

B.2 2019年太平洋岛国政治形势 …………………………… 王作成 / 012
B.3 2019年太平洋岛国经济形势 ………… 周余义 杨 阳 胡振宇 / 025
B.4 南太平洋地区外交新动向
　　——基于《太平洋岛国论坛公报》的考察 …………… 梁甲瑞 / 047

Ⅲ 专题篇

B.5 2019年所罗门群岛大选 ………………………… 刘晓临 张 勇 / 063
B.6 2019年布干维尔公投分析 ……………………………… 孙雪岩 / 070
B.7 2019年太平洋运动会对萨摩亚政治、经济、文化的影响
　　……………………………………………………………… 姜 芸 / 082

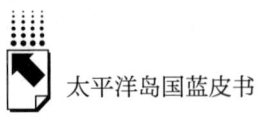

B.8　太平洋岛屿区域海洋机制发展动向…………………………曲　升 / 093

B.9　2018年APEC峰会后巴布亚新几内亚的内政外交与
　　　中国—巴新关系发展…………………………………………韩玉平 / 120

B.10　2018年斐济大选及其影响…………………………………吕桂霞 / 135

Ⅳ　中国—太平洋岛国关系篇

B.11　扬帆向南：中国与太平洋岛国共建"一带一路"的机遇与挑战
　　　……………………………………陈晓晨　关照宇　张婷婷 等 / 147

B.12　2019年中国与太平洋岛国关系回顾与展望………………赵少峰 / 173

B.13　中密关系30年：回顾与展望………………………………李德芳 / 187

B.14　中国对萨摩亚的教育援助…………………………………石莹丽 / 202

Ⅴ　附录

B.15　2019年太平洋岛国大事记…………………………………林　娜 / 217

Abstract　………………………………………………………………… / 223
Contents　………………………………………………………………… / 225

总报告

General Report

B.1 2019年太平洋岛国总体形势

于镭*

摘　要： 2019年太平洋岛国总体政治、经济和外交形势平稳。多数国家加速将执政重心转至发展经济、改善民生、应对海平面上升等方面。这表明了太平洋岛国民众渴望政治稳定、经济发展和环境保护的强烈愿望正成为太平洋岛国的主流社会思潮。太平洋岛国经济发展也呈分化之势，一些国家由于顺应世界潮流，实现了经济的快速增长；而另一些国家经济则持续下行。在国际政治舞台上，太平洋岛国用"一个声音说话"，显示了太平洋岛国在国际政治特别是全球气候治理方面拥有越来越多的话语权。在地区发展方面，太平洋岛国一方面联手推动"蓝色太平洋"发展规划，另一方面加速实施"北

---

* 于镭，聊城大学太平洋岛国研究中心首席研究员，北京外国语大学客座教授，主要研究领域为太平洋岛国与区域内外大国关系、美澳同盟等。

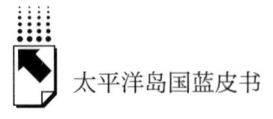

望"政策,以推动太平洋岛国经济发展。太平洋岛国与中国互利合作在"一带一路"倡议和"人类命运共同体"的推动下进一步深化、强化,揭开了中国同太平洋岛国关系发展的新篇章。

关键词: 太平洋岛国 政治形势 中太关系

2019年,太平洋岛国总体政治、经济和外交形势稳定。越来越多的太平洋岛国政府加速将执政重心转至发展经济、改善民生、维护民族和解与稳定、加强环境保护等方面。整体分析,多数太平洋岛国2019年呈现出政局稳定、经济向好的发展态势,但也有少数太平洋岛国因内外政策失误,经济继续保持下行趋势。

2019年,太平洋岛国的总体经济发展形势好于2018年。据亚洲开发银行统计,太平洋岛国平均经济增长率为3.5%~4%。

一 太平洋岛国总体政治形势

2019年,五个太平洋岛国——巴布亚新几内亚、瑙鲁、图瓦卢、密克罗尼西亚联邦和马绍尔群岛举行大选,汤加因首相病逝举行补选。巴布亚新几内亚前政府财政部长詹姆斯·马拉佩(James Marape)高票当选为新一任总理;瑙鲁律师莱昂内尔·安吉米亚(Lionel Aingimea)击败丑闻缠身的前总统巴伦·瓦卡(Baron Waqa)成为新一任总统;纳塔诺(Kausea Natano)以压倒性优势击败连任呼声很高的埃内莱·索波阿加(Enele Sopoaga)出任图瓦卢新总理;帕努埃洛(David W. Panuelo)赢得大选,成为密克罗尼西亚联邦第九任总统;汤加议会则选举财政和国家规划大臣波希瓦·图伊奥内托阿担任新首相;马绍尔群岛新议会则于2020年1月6日选举前总统阿马塔·卡布阿的儿子戴维·卡布阿为新任总统。

上述六国局势在大选期间总体平稳，未出现大规模社会动荡或民众抗议。六国选举的结果均是新人当选，老资格领导人无一获得连任。这一方面反映了太平洋岛国民众渴望政局和社会稳定，另一方面也反映了民众要求政治革新、加快经济发展的强烈愿望。正是由于该地区各国民众对既往领导人执政理念缺乏认同感，因而"求新、求变"正成为太平洋岛国的主流社会思潮。①

值得关注的是，在谋求地区稳定和经济发展的氛围下，一些长期影响太平洋岛国地区稳定的热点问题逐步进入政治解决轨道。2019年11月下旬，巴布亚新几内亚布干维尔（Bougainville）20多万名居民依据2001年达成的《布干维尔和平协定》举行了公投。虽然98%的居民支持脱离巴布亚新几内亚独立，但该地区获得真正独立尚须经过诸多法律程序，未来发展仍需进一步观察。② 本地区的另一热点——新喀里多尼亚（法）也进入独立公投的高潮期。在2018年的公投中，法国政府和西方一些非政府组织事先做了大量工作，劝说当地民众留在法国，但拥护独立的民众人数大大超出法国等西方主要国家的预期。鉴于两派民众数量接近，有关方面不得不达成妥协，决定于2020年9月举行第二次公投。③

虽然太平洋岛国在2019年有6个国家举行大选或补选，并且巴布亚新几内亚布干维尔还举行了公投，新喀里多尼亚（法）也将举行第二次公投，但整个太平洋岛国地区整体政治形势较以往相对稳定，未出现大规模的政治或社会动荡。这充分说明太平洋岛国地区的各国政府和民众已经形成维护国家和地区稳定、共同谋求生存和发展的共识。太平洋岛国自二战后陆续获得

---

① 于镭：《"一带一路"视域下中国同太平洋岛国互利合作关系的深化》，《太平洋岛国研究》（第三辑），社会科学文献出版社，2019年。
② Kate Lyons, "Bougainville Referendum: Region Votes Overwhelmingly for Independence from Papua New Guinea," The Guardian, December 19, 2019, https://www.theguardian.com/world/2019/dec/11/bougainville-referendum-region-votes-overwhelmingly-for-independence-from-papua-new-guinea.
③ Denise Fisher, "New Caledonia Decides the Timing of Its Second Independence Referendum," Lowy Institute, October 2019, https://www.lowyinstitute.org/the-interpreter/new-caledonia-decides-timing-its-second-independence-referendum.

独立，但始终未能实现地区稳定、国家繁荣、人民富足。相反，一些国家和地区在外来政治力量的控制、施压、干涉和制裁下长期处于政治动荡、经济落后、极度贫穷之中。近年来，随着亚洲国家的群体性崛起，太平洋岛国政府和民众深受启发，努力摆脱西方大国的政治干扰，积极探寻适合本地区和国家发展的路径，"北望"与亚洲国家进行全方位的互利合作已经成为大多数太平洋岛国政府和民众的共识。① 在寻求政治稳定、社会和谐的同时，太平洋岛国政治力量和民众越来越关注气候变化导致的海平面上升带来的生存问题以及贫穷落后带来的各种社会问题，而对前殖民宗主国竭力在该地区倡导和推行的"民主、良政、透明"等政治理念和价值观态度淡漠。这深刻反映了太平洋岛国政治家和民众逐渐认识到国家治理必须与国情相结合才能真正引导国家走上独立自主和富强之路。

二 太平洋岛国总体经济形势

2019年，巴布亚新几内亚采矿业发展势头迅猛，斐济旅游经济发展呈旺盛的势头，其他岛国特别是与中国建交岛国的基础设施建设保持较好的发展态势，这些均为太平洋岛国整体经济增长做出了重要贡献。但是，太平洋岛国经济发展近年来也呈分化之势，一些国家由于顺应世界潮流，制定了较为合理的经济发展政策，实现了经济的快速增长（见表1）。库克群岛、汤加、瓦努阿图、斐济、萨摩亚和巴布亚新几内亚六国近五年的年均经济增长率均保持在3%，并且这些国家的人均国内生产总值和人均收入也保持了较好的增长势头。其中，库克群岛2019年的经济增长速度最快，达到6%，且在过去的五年中一直保持较快的经济增长速度。汤加、瓦努阿图和斐济2019年的经济表现也较好，三国在过去五年中也保持了较好的增长势头。反观帕劳、瑙鲁和马绍尔群岛等国，经济持续走

---

① Zhang Denghua, "Chinese Waves: The Limits to Beijing's Influence in The South Pacific," *Asian Global*, May 2, 2019, https://www.asiaglobalonline.hku.hk/chinese-waves-the-limits-to-beijings-influence-in-the-south-pacific/.

低,甚至出现负增长的情况。其中,瑙鲁的经济状况最差,并且近年来经济一直处于负增长状态。

表1 2014~2019年太平洋岛国经济增长率

单位:%

国家/地区	2014年	2015年	2016年	2017年	2018年	2019年
库克群岛	0.4	5.4	5.7	4.9	9.6	6.0
汤加	2.9	3.5	4.2	2.5	1.8	4.6
瓦努阿图	2.3	0.2	3.5	4.4	3.2	3.0
斐济	5.6	3.8	0.7	3.0	3.2	3.4
萨摩亚	1.2	1.7	7.2	2.7	0.7	3.3
巴布亚新几内亚	15.4	5.3	1.7	2.4	0.0	3.8
帕劳	3.0	10.4	0.5	-3.7	0.4	2.0
瑙鲁	36.5	2.8	10.4	4.0	-2.4	-1.0
马绍尔群岛	-0.6	1.8	4.5	2.6	2.4	2.3
基里巴斯	-0.7	10.4	5.1	0.3	2.3	2.3
所罗门群岛	2.3	2.5	3.5	3.5	2.3	2.9
图瓦卢	1.3	9.1	3.0	3.2	4.3	4.1
密克罗尼西亚联邦	-2.2	5.0	0.7	2.4	2.1	1.2
纽埃	NA	NA	NA	NA	NA	NA

资料来源:澳大利亚外交和外贸部太平洋岛国经济数据库。

从太平洋岛国总体经济运行状况来看,各国普遍存在经济结构过于单一的问题,极易受到外部国家特别是前殖民宗主国经济形势的影响。这表明太平洋岛国的经济仍未完全脱离殖民地经济体系,在全球化深入发展的今天仍然处于世界经济体系的边缘地带。[①] 对太平洋岛国经济发展的结构性分析还表明,越是"北望"政策执行到位的国家,经济发展速度越快,总体经济发展态势也越平稳。库克群岛亮眼的表现与近年来积极实施"北望"政策,坚定地执行加快与亚洲国家开展经贸合作的政策密不可分。2019年,库克群岛对亚洲出口增长迅速,其中对中国(31.7%)和日本(24.1%)的出

---

① 于镭、赵少峰:《"21世纪海上丝绸之路"开启中国同太平洋岛国关系新时代》,《当代世界》2019年第2期,第29~34页。

口额之和占本国出口总额的55.8%，远超其与传统殖民宗主国的贸易额。① 与亚洲经济体的贸易不仅极大地拉动了本国的经济增长，而且也增强了本国经济增长的韧性。

除库克群岛外，巴布亚新几内亚、斐济和汤加与亚洲经济体的合作也呈加速之势，巴布亚新几内亚对中国、日本和新加坡三国出口额之和占到其出口总额的49%，远远超过对澳大利亚和新西兰传统市场的依存度。② 相反，未与中国建交的帕劳、瑙鲁、图瓦卢和马绍尔群岛四国由于受政治影响，未能搭上中国经济快速发展的"快车"，经济发展速度也因此明显低于与中国经贸合作紧密的国家。由此可见，"北望"政策的确为太平洋岛国提供了促进经济发展的新路径。特别值得注意的是，与中国建交的太平洋岛国与中国的经贸合作均实现了跨越式发展。库克群岛和巴布亚新几内亚与中国签署了"一带一路"合作谅解备忘录，从而为实现国家经济的持续、高速发展创造了有利的条件。

三 太平洋岛国总体外交形势

太平洋岛国大多处于太平洋中部，地理环境十分脆弱，气候灾害常对太平洋岛国民众的生命和财产安全造成重大威胁。太平洋岛国政府和民众因此对全球气候变化、海平面上升和海啸等气候与海洋灾害治理和预防极为关注。在2019年8月举行的太平洋岛国论坛首脑会议上，太平洋岛国领导人团结一致，"用一个声音说话"，强调"气候变暖、海平面上升"是太平洋岛国人民共同的首要关切，谴责西方大国因"一己私利"放任不管，甚至加剧全球气候变化。③ 太平洋岛国领导人发表联合声明，再次对太平洋岛国

---

① Australian Department of Foreign Affairs and Trade 2020, Cook Islands, p. 1.
② 笔者根据澳大利亚外交和外贸部太平洋岛国经济数据库整理。
③ Melissa Clarke, "Pacific Islands Forum: How Enele Sopoaga and Scott Morrison Lost When Australia Scuttled Tuvalu's Hopes," ABC News, August 18, 2019, https://www.abc.net.au/news/2019-08-18/pacific-islands-forum-2019-climate-change-focus/11417422.

的未来表示"严重关切",呼吁国际社会采取紧急行动,积极应对全球气候变化问题。部分太平洋岛国政府和非政府组织正在考虑要采取联合行动把全球气候变暖的"罪魁祸首"——西方大型石油公司、煤矿公司和工业化发达国家告上法庭,要求它们为全球气候变暖以及由此引发的自然灾害承担责任,并向蒙受巨大损失的太平洋岛国提供赔偿。① 太平洋岛国在全球气候变化这一事关国家和民族生存的重大问题上显示出空前的团结,在国际政治舞台上用"一个声音说话",充分显现了太平洋岛国在国际政治特别是全球气候治理方面拥有越来越多的话语权。②

地区发展方面,太平洋岛国联手推动"蓝色太平洋"发展规划,希望美国、澳大利亚和新西兰等西方国家能够积极参与,向太平洋岛国提供急需的资金和技术。③ 但是西方国家既不积极参与,也不实际投入资金、技术。太平洋岛国政府领导人和经济精英因此希望"蓝色太平洋"发展规划与亚洲特别是与中国的"一带一路"全面对接,接受亚洲和中国的资金、市场和技术以全面推动太平洋岛国经济的持续发展。为此,太平洋岛国竞相加速实施"北望"政策,以加快与亚洲经济体的互利合作。太平洋岛国地区在历史上与亚洲联系密切,长期与亚洲地区保持着人员和贸易往来。冷战结束后,亚洲国家在经济上发展迅速。出于经济利益考虑,太平洋岛国在 21 世纪纷纷加速实施"北望"政策,希望能够把握机遇,搭上亚洲经济发展的"快车"。因此,与太平洋地区的传统西方大国在本地区实施"排斥亚洲"

---

① Lisa Cox, "Vanuatu Says It May Sue Fossil Fuel Companies and other Countries over Climate Change," *The Guardian*, November 22, 2018, https://www.theguardian.com/world/2018/nov/22/vanuatu-says-it-may-sue-fossil-fuel-companies-and-other-countries-over-climate-change.

② Balaji Chandramohan, "The Pacific Islands Forum at 50: the Evolving Geopolitics in the South Pacific were on Full Display at the 50th PIF," *The Diplomat*, August 19, 2019, https://thediplomat.com/2019/08/the-pacific-islands-forum-at-50/.

③ Pacific Islands Forum, "The Blue Pacific: Pacific Countries Demonstrate Innovation in Sustainably Developing, Managing, and Conserving their Part of the Pacific Ocean," February 2020, https://www.forumsec.org/the-blue-pacific-pacific-countries-demonstrate-innovation-in-sustainably-developing-managing-and-conserving-their-part-of-the-pacific-ocean/.

的政策相反,太平洋岛国则希望有更多的新兴国家和地区能够增加对太平洋岛国地区的关注,特别是增加对太平洋岛国的投资与援助。当然,太平洋岛国的"北望"政策也蕴含着政治考量。由于历史上是西方国家的殖民地,独立后太平洋岛国在政治、经济和外交上仍然不得不依赖西方发达国家,这严重损害了太平洋岛国的国家独立和民族自决。太平洋岛国希望能够加强与太平洋岛国地区新兴国家和地区的经济和贸易往来,从而减少对西方发达国家的依赖。

在"北望"政策的引导下,太平洋岛国与亚洲国家的经贸合作自21世纪以来呈加速之势。为了更好地实施"北望"政策,太平洋岛国政府领导人纷纷出访亚洲国家和地区,特别是亚洲重要的经济体,如中国大陆、日本和亚洲四小龙——韩国、中国台湾、中国香港和新加坡。太平洋岛国领导人所到之处受到了亚洲国家的热情接待,不仅是因为太平洋岛国资源丰富,双方经贸合作的前景广阔,而且是由于亚洲人民热情待客的传统文化。这令太平洋岛国领导人感到格外高兴,让他们深刻感受到他们在西方国家很少感受到的尊重。亚洲国家对太平洋岛国的投资与经贸合作诉求给予了积极的回应。21世纪以来,亚洲国家对太平洋岛国的投资和经贸合作出现了史无前例的增长,每年有数十亿美元的亚洲国家的投资进入太平洋岛国。①

国际货币基金组织与世界银行的经济统计数据显示,太平洋岛国经济比任何时期都更有活力,这也是亚洲国家带给太平洋岛国的"世纪之喜"。②亚洲重要经济体,如日本、韩国、马来西亚、新加坡和中国,在21世纪增加与加强了对太平洋岛国的投资和经济合作。例如,菲律宾在巴布亚新几内亚建立了大型鱼类加工企业,对当地丰富的渔业资源进行综合开发利用。此举不仅带动了当地的就业,而且也为当地的产业升级和产业的多元化做出了

---

① Asian Development Bank, Pacific Opportunities: Leveraging Asia's Growth, Manila: ADB, 2015.
② World Bank, Long-term Economic Opportunities and Challenges for Pacific Island Countries, Washington: World Bank, 2017.

有益的尝试。当然,最令人瞩目的还是中国冶金科工股份有限公司在马当省对瑞木镍钴矿的投资。该项目不仅投资金额巨大,而且标志着中国企业开始大规模地进入太平洋岛国地区,令太平洋岛国政府和民众对中国企业和中国资本充满了期待。太平洋岛国政府和民众认为中国经济能够在短短数十年内实现腾飞,并且使数亿民众"脱贫",中国政府一定拥有独到的经验,值得太平洋岛国学习。

四 中国与太平洋岛国关系

21世纪以来,中国同太平洋岛国的互利合作关系在各方政府和高度互补的经贸合作的推动下呈加速发展之势。2014年,中国同太平洋岛国正式宣布构建战略合作伙伴关系,中国同太平洋岛国的关系达到前所未有的历史新高度。太平洋岛国领导人对"一带一路"倡议表示高度赞赏,认为这与太平洋岛国的"蓝色太平洋"发展规划高度契合。中国同太平洋岛国领导人因而就"一带一路"和"21世纪海上丝绸之路"倡议达成战略性共识,为中国同太平洋岛国的互利合作扬帆再启航奠定了坚实的基础。在双方就"一带一路"达成共识后,中国同太平洋岛国的经贸合作呈快速发展之势。① 由于太平洋岛国的经济和基础设施建设与中国的"一带一路"倡议具有巨大的利益契合点,太平洋岛国论坛共有11名成员与中国签署了"一带一路"合作谅解备忘录,希望中国的"一带一路"能为"蓝色太平洋"的互联互通提供急需的基础设施、资金和技术。② 2018年,中国同太平洋岛国贸易额达到82亿美元,直接投资从2013年底的9亿美元增至45亿美元,签订工程承包合同额达150亿美元,累计创造1.5万个就业岗位。③ 在中国与

---

① Alan Boyd, "South Pacific Looks to China as West Turns Away," *Asia Times*, February 19, 2018, http://www.atimes.com/article/south-pacific-looks-china-west-turns-away/.
② 于镭、赵少峰:《"21世纪海上丝绸之路"开启中国同太平洋岛国关系新时代》,《当代世界》2019年第2期,第29~34页。
③ 于镭、赵少峰:《"21世纪海上丝绸之路"开启中国同太平洋岛国关系新时代》,《当代世界》2019年第2期,第29~34页。

建交太平洋岛国政治和经贸互利合作关系不断深化的影响下，2019年基里巴斯和所罗门群岛先后与台湾断绝"邦交"，与中国恢复或建立外交关系，为中国与太平洋岛国关系的进一步深化和强化创造了有利的条件。

中国同太平洋岛国关系的快速发展既是中国恪守合作共赢、守望相助的国际关系平等相待的原则和坚持同舟共济的"人类命运共同体"精神的结果，也是太平洋岛国政府和民众渴望实现民族和国家真正独立的结果。"太平洋岛国欢迎亚洲和中国的崛起，因为亚洲和中国正为本地区的和平与安全，以及可持续发展作出重要贡献。"① 在太平洋岛国政府官员和民众的眼中，中国不同于殖民时期的新兴帝国主义列强，因为中国响应广大发展中国家的呼声，与发展中国家一道在世界范围内倡导构建有利于世界各国特别是发展中国家的更加公正、合理的国际政治、经济新秩序。这也是太平洋岛国领导人和民众的心愿，也有助于解决本地区与域外大国的利益纷争。因此，太平洋岛国自21世纪以来纷纷将期待的目光转向了自己的近邻——亚洲新兴国家，特别是中国。它们期待着包括中国在内的亚洲新兴国家能够向它们伸出援助之手，利用其资金、技术和走上现代化道路的经验帮助它们实现安居乐业并走向现代化。②

作为负责任的大国，中国也愿意为太平洋岛国提供经济支持，加强太平洋岛国地区的基础设施建设、改善经济发展条件、便利太平洋岛国人民的生活。太平洋岛国一些政府领导人深有体会地指出，中国的"一带一路"建设重在加强世界各国在交通和通信上的互联互通，为发展中国家提供了与中国市场融合的发展机遇。③ 中国的"一带一路"倡议契合了太平洋岛国经济

---

① 大卫·莫里斯：《太平洋岛国真诚欢迎中国崛起》，《环球时报》2015年10月15日，第14版。
② Bill Bainbridge, Bethanie Harriman and Jack Kilbride, "PNG Prime Minister Peter O'Neill Visits Beijing to Sign One Belt, One Road Trade Deal," ABC News, June 20, 2018, http://www.abc.net.au/news/2018-06-20/png-pm-to-visit-china-to-sign-one-belt-one-road-deal/9888054.
③ Cheng Jingye, "Pacific Nations Want China's Aid: Just Ask Them," Financial Times, January 19, 2018, https://www.afr.com/opinion/columnists/chinas-aid-is-good-for-pacific-island-nations-20180117-h0k41p.

发展的现实需求，帮助了基础设施极为缺乏的太平洋岛国的经济建设和社会发展。太平洋岛国国小、岛屿多，各岛屿之间通信不畅，交通不便，难以形成统一的国内市场和太平洋岛国之间的大市场。"一带一路"在太平洋岛国的基础设施建设帮助太平洋岛国在一定程度上加快实现"内联内通"，对太平洋岛国的经济发展、民族团结和国家认同做出了重要贡献。"一带一路"还助力太平洋岛国实现与外部世界的"外联外通"，[①] 加强了太平洋岛国与世界各国的经贸合作与交流。太平洋岛国内外联通带动了世界各国特别是亚太地区新兴经济体对太平洋岛国的投资，促进了太平洋岛国的经济增长和持续繁荣。

中国同太平洋岛国互利合作关系之所以能够迅速发展，中国的"一带一路"倡议之所以受到太平洋岛国政府和民众的广泛欢迎，原因有三。首先，太平洋岛国迫切需要发展经济、提高就业、改善人民的生活。太平洋岛国历史上是美国、英国、法国和澳大利亚等国的殖民地，饱受帝国主义列强的剥削和压迫。获得独立后，许多太平洋岛国并没有真正摆脱对前宗主国的经济依赖，一些太平洋岛国依然是联合国"千年扶贫计划"的对象国。中国在改革开放后经济快速发展的经验得到太平洋岛国政府和民众的广泛认同，这是中国同太平洋岛国互利合作项目在太平洋岛国"遍地开花"的重要原因。其次，中国在太平洋岛国地区奉行平等互利的外交政策，在经贸合作中不附加任何政治条件，这是中国在太平洋岛国地区的"一带一路"倡议和互利合作受到太平洋岛国政府和民众欢迎的最重要的原因。最后，西方国家对南太平洋地区的援助效果不理想、低效。

---

① 于镭：《"一带一路"视域下中国同太平洋岛国互利合作关系的深化》，《太平洋岛国研究》（第三辑），社会科学文献出版社，2019。

分报告

Topical Reports

B.2
2019年太平洋岛国政治形势

王作成*

摘　要： 2019年，太平洋岛国政局总体稳定，多国迎来大选，布干维尔等热点地区进行了公投或即将迎来公投。太平洋岛国政治生态日趋向好，政治民主化进程逐步推进，但一些固有问题尚未得到解决，如政党发育不成熟、部分地区政局动荡等。展望2020年，太平洋岛国政治形势总体上有望继续保持稳定，但同时也面临一系列不确定因素及风险。

关键词： 太平洋岛国　政治形势　公投

---

* 王作成，聊城大学太平洋岛国研究中心研究员，聊城大学历史文化与旅游学院副教授，研究方向为太平洋岛国史。

2019年太平洋岛国步入选举年，所罗门群岛、图瓦卢、基里巴斯、密克罗尼西亚联邦、瑙鲁、马绍尔群岛、新喀里多尼亚（法）等国家和地区举行了大选，巴布亚新几内亚、汤加则因政局变动也进行了政府首脑选举。另外，引人瞩目的巴布亚新几内亚布干维尔也顺利举行了公投。尽管全球各大国加大了对太平洋岛国的关注，该地区的地缘政治竞争日趋激烈，但太平洋岛国政治上自主发展意识有所增强，民主政治进程逐步推进，面对外来压力注重对自身利益的捍卫，政治热点渐趋减少。

一 选举进程基本平稳顺利，部分地区政局动荡但总体平稳

（一）多个国家和地区的选举基本按照议程进行，实现了政权的平稳过渡

处于大选年的多个太平洋岛国按照预定的议程完成大选，其间未出现大的波折。

密克罗尼西亚联邦于2019年3月5日举行了议会选举，最终，密克罗尼西亚联邦国会常设委员会前主席帕努埃洛以微弱优势击败谋求连任的彼得·克里斯蒂安，当选为密克罗尼西亚联邦第九任总统。根据官方选举结果，帕努埃洛获得了6775张选票，克里斯蒂安获得6716票。克里斯蒂安败选的主要原因是家人的贿赂丑闻。大选之前，美国联邦调查局调查了夏威夷商人弗兰克·詹姆斯·里昂的一桩贿赂案，一项价值780万美元的工程被秘密授予里昂，在此案中克里斯蒂安的女婿哈尔伯特被指控洗钱，其子克里斯托弗·伊万·克里斯蒂安也被指控获得了5000美元的预付金。

所罗门群岛于2019年4月3日拉开选举帷幕，这是自2017年6月驻所罗门群岛地区援助团（RAMSI）撤出后的首次全国大选。本次大选得到了联合国开发计划署、欧盟及澳大利亚的大力支持，所罗门群岛选举办公室措施得力，议员选举进程顺利，50个选区的选举结果于4月7日公布，选出

的 50 名议员组成了所罗门群岛第 11 届议会，现任议员中有 36 人成功连任，其中包括两名女性议员。只有 22 名候选人在他们的选区获得了绝对多数（超过 50%）。登记选民的投票率约为 86%。如表 1 所示，共 8 个政党在议会中获得了席位，其中获得席位最多的是卡达里党（KADARE）和所罗门群岛民主党，各获得 8 个席位。① 不过，本届议会选举中，议员候选人从 2014 年的 447 人降至 335 人，原因主要是提名费上涨以及飓风等恶劣天气。不过，所罗门群岛女性议员候选人人数相对稳定，保持在 25 人，占总候选人的 7.5%。② 2019 年 4 月 24 日，所罗门群岛第 11 届议会选举新一任总理。进步民主联盟政府候选人、曾三次出任总理的索加瓦雷获得 34 名议员支持，击败对手大联盟候选人、民主党领袖马修·威尔，第四次出任总理。投票前，威尔的支持者认为索加瓦没有资格参与竞选，要求推迟投票日期。其请求得到了最高法院的支持，但所罗门群岛总督弗兰克·卡布伊爵士否决了这一请求，威尔及其他 14 名议员支持者在选举中弃权以示抗议。

表 1 2019 年所罗门群岛大选各政党获得议席状况

政党名称	议席（个）
所罗门群岛民主党	8
卡达里党	8
联合民主党	4
民主联盟党	3
人民联盟党	2
所罗门群岛联合党	2
人民第一党	1
所罗门群岛农村发展党	1
独立候选人	21

资料来源：Terence Wood, Development and the 2019 elections in Solomon Islands, April 23, 2019, https://devpolicy.org/development-and-2019-elections-solomon-islands-20190423/。

---

① "Peaceful General Election in the Solomon Islands," https://solomon-islands.ec-undp-electoralassistance.org/peaceful-general-election-in-the-solomon-islands/.
② Kerryn Baker, "The 2019 Solomon Islands Election: How Will Women Fare?", February 22, 2019, https://www.lowyinstitute.org/the-interpreter/2019-solomon-islands-election-how-will-women-fare.

新喀里多尼亚（法）省议会选举于 2019 年 5 月 12 日举行，最终选举结果显示，亲法派政党在人口更稠密的南部省份继续占据优势，在主要由卡纳克族构成的北部省和洛蒂群岛，支持独立的政党依然占有压倒性优势。省议会选举后，反对独立的亲法派在议会中拥有 28 个席位，独立派在议会中获得 26 个席位，反对独立的亲法派保持了微弱多数。省议会选举中脱颖而出两个新党派：未来信心联盟和太平洋觉醒党。来自沃里斯兰和富土尼社区的太平洋觉醒党反对独立，赢得了 3 个席位；未来信心联盟则成为议会第一大党。支持和反对独立的政党之间的平衡没有改变，但两个阵营之间的裂痕加深。第二次脱离法国的公投将由新选举的领地议会负责举行。省议会选举出由 11 人组成的新一届联合政府，蒂埃里·桑塔当选政府主席。根据《努美阿协定》规定的合议制，各党派将按其在国会中获得议席数分享政府权力。

瑙鲁于 2019 年 8 月 24 日举行大选，据统计，共 60 名候选人参加了大选，7479 名登记选民参加投票。① 现任总统瓦卡在博埃选区的选举中失败，未获得议员席位。该选区的两个席位分别由阿斯特里奥·阿皮和马丁·亨特获得。在议会选举中，莱昂内尔·安吉米亚以 12 票对 6 票击败了大卫·阿德昂，成为新一任总统。瑙鲁议会议长为前总统马库斯·斯蒂芬，他以 12 票对 7 票击败沙德洛格·伯尼克；莱昂内尔·安吉米亚组建了新政府，安依默担任外交部长，其他 6 个职位均由新当选的议员填补，如财政部长由马丁·亨特担任，卫生部长由伊莎贝拉·达加戈担任，司法部长由马沃里克·伊奥担任。

图瓦卢也完成了政权交替。图瓦卢议会 16 名议员在 2019 年 9 月 19 日无记名投票选出新总理卡乌塞亚·纳塔诺（Kausea Natano），接替已任职总理 6 年的埃内莱·索波阿加（Enele Sopoaga）。纳塔诺为资深议员，来自富纳富提选区，2006~2010 年担任副总理。图瓦卢议会此次改选一共出现 7 名新人，纳塔诺则在无记名投票中获得 10 票。图瓦卢首任总督费亚托·特

---

① "Nauru Counting Down to Weekend Election," August 20, 2019, https://www.rnz.co.nz/international/pacific-news/397080/nauru-counting-down-to-weekend-election.

奥爵士之子萨穆埃尔·特奥担任新一届议会议长。在新组建的政府中，寇夫（Kofe）担任司法、通信和外交部长；以赛亚·塔布（Isaia Taape）担任卫生、社会福利和性别事务部长；米内特·陶波（Minute Taupo）担任副总理，主要负责渔业和贸易事务；塞韦·帕内尤担任财政部长。

马绍尔群岛大选于2019年11月18日拉开帷幕，经过激烈角逐，2020年1月6日大选结果公布，戴维·卡布阿击败现任总统希尔达·海因，成为马绍尔群岛第九任总统。戴维·卡布阿曾担任卫生部长和内政部长，其父阿马塔·卡布阿为马绍尔群岛开国总统。在大选中，卡布阿共获得20票，海因获得12票，1位议员投了弃权票。戴维·卡布阿在简短的胜选感言中表示，未来四年总统任期将充满挑战，他最关心的议程有三个，一是与美国就新一期财政援助方案进行谈判；二是埃内韦塔克环礁（Enewetak Atoll）核试验场的核污染；三是气候变化。参议员肯尼斯·凯迪则以19票对14票击败布伦森·韦斯，继续担任马绍尔群岛国会议长一职。① 2020年1月13日，戴维·卡布阿政府宣誓就职，成员包括司法部长凯塞·诺特、总统助理兼环境部长克里斯托弗·洛亚克、外交部长卡斯滕·内姆拉，另外，内阁中年仅28岁的教育部长吉特朗·卡布阿既是马绍尔群岛有史以来最年轻的议员，也是内阁成员中唯一的女性。1月20日，戴维·卡布阿在首都马朱罗正式就任总统。参加仪式的各国政要包括美国退伍军人事务部长罗伯特·威尔基、帕劳总统汤米·雷门格绍、密克罗尼西亚联邦总统戴维·帕努埃洛、瑙鲁总统莱昂内尔·安吉米亚等。②

（二）部分国家出现短暂政局变动或突发事件，通过选举完成政权交接

2019年巴布亚新几内亚政局跌宕起伏，长期执政的奥尼尔被迫辞职，

---

① "David Kabua Takes the Helm", January 9, 2020, https://marshallislandsjournal.com/david-kabua-takes-the-helm/.
② "Marshalls' President Kabua's Inauguration Set for Monday," January 20, 2020, https://www.rnz.co.nz/news/pacific/407600/marshalls-president-kabua-s-inauguration-set-for-monday.

詹姆斯·马拉佩就任总理。自 2012 年就任总理以来，奥尼尔多次挫败反对派试图通过议会、法庭和街头抗议将其赶下台的计划，在其执政期间，奥尼尔在基础设施建设和举办重大国际活动方面取得不错的成绩，特别是为巴布亚新几内亚争取到主办 2018 年 11 月亚太经济合作组织领导人非正式会议的机会，不过，反对派也多次指责其政府腐败横行，导致经济长期落后。2019 年 4 月，奥尼尔政府与能源巨头法国道达尔石油公司、美国埃克森美孚公司签订协议，就敷设巴布亚新几内亚第二条液化天然气管道达成一致，两大公司将投资 130 亿美元建设输送和加工巴布亚新几内亚液化天然气的设施，该设施建成后巴布亚新几内亚的年天然气出口量将增长近一倍。但该项目引发巴布亚新几内亚政坛强烈震荡，时任巴布亚新几内亚财政部长詹姆斯·马拉佩率先辞职抗议，认为该项目仅让首都地区及有与政府有关的精英阶层受惠，无益于普通民众、本国企业及地区发展。詹姆斯·马拉佩的辞职引发了为数不少的政府官员和议员"倒戈"，致使奥尼尔领导的执政联盟在议会中失去多数地位。2019 年 5 月 7 日，巴布亚新几内亚议会举行会议，反对党根据宪法对奥尼尔政府提出不信任案，对总理彼得·奥尼尔投了反对票。作为回应，政府请求议会休会至 5 月 28 日。5 月 29 日，面临反对党准备发起不信任投票的不利形势，奥尼尔选择递交辞呈，以避免遭到弹劾。随即詹姆斯·马拉佩被提名为总理候选人，与梅克尔·莫拉塔角逐总理职位。2019 年 5 月 30 日，詹姆斯·马拉佩以 101 票对 8 票击败对手，当选为新一任总理。詹姆斯·马拉佩提出"夺回巴布亚新几内亚"，将巴布亚新几内亚建设为"地球上最富裕的黑人基督教国家"，同时承诺"将国家利益置于个人和企业利益之上"。① 马拉佩还批评了上届政府与澳大利亚签订的马努斯岛热带岛屿营地的腐败合同并要求进行调查，认为该合同使马努斯岛作为世界上最安全的热带岛屿之一声誉扫地。

汤加首相阿基利西·波希瓦因病于 2019 年 9 月 12 日在新西兰奥克兰

---

① "James Marape Elected New Papua New Guinea Prime Minister," May 30, 2019, https：//france.timesofnews.com/james－marape－elected－new－papua－new－guinea－prime－minister.

市立医院去世。作为汤加历史上首位由议会选举产生的平民首相，阿基利西·波希瓦在其三十余年的政治生涯中，长期致力于推动汤加的民主改革。澳大利亚、新西兰、斐济、瓦努阿图等国领导人均对波希瓦的逝世表示哀悼。斐济总理姆拜尼马拉马称波希瓦"在上个月的太平洋岛国论坛中用自己的真情激励了全世界"。阿基利西·波希瓦去世后，副首相兼基础设施和旅游大臣塞密西·西卡暂时代理首相一职。选举前夕，时任财政和国家规划大臣的波希瓦·图伊奥内托阿与其他3位议员脱离阿基利西·波希瓦的"友谊之岛民主党"，成立了新的人民党，并获得一部分贵族和独立议员的支持。9月27日，波希瓦·图伊奥内托阿在选举中击败塞密西·西卡，成为汤加新一任首相。图伊奥内托阿获得议会15票，而其竞选对手塞密西·西卡则仅获得8票。10月8日，图伊奥内托阿获得汤加国王图普六世正式任命。

二 公投成为地区热门政治议题，多地举行或即将迎来公投

历史与现实的纠葛使太平洋岛国多个热点地区在2019年继续升温，新喀里多尼亚（法）公投余波未平，布干维尔迎来历史上首次公投，密克罗尼西亚联邦楚克州分离主义暗流涌动，由此该地区引起国际注目。

（一）布干维尔公投

布干维尔自治区2019年11月23日迎来历史上第一次公投。布干维尔地区在20世纪因境内潘古纳铜矿开采与中央政府进行了长达十余年的内战，随着2001年《布干维尔和平协定》的签署，历经战火洗礼的布干维尔迎来真正的和平。在2020年6月中旬之前完成公投也是《布干维尔和平协定》三大支柱之一，另两个支柱是已完成的自治和武器处理。因准备不够充分，原定于2019年6月15日的公投先是推迟到10月12日，后又推迟至11月23日。布干维尔民众在本次公投期间参与度极高，12月11日，布干维尔公

投委员会主席伯蒂·埃亨在布卡岛宣布了投票结果。包括在所罗门群岛、澳大利亚设立的海外投票点在内，共有 181067 名选民参与投票，投票率高达 87.4%。其中，赞成独立的共 176928 票，占总选票的 97.7%；① 赞成获得更大自治权的为 3043 票；1096 票被判为非正式选票或无效票。不过，按照《布干维尔和平协定》，此次公投结果并无法律约束力，公投结果必须提交巴布亚新几内亚议会表决。

公投结束后，巴布亚新几内亚中央政府和布干维尔自治政府已开始下一步的磋商。2020 年 2 月 11 日，布干维尔公投结果正式提交巴布亚新几内亚议会。巴布亚新几内亚布干维尔事务部长普卡·特姆在议会发言，强调巴布亚新几内亚宪法并未规定国家的一部分可以独立出去，因此，如果批准公投结果，那么需要对宪法进行修改，并表示中央政府和布干维尔自治政府的正式磋商将在 2020 年 6 月布干维尔自治区地方选举结束后正式开始。负责监督《布干维尔和平协定》实施进程的联合监管机构于 2020 年 3 月召开自公投以来的第一次会议，以商讨和落实下一步协商的细节问题。针对 2020 年 5 月的地方选举，布干维尔自治政府主席莫米斯的支持者试图通过修改地方宪法让莫米斯实现第三次连任。2020 年 2 月，布干维尔自治政府向布干维尔众议院提出几项宪法修正案，巴布亚新几内亚监察专员委员会针对拟议中的修正案发表了一份声明，主要阐明了其对修正案中三点内容的关注，呼吁布干维尔自治政府在着手修订宪法时必须严格遵守程序。强调的内容分别是：修改布干维尔宪法第 89 条，允许自治政府主席的任期延长至两届以上；准许为内战中的武装人员在议会中保留三个席位；布干维尔自治政府改名为布干维尔宪法过渡政府。② 莫米斯主席否认了布干维尔自治政府和众议院不

---

① "Bougainville Referendum Results：'We Are Reborn'：Bougainville Votes 97.7 % for Independence from Papua New Guinea," December 11, 2019, https：//bougainvillenews.com/2019/12/11/bougainville – referendum – results – we – are – reborn – bougainville – votes – 97 – 7 – for – independence – from – papua – new – guinea/.
② Meriba Tulo, "Bougainville Proposing Constitution Amendments, Rejects 'Process' Claim," February 19, 2020, https：//asiapacificreport.nz/2020/02/19/bougainville – proposing – constitution – amendments – rejects – process – claim/.

遵守国家宪法的说法,对有关问题做了澄清,并呼吁监察专员委员会收回声明。不过,布干维尔众议院未通过自治政府提出的允许自治政府主席连任三届的修正案,但通过了为前武装人员在议会保留席位的修正案。莫米斯的支持者并未放弃,向巴布亚新几内亚最高法院提请推翻布干维尔自治区众议院的结果。2020年3月12日,在联合监管机构会议上,布干维尔自治政府主席莫米斯与巴布亚新几内亚总理会谈,决定把关于布干维尔公投问题的最高磋商机构——联合监管机构改为联合协商机构,① 以示公投后该机构再无监督权,主要是就布干维尔前途进行协商。莫米斯强调,虽然协商的方式有利于双方,但是公投的结果不能忽视。3月13日,莫米斯表态,在联合监管机构会议上,来自ABG的大多数议员希望延长他的任期,布干维尔人民希望他继续担任主席一职,因此他要继续争取连任。"事实上,人们说我必须留下来,因为我退出的时机不对,因为我在决定布干维尔独立的过程中经验丰富。毕竟,我是在1975年开始介入布干维尔独立进程的。"②

(二)新喀里多尼亚(法)第二次公投

作为法国在南太平洋最大的海外领地,新喀里多尼亚(法)矿产丰富,是法国在该区域的重要军事基地,具有重要的战略地位。法国政府与新喀里多尼亚独立派、亲法派三方在1998年共同签署《努美阿协定》,规定在之后20年内就是否脱离法国独立问题,新喀里多尼亚(法)通过公投来决定。2018年11月4日举行了公投,投票率超过80%。投票结果显示,43.6%的投票者支持新喀里多尼亚(法)脱离法国独立,而反对独立、主张留在法国的占56.4%。但根据《努美阿协定》,新喀里多尼亚(法)民

---

① "Post-referendum: Bougainville wants Clarity on Meaning of 'Ratification'," March 13, 2020, https://www.rnz.co.nz/international/pacific-news/411677/post-referendum-bougainville-wants-clarity-on-meaning-of-ratification.

② "Momis Seeking to Extend Term," https://www.thenational.com.pg/momis-seeking-to-extend-term/.

众可就是否独立举行三次公投；2018年是第一次，2020年和2022年各有一次，如果2018年及2020年的公投未实现独立，获得新喀里多尼亚（法）1/3议员同意的话则可在2022年举行最后一次公投。

支持独立的一方希望公投尽可能在2020年11月4日这一截止日期之前举行，而反对独立的一方则希望尽可能将日期提前。2019年11月5日，经过磋商，法国政府和新喀里多尼亚（法）政府领导人一致同意在2020年9月初举行第二次公投。法国总理爱德华·菲利普向外界宣称，双方同意在2020年9月6日举行第二次公投。太平洋岛国对新喀里多尼亚动态颇为关注，《努美阿协定》逐渐进入最后阶段，该协定的实施可为太平洋地区的领地独立提供相应的参考。

2020年1月，法国国民议会法律委员会否决了新喀里多尼亚（法）两位反对独立的议员提出的修改参加新喀里多尼亚（法）公投的法律的提案。原来的条款规定，公民投票的限制名单包括在新喀里多尼亚（法）已居住三年的非卡纳克族居民，除非他们登记为选民。该法案希望所有在新喀里多尼亚（法）出生的潜在选民能自动登记。两位议员提议修改相关法律以扩大选民范围，使所有在新喀里多尼亚（法）出生的潜在选民都能自动登记。其中的一名议员菲利普·戈麦斯深表失望，认为委员会的否决是一场灾难，因为目前只有1/4需要登记的人能够联系到。① 法国高级专员公署鼓励与督促新喀里多尼亚（法）的选民对其选民登记情况进一步核实，以为2020年9月6日的第二次公投做准备。从2020年3月下旬至5月底，为第二次公投设立的一个特别委员会将对新的公民投票名单进行严格审查。该委员会由一名地方法官领导，委员包括反对独立者、支持独立者以及一名联合国观察员。

---

① "Bid to Alter New Caledonian Enrolment Law Rebuffed," January 23, 2020, https：//www.rnz.co.nz/international/pacific－news/407964/bid－to－alter－new－caledonian－enrolment－law－rebuffed.

(三)密克罗尼西亚联邦楚克州公投

楚克州是密克罗尼西亚联邦四个州中最大的一个,人口大约有5万人,占全国人口的一半。楚克州民众长期以来对将国家首都定于波恩佩州的帕利基尔颇有怨言,认为本州民众长期以来没有得到政府公平分配的资源,分离主义情绪高涨。鉴于密克罗尼西亚联邦与美国签订的《自由联系协定》将于2023年到期。楚克州试图脱离中央政府管制单独与美国谈判,早在2011年楚克州就成立了楚克政治地位委员会,探讨《自由联系协定》即将到期情况下楚克州的最佳出路。2014年该委员会发布的报告认为,楚克州在联邦政府治下,正在经历"政治和经济不平等",楚克人的文化认同处于危险之中。在排除了维持现状和回到美国托管状态的可能性后,该委员会认为,独立是"唯一"能实现"真正有潜力实现现代化的、健康和富有成效的楚克"目标的选择。① 委员会认为独立的楚克完全可以与美国通过谈判达成一项更好的自由联系协定。美国则表态只与密克罗尼西亚联邦政府谈判。楚克州公投原定于2015年3月举行,后被推迟至2019年3月,后又被推迟至2020年3月5日。

三 评估与预测

2019年,太平洋岛国多国较为顺利地举行了大选,总体态势基本稳定,虽然其间一些国家的选举进程遭遇波折,但最终均通过法律程序和平解决,这也表明太平洋岛国政治生态日趋向好。当然,巴布亚新几内亚、所罗门群岛、瓦努阿图等太平洋岛国政党发育不成熟,其政坛将继续存在诸多小政党,各政党均无法获得足够的席位独立执政,导致政坛风云变幻。2020年,基里巴斯、纽埃、帕劳、瓦努阿图等国也迎来大选。基里巴斯选举委员会于

---

① The Chuuk State Political Status Commission, Final Report to the Chuuk State Legislature as Required by Chuuk State Law 11 – 12 – 08, December 15, 2014, http://www.chuukstate.org/wp-content/uploads/2015/01/Chuuk-Political-Status-Commission-Final-Report.pdf.

2020年3月10日在各岛张贴选举通告，候选人可从2020年3月10日至17日报名参加总统竞选。第一轮选举结果将于4月7日公布。4月15日将举行第二轮选举并公布选举结果。① 纽埃大选将于2020年5月举行，总理托克·塔拉吉爵士表示具体日期将在与政府律师协商之后另行公布，同时表示将参加竞选以谋求连任。② 帕劳将于2020年11月举行总统选举。现任总统汤米·雷门格绍早在2018年就表态在2020年任期届满后将退出政坛，"我不会参加2020年的任何竞选。我挂冠而去，做一个我一直想成为的渔夫"。③ 瓦努阿图大选将于2020年3月19日举行。选举委员会主席马丁·泰特在2019年10月公布了选举日程及相关后勤安排。瓦努阿图总统奥比德·塔利斯宣布2020年3月19日为公共假日，以便于选民投票。瓦努阿图前总理乔·纳图曼试图申请参加选举，瓦努阿图选举委员会以其有犯罪前科认定其不具备资格而予以拒绝。对于选举结果，我们拭目以待。

公投等热点问题将继续发酵。未来几年内，布干维尔问题仍将在巴布亚新几内亚政治舞台上占据重要的一席之地。尽管中央政府和布干维尔自治政府将在相当长一段时期进行磋商，不过一旦巴布亚新几内亚议会拒绝布干维尔独立动议，布干维尔自治区有可能会再次发生反对中央政府的抗议活动。即将到来的新喀里多尼亚（法）第二次公投正在酝酿之中，但正如新喀里多尼亚（法）政府主席蒂埃里·桑塔所言，"我认为新喀里多尼亚（法）第二次公投的结果不会改变，因为两次投票之间的时间间隔很短，不会从根本上改变政治平衡。基于此，我一直都对我那些致力于独立运动的同事们进行解释，如果第二次独立公投的结果仍然是否定，我们就不应该继续进行第三次公投，而是坐下来进行谈判，达成一个能够满足新喀里多尼亚（法）民

---

① "Kiribati Confirms 2020 Election Dates," March 5, 2020, https：//www.onepng.com/2020/03/kiribati-confirms-2020-election-dates.html.
② "Premier Sir Toke Talagi Will Contest 2020 General Election," December 4, 2019, https：//tvniue.com/2019/12/premier-sir-toke-talagi-will-contest-2020-general-election/.
③ "Remengesau to Exit Palau Political Arena after 2020," December 28, 2018, https：//www.pacificislandtimes.com/single-post/2018/12/28/Remengesau-to-exit-Palau-political-arena-after-2020.

众意愿的新协定。我们应该考虑在法兰西共和国内做出新的体制安排的可能性，但要有尽可能大的自治权，这要考虑到卡纳克族人民的要求"。① 至于密克罗尼西亚联邦楚克州未来的公投，鉴于楚克州的重要地理位置、密克罗尼西亚联邦中央政府的态度以及美国的态度，继续推迟的可能性依然存在。

---

① Nic Maclellan, "In Depth: New Caledonia's President Thierry Santa," October 23, 2019, https://islandsbusiness.com/component/k2/item/2591 - indepth - new - caledonia - s - president - thierry - santa.html.

B.3
2019年太平洋岛国经济形势

周余义 杨阳 胡振宇*

摘　要： 太平洋岛国经济结构单一脆弱、发展严重依赖外力、自我发展能力不足、内部分化严重。随着投资积累、重大项目开发和基础设施改善，太平洋岛国发展潜能正逐步释放，经济运行总体向好。但受制于自身特点，其短板依然突出，需精准施策，统筹兼顾，制定系统化、综合性的解决方案。

关键词： 太平洋岛国　经济形势　产业基础

一　太平洋岛国区域特征及其影响下的经济特性

（一）自身发展能力不足

太平洋岛国陆地总面积约52万平方公里，总人口约为1106.8万人，经济总量约为348.3亿美元（见表1）。其中，巴布亚新几内亚陆地面积约为45.3万平方公里，总人口约为860.6万人，经济总量约为244.5亿美元，分别占太平洋岛国陆地面积、总人口、经济总量的87.6%、77.8%和70.2%，其余13个岛国的陆地面积合计不到7万平方公里，总人口约为

---

* 周余义，硕士，中国（深圳）综合开发研究院可持续发展与海洋经济研究所副所长、主任研究员；杨阳，硕士，中国（深圳）综合开发研究院可持续发展与海洋经济研究所副主任研究员；胡振宇，博士，中国（深圳）综合开发研究院可持续发展与海洋经济研究所所长、主任研究员。

246.2万人,经济总量仅为103.8亿美元。国土面积最小的瑙鲁和图瓦卢,陆地面积分别为21平方公里和26平方公里,人口均只有1.3万人;人口最少的岛国为纽埃,总人口为1600多人。

表1 2018年太平洋岛国概况

太平洋岛国		人口 (万人)	GDP (亿美元)	陆地面积 (平方公里)	专属经济区面积 (平方公里)
美拉尼西亚	巴布亚新几内亚	860.6	244.5	452860	2402288
	斐济	88.4	52.2	18274	1282978
	所罗门群岛	65.3	14.0	27986	1589477
	瓦努阿图	28.5	9.3	12189	663251
密克罗尼西亚	帕劳	2.2	2.8	459	603978
	密克罗尼西亚联邦	10.6	4.0	702	2996419
	基里巴斯	11.6	1.9	811	3441810
	马绍尔群岛	5.4	2.2	181	1990530
	瑙鲁	1.3	1.3	21	308480
波利尼西亚	库克群岛	1.7	2.8	236	1830000
	纽埃	0.2	0.3	260	390000
	萨摩亚	19.6	8.1	2821	127950
	汤加	10.3	4.5	717	659558
	图瓦卢	1.1	0.4	26	749790
合计		1106.8	348.3	517543	19036509

资料来源:世界银行2019年统计数据;https://www.cia.gov/library/publications/resources/the-world-factbook/wfbExt/region_aus.html。

由于陆地空间狭小且分散,远离世界经济社会活动中心,加上资金、人才、技术和工程能力等因素制约,太平洋岛国交通、能源、信息等基础设施落后,产业基础薄弱,自我发展能力严重不足,社会经济发展普遍滞后。能源方面,太平洋岛国电力供应严重不足、用电成本高昂,1100多万人口中,无电人口达700多万人,多数岛国未实现电网全覆盖,用电缺口较大。其中,巴布亚新几内亚电力供应能力最弱,全国电网覆盖率仅为15%,约630万人居住在无电区。瓦努阿图和所罗门群岛的电力供应率分别仅为30%和20%。

太平洋岛国经济属于典型的资源依赖型经济，产业发展取决于资源禀赋。因此，绝大多数岛国受陆地空间和矿产资源限制，第一产业和第三产业比重相对较高，第二产业发展普遍滞后，且以矿业和少量轻工业为主（见表2），其他工业产品大多依赖进口。如基里巴斯、所罗门群岛、密克罗尼西亚联邦等国仍以渔业、农业为支柱产业。其中，基里巴斯的渔业收入占国家收入的71.7%（2018）；斐济、帕劳、萨摩亚、瓦努阿图、库克群岛等国旅游业相对发达，第三产业比重明显偏高；第二产业相对突出的主要为巴布亚新几内亚、所罗门群岛、斐济等国土面积较大、矿产资源富集的国家。瑙鲁国土面积小，但磷酸盐矿富集，曾主导全国经济。此外，萨摩亚的食品、烟草、啤酒和软饮料加工等也有一定的基础。

表2 主要太平洋岛国三次产业结构及重点产业比较

国家	三次产业结构		重点产业
	2007年	2018年	
密克罗尼西亚联邦	—	26.3:18.9:54.8	农业、旅游业、渔业
斐济	13.9:18.1:68	10.6:17.9:71.5	旅游业、蔗糖业、渔业、农业、林业、制造业（成衣加工业、矿泉水加工业）
巴布亚新几内亚	20:36:44	29:38.1:32.9	矿业、油气业、农业、林业、渔业
汤加	19.8:18.8:61.4	16.8:19.2:56	农业、渔业、旅游业
瓦努阿图	23.7:9:67.3	27:11:62	旅游业、农业、工业（食品、木材加工、可可及咖啡加工等）、渔业
萨摩亚	12.2:32:55.4	9.4:14.6:76	旅游业、农业、渔业、农产品加工业、印刷和日用化学业（食品、烟草、啤酒和软饮料、木材家具及椰油）、服务业

注：斐济三次产业结构为2017年数据。
资料来源：《对外投资合作国别（地区）指南（2019）》。

（二）生存发展环境受到紧约束

太平洋岛国深居大洋，多处于环太平洋地震活跃带，且国土面积小、海

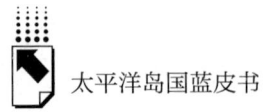

拔低，长期遭受地震、火山、海啸等自然灾害的威胁，又面临全球气候变暖、海平面上升的巨大生存压力。

一是太平洋岛国位于太平洋板块与亚欧板块、印度洋板块、美洲板块和南极洲板块四大板块交界处，且大多分布在环太平洋火山地震带上，终年地质活动频繁，面临地震、火山爆发以及海啸等自然灾害的威胁。

二是太平洋岛国也是飓风活动最为频繁的地区之一，飓风过境给太平洋岛国造成巨大损失。例如，2014年4月台风"艾塔"使巴布亚新几内亚直接受灾人数达12000多人；2015年3月飓风"帕姆"重创瓦努阿图，首都维拉港90%的房屋遭风暴破坏。2018年全球有记录的台风/飓风共计126个（110个已获得命名，16个未获得命名），其中西北太平洋53个，东北太平洋27个，南太平洋8个，合计占比达69.8%。

三是太平洋岛国多由小岛屿组成，平均海拔较低，且人口大多集中在沿海地区，受气候变化影响非常明显。如图瓦卢，由分布在800平方公里海面上的7个环形珊瑚礁岛和2个珊瑚岛组成，国土面积仅26平方公里，最高海拔仅为5米。按1993~2012年海平面上升速度，至2062年其60%的国土将沉入海中。2011年，图瓦卢发出警告，若全球变暖的速度不减缓，该国将面临灭顶之灾。瑙鲁、基里巴斯、瓦努阿图等太平洋岛国也面临类似问题。

（三）内部发展分化悬殊

太平洋岛国由1万多个岛屿组成，分布在约3000万平方公里的太平洋上，分属美拉尼西亚、密克罗尼西亚、波利尼西亚三大群岛。由于岛屿多、分布散，且资源条件及政治、经济、文化背景差异较大，不同群岛区之间以及不同岛国之间发展水平悬殊。

美拉尼西亚群岛主要包括巴布亚新几内亚、所罗门群岛、斐济、瓦努阿图等，大部分为大陆型岛屿，陆地面积较大，人口多，且陆上矿产资源相对丰富，具备较好的发展金属及农业加工业的条件，因此经济规模较大。美拉尼西亚群岛内的巴布亚新几内亚、斐济、所罗门群岛和瓦努阿图四国 GDP 合计占太平洋岛国经济总量的 92%。密克罗尼西亚群岛意为"小岛群岛",主要包括帕劳、密克罗尼西亚联邦、马绍尔群岛、基里巴斯和瑙鲁五国,多由一系列环礁和分散的小岛组成,人口和经济总量在三大群岛中"垫底",但由于岛屿多、分布广,专属经济区面积最大,合计达 934 万平方公里,占整个太平洋岛国的 49%。波利尼西亚群岛主要包括库克群岛、萨摩亚、图瓦卢、纽埃和汤加五国,以火山岛和珊瑚礁为主,陆地面积小,人口少,经济规模也较小,但高于密克罗尼西亚群岛。从主要指标来看,太平洋岛国社会经济发展水平与人口规模、产业特征密切相关,内部差异十分显著。例如,巴布亚新几内亚、所罗门群岛和瓦努阿图人口和经济规模均处于前列,但人均 GDP 和城镇人口比重较低,其中巴布亚新几内亚城镇人口比重只有15%,即 85% 的人生活在农村,从事低水平的农业活动,因此人均 GDP 只有 3000 美元。所罗门群岛和瓦努阿图城镇人口比重均在 30% 以下,人均 GDP 分别只有 2200 美元和 3254 美元。斐济总人口为 92.6 万人,仅次于巴布亚新几内亚,但由于基础设施条件较好,旅游业发达,人均 GDP 达 5870 美元。斐济已成为太平洋地区重要的旅游中心,年接待国际游客量超过 80 万人次,约占太平洋岛国国际接待游客总量的 50%,旅游收入占 GDP 的 20%。相反,库克群岛、帕劳人口少,经济发展包袱小,经济增长快,人均 GDP 均已超过 1 万美元,城镇人口比重较高。而萨摩亚、基里巴斯、密克罗尼西亚联邦、马绍尔群岛、汤加等国人口较多,产业结构水平较低,人均 GDP 也较低(见表 3)。

表3 2018年太平洋岛国人均 GDP 和城镇人口比重比较

太平洋岛国		人均 GDP(美元)	城镇人口比重(%)
美拉尼西亚	巴布亚新几内亚	2964	15
	斐济	5870	56.2
	所罗门群岛	2200	23.7
	瓦努阿图	3254	25.3

续表

太平洋岛国		人均GDP(美元)	城镇人口比重(%)
密克罗尼西亚	帕劳	16910	79.9
	密克罗尼西亚联邦	3058	22.7
	基里巴斯	1600	54.1
	马绍尔群岛	3621	77.0
	瑙鲁	9030	100
波利尼西亚	库克群岛	16700	75.5
	纽埃	15586	45.5
	萨摩亚	4066	18.2
	汤加	4364	23.1
	图瓦卢	3700	62.4

资料来源：根据世界银行、中国驻太平洋岛国大使馆网站、http：//zh.tradingeconomics.com/country-list/gdp 及其他公开资料整理。

（四）自主发展任重道远

大航海时代，太平洋诸岛逐步被纳入西方殖民体系。二战后，太平洋岛国独立呼声渐高，西萨摩亚、瑙鲁及斐济等国先后独立。许多太平洋联合国托管地尽管名义上取得独立，但由于自身条件和历史原因，独立后相当一段时间发展艰难，政府治理能力欠缺、国家凝聚力不足、居民受教育程度不够、技术人才短缺等共性问题突出，加之远离世界市场、经济结构单一，不易形成良性自生长机制，依然高度依赖外部力量。例如，2017年密克罗尼西亚联邦得到1.67亿美元的官方发展援助，占其当年GDP的48%；汤加每年接受各类物资援助、项目援助和财政支持金额达6000万~7000万美元，占其GDP的15%；瓦努阿图年均接受外援占其GDP的17%；2017年萨摩亚共接受外援6552万美元，占其GDP的8%。

目前，太平洋岛国主要援助方包括澳大利亚、中国、新西兰、美国、日本、欧盟成员国以及亚洲开发银行、世界银行、全球基金、联合国开发计划署等国际及地区组织（见表4），主要援助领域为农业、气候变化与减灾、教育、医疗卫生、政府能力建设等。近十年来，太平洋岛国接受主要国家（机构）的援助总额达133亿美元，且呈逐年增加的趋势。

表4 2011~2017年主要国家（机构）对太平洋岛国援助情况

单位：百万美元

主要国家(机构)	2011	2012	2013	2014	2015	2016	2017	合计
澳大利亚	1250	1140	1050	940.89	922.15	798.7	488.3	6590.04
中国	143.14	72.25	386.24	145.07	191.98	113.92	164.96	1217.56
新西兰	187.57	222.84	171.67	219.99	188.94	192.01	27.43	1210.45
美国	233.45	205.46	216.3	181.48	130.51	65.93	—	1033.13
日本	184.7	152.4	153.95	88.88	101.12	180.76	—	861.81
欧盟	105	106.27	111.57	124.59	133.12	74.1	83.73	738.38
亚洲开发银行	53.15	98.18	216.22	86.27	96.01	104.15	79.22	733.2
世界银行	38.9	47.25	77.83	75.48	96.03	143.49	85.13	564.11
全球基金	—	71.42	—	38.62	38.54	44.48	24.9	217.96
联合国开发计划署	—	—	9.68	19.15	22.88	33.47	26.9	112.08

资料来源：澳大利亚智库洛伊国际政策研究所。

二 太平洋岛国经济形势及发展机遇

（一）经济形势

1. 抗风险能力弱，受内外因素影响大

太平洋岛国经济规模小，结构单一，抗干扰能力差，受自然灾害、外部形势甚至单一项目的影响大，经济发展波动较大。从自然灾害影响来看，近年来，太平洋地区热带气旋数量和强度急剧增加，且强震高发，给太平洋岛国尤其是美拉尼西亚群岛的几个"大国"造成了巨大的经济损失，直接导致了整个区域的经济波动。如2015年，飓风"帕姆"袭击瓦努阿图，首都维拉港90%的房屋遭到破坏，造成的损失占其GDP的64%，经济增速由2018年的2.3%下降至0.2%；2016年，太平洋有史以来最严重的飓风"温斯顿"席卷斐济，造成13万人流离失所，直接导致斐济的经济增速由2018年的3.8%降至0.7%；2018年，巴布亚新几内亚发生7.5级大地震，对石油和天然气行业（占GDP的20.2%）的生产设施造成重大破坏，对经济造成强烈冲击，尽管灾后重建和亚太经济合作组织峰会（APEC）相关活动在一定程度上减轻了地震对经济的影响，但增速下降至0.2%；汤加由于受飓风"吉塔"的严重影响，农作物、公共基础设施和建筑物均遭受严重破坏，2018年的经济增长率仅为0.4%。

从外部影响来看，太平洋岛国由于旅游市场和出口市场在外以及严重依赖域外力量援助的经济特性，其经济对外部形势极其敏感，受突发事件影响较大。如2017年，由于占帕劳入境游客近50%的中国游客锐减，帕劳太平洋航空公司被迫停飞所有往返中国的航班，导致入境游客总量暴跌，旅游业遭受重创。同时，来自中国投资的旅游项目纷纷停工，导致帕劳经济严重下滑，当年增速降至-3.7%。2018年，受磷酸盐出口持续疲软和澳大利亚压缩瑙鲁离岸难民中心资助经费等多重因素影响，瑙鲁经济明显萎缩，增速由2018年的4%降至-2.4%，2019年继续维持负增长，增速收窄至-1%（见表5）。

表5 2015~2019年太平洋岛国经济增速

单位：%

国家/区域		2015年	2016年	2017年	2018年	2019年
太平洋岛国		3.7	2.5	3	0.9	2.9
美拉尼西亚	巴布亚新几内亚	10.5	2	3	0.2	3.7
	斐济	3.8	0.7	3	3	3.2
	所罗门群岛	2.6	3.4	3.2	3	2.4
	瓦努阿图	0.2	3.5	4.4	3.2	3
密克罗尼西亚	帕劳	10.1	0.5	-3.7	0.5	3
	密克罗尼西亚联邦	4.9	0.9	2.4	2	2.7

续表

国家/区域		2015年	2016年	2017年	2018年	2019年
密克罗尼西亚	基里巴斯	10.3	4.9	0.2	2.3	2.3
	马绍尔群岛	-0.7	1.9	3.6	2.5	2.3
	瑙鲁	2.8	10.2	4	-2.4	-1
波利尼西亚	库克群岛	4.5	6	6.9	7	6
	萨摩亚	1.6	7.2	2.7	0.9	2
	汤加	3.7	3.2	2.7	0.4	2.1
	图瓦卢	9.1	3	3.2	4.3	4.1

注：本文年度经济统计数据是指对应该财年的数据，在太平洋岛国，一般是上年7月至本年6月为一财年。

资料来源：亚洲开发银行，Pacific Economic Monitor，https://www.adb.org/publications/series/pacific-economic-monitor。

2. 产业结构调整快，第三产业动力足

受地理条件及交通、资源、资金和技术等多重因素制约，太平洋岛国产业基础薄弱，产业结构"两头大，中间小"特征显著，即农业和服务业规模较大，制造业发展严重滞后。农业受国土和技术条件限制，难有大的突破，因此以旅游业为核心的第三产业成为近年来太平洋岛国产业结构调整和社会经济发展的主要动力。

从近几年三次产业对GDP增速的贡献来看，美拉尼西亚四国经济增长均主要得益于服务业的快速发展。2018年，巴布亚新几内亚受强地震影响，油气和采矿业受到巨大冲击，直接导致第二产业拉低GDP增长率约1个百分点，但得益于APEC峰会，第三产业拉高GDP增长率约1.1个百分点，最终得全年经济率比2017年上升0.2个百分点；2010~2018年，斐济游客人数以年均5.5%的速度增长，当前旅游业收入已占GDP的20%，对其经济增长发挥着决定性作用。2018年，斐济经济增长率上升3个百分点，其中第三产业贡献率达80%；同年，瓦努阿图经济增长率上升3.2个百分点（见表6），第三产业贡献率达84%。

表6 2018~2019年美拉尼西亚四国三次产业对GDP的拉动作用

单位：个百分点

太平洋岛国	2018年				2019年			
	GDP	第一产业	第二产业	第三产业	GDP	第一产业	第二产业	第三产业
巴布亚新几内亚	0.2	0.1	-1.0	1.1	3.7	0.5	2.4	0.9
斐济	3	0.2	0.4	2.4	3.2	0.3	0.6	2.3
所罗门群岛	3	1.1	0.1	1.8	2.4	0.7	0.2	1.5
瓦努阿图	3.2	-0.7	1.2	2.7	3.0	0.2	0.1	2.7

资料来源：亚洲开发银行，Pacific Economic Monitor，https：//www.adb.org/publications/series/pacific-economic-monitor。

此外，库克群岛、萨摩亚等太平洋岛国的经济增长也越来越依赖旅游业。如2012年到2018年，库克群岛旅游收入占GDP比重平均达49.6%；萨摩亚旅游业收入占GDP的比重平均为18.1%，2018年上升至20.6%。

3. 通货膨胀率低，总体影响小

由于太平洋岛国数量多，相隔远，经济上相互独立、联系较弱，因此通货膨胀国别差异显著。但总体而言，太平洋岛国近年来商品价格总体保持平稳，尽管经常性地遭遇自然灾害和经济紧缩，但并没有出现严重的通货膨胀或通货紧缩，没有对民生产生严重的负面影响。

2018年，有统计的13个太平洋岛国中，7个太平洋岛国的通货膨胀率均在3%以下，其中库克群岛、马绍尔群岛、密克罗尼西亚联邦通货膨胀率低于1%。通货膨胀率较高的依次为汤加、巴布亚新几内亚、斐济、瑙鲁和萨摩亚。汤加受飓风"吉塔"影响，食品价格出现较大幅度上涨，导致通货膨胀率上升至5.3%；巴布亚新几内亚主要受强地震和APEC峰会的双重影响，商品和服务价格普遍上涨，其中医疗保健价格上涨了9%，服装和鞋类价格上涨了8.3%，酒店和餐厅价格上涨了8.2%，①但由于外汇储备的增加和货币供应的萎缩，通货膨胀率仅为4.5%，相比2016年厄尔尼诺现象

---

① 亚洲开发银行，Pacific Economic Monitor，https：//www.adb.org/publications/series/pacific-economic-monitor。

造成的6.7%的通货膨胀率，已经显著下降；斐济对烟酒的高关税以及卡瓦酒需求的下降，导致饮料、烟草等产量出现较大幅度增长，推动通货膨胀率上升至4.1%；瑙鲁由于经济萎缩和全球大宗商品价格（尤其是石油价格）保持较低水平，通货膨胀率由2015年的9.8%回落至3.8%；萨摩亚主要由于食品和非酒精饮料等国内商品和进口商品价格大幅上涨，通货膨胀率上升到3.7%（见表7）。

表7　2018~2019年太平洋岛国通货膨胀情况

单位：%

太平洋岛国	通货膨胀率	
	2018年	2019年
库克群岛	0.4	1.0
斐济	4.1	3.5
基里巴斯	2.1	2.3
马绍尔群岛	0.7	0.5
密克罗尼西亚联邦	1.0	0.7
瑙鲁	3.8	2.5
帕劳	1.1	0.5
巴布亚新几内亚	4.5	4.2
萨摩亚	3.7	2.0
所罗门群岛	3.3	2.5
汤加	5.3	5.3
图瓦卢	1.8	3.4
瓦努阿图	2.2	2.0

资料来源：亚洲开发银行，Pacific Economic Monitor，https：//www.adb.org/publications/series/pacific-economic-monitor。

4. 财政赤字激增，债务压力增大

由于财政来源单一，且受经济波动影响显著，太平洋岛国普遍债务高企，财政赤字问题突出，严重阻碍了社会经济可持续发展。

2018年，太平洋岛国中财政赤字国为4个，2019年初步统计显示已扩大至6个（见表8）。其中，基里巴斯最为严重，2018年财政赤字率为20.1%，2019年上升至23.2%。主要原因是工资支出增长了33.9%，同时基里巴斯航空公司购买飞机产生巨额财政成本。斐济由于运营和投资支出均增加，2018年财政赤字率为4.3%，比2017年（2.3%）高出2个百分点。同时，政府债务占GDP的比重从2017年的46.4%上升到2018年的50%。巴布亚新几内亚尽管财政赤字率不高，但外债近年来一直在增加，到2020年占GDP的比重将达到13.6%，届时将占中央政府债务总额的44.8%。多年来所罗门群岛财政赤字不断扩大，为此政府做出了巨大努力，通过提高原木出口关税一系列举措，使财政赤字率从2017年的3.8%降至2018年的0.6%。但随着政府对蒂娜河水电项目的投资启动，2019年财政赤字率达1.2%，预计2020年财政赤字率会略微上升。萨摩亚尽管受灾害影响严重，但通过严格控制支出和获得高额的外部赠款，在2018年实现了9年来的首次财政盈余，不过外币债务占GDP的比重仍然高达49.4%。图瓦卢由于基础设施支出持续增加以及捕鱼收入大幅下降，2019年出现1.1%的财政赤字。汤加由于发展合作伙伴提供了预算支持，2018年实现了1.4%的财政盈余，但外债比重从2017年的39.5%上升到41.8%。

表8　2018~2019年太平洋岛国财政平衡状况

单位：%

太平洋岛国	财政收支占GDP比重	
	2018年	2019年
库克群岛	4.0	1.7
斐济	-4.3	-3.3
基里巴斯	-20.1	-23.2
马绍尔群岛	2.6	2.2
密克罗尼西亚联邦	10.0	7.0
瑙鲁	14.2	4.9
帕劳	6.5	2.0
巴布亚新几内亚	-2.5	-2.7

续表

太平洋岛国	财政收支占 GDP 比重	
	2018 年	2019 年
萨摩亚	0.1	-0.2
所罗门群岛	-0.6	-1.2
汤加	3.0	1.4
图瓦卢	33.9	-1.1
瓦努阿图	4.1	1.0

资料来源：亚洲开发银行，Pacific Economic Monitor，https：//www.adb.org/publications/series/pacific-economic-monitor。

（二）发展机遇

1. 太平洋岛国的全球关注度和影响力快速提升

面对生存与发展的双重困境，太平洋岛国抱团取暖，一致争取国际社会支持的愿望强烈。近年来，太平洋岛国积极行动，利用既有的地区合作机制和联合国这一国际舞台，在气候变化、国际合作、包容性增长、可持续发展等事关自身生存发展的重大问题上做出了巨大努力，全球关注度快速提升，为广泛地开展国际经贸合作创造了良好条件。

2014 年，萨摩亚成功举办了第三届小岛屿发展中国家会议；2017 年，斐济成为《联合国气候变化框架公约》第 23 次缔约方大会主席国，这是受到气候变化严重影响的小岛屿发展中国家首次担任联合国气候大会主席国；2018 年 4 月，太平洋岛国论坛经济部长会议在帕劳举行，除太平洋岛国 18 个成员国外，亚洲开发银行、亚洲基础设施投资银行、国际货币基金组织驻地代表办公室、太平洋金融技术援助中心、太平洋岛屿私营部门组织等机构也广泛参与；[1] 2018 年 11 月，亚太经济合作组织（APEC）第二十六次领导

---

[1] https：//www.forumsec.org/2018-pacific-islands-forum-economic-ministers-meeting-action-plan/.

人非正式会议首次在太平洋岛国召开,巴布亚新几内亚作为太平洋岛国中唯一的 APEC 成员受到了国际社会前所未有的关注。

2. 域外大国强化与太平洋岛国合作

近十年来,随着太平洋岛国国际地位的提升及该地区战略地位的日益凸显,澳大利亚、新西兰及美国、日本等域外大国纷纷谋求与太平洋岛国在更多领域、更深层次的合作,有望给太平洋岛国带来新一轮援助,在一定期限内对太平洋岛国经济发展产生一定的刺激作用。

澳大利亚和新西兰一直将太平洋岛国地区视为重要的国家利益所在,是其天然的"势力范围"。以高额援助维持地区影响力是澳大利亚和新西兰对太平洋岛国的一项长期策略。澳大利亚智库洛伊国际政策研究所(Lowy Institute for International Policy)数据显示,2011~2017 年澳、新对太平洋岛国的援助总额分别为 65.9 亿美元和 12.1 亿美元,两国分别是太平洋岛国的第一大和第三大援助国。其中,澳大利亚对太平洋岛国的援助额占其对外援助总额的比重超过 20%。在澳大利亚 2018 年预算方案中,对外援助规模与 2017 年差不多,大约是 42 亿澳元(约合 30.7 亿美元),但面向太平洋岛国的援助金额从 2017 年的 11 亿澳元(约合 8 亿美元)增加至 13 亿澳元(约合 9.5 亿美元)。

出于对太平洋岛国区域形势的考虑,美国增加了对太平洋岛国地区的投入。2018 年 11 月,在巴布亚新几内亚莫尔兹比港举行的亚太经合组织第二十六次领导人非正式会议上,美国与日、澳、新宣布将投入 17 亿美元,帮助巴布亚新几内亚建设电力和网络设施。2019 年 3 月,美国国际战略研究中心与太平洋岛国论坛举办了主题为"加强美国与太平洋岛屿伙伴关系"的对话会,提出美国和太平洋岛国应该进行贸易谈判,拟定新一轮的投资框架协议(TIFA),并通过遥感技术、制造技术和其他新兴技术促进渔业等产业的可持续发展。[1]

---

[1] https://csis-prod.s3.amazonaws.com/s3fs-public/publication/190515_SoutheastAsia_U.S.PacificIslands_WEB.pdf.

日本自 1997 年开始定期举办日本和太平洋岛国首脑峰会，至今，该会议共举办了八届，已成为日本和太平洋岛国进行外交、援助和贸易等活动的定期交流机制和渠道。2015 年 5 月举行的第七届会议上，日本表示未来三年将向太平洋岛国提供大约 4.53 亿美元的援助。印度、韩国等国也利用国际多边场合和建立双边合作对话机制加强了与太平洋岛国的沟通，如 2015 年 8 月，第二届印度—太平洋岛国论坛在印度北部城市斋普尔（Jaipur）举行，14 个太平洋岛国的领导人或代表参加了此次会议，印度与太平洋岛国达成了诸多合作及援助协议。

3. "一带一路"搭建太平洋岛国融入世界新平台

以新兴市场经济体为主要推动力的新一轮全球化正在席卷全球。"尤其是在中国提出'一带一路'倡议后，经济全球化有希望从过去 400 年在大西洋、太平洋兴起的海洋经济全球化，逐步推进到海洋经济同内陆经济打通的这样一种人类历史上前所未有的全方位经济全球化。再加上，世界范围出现以网络化、数字化和智能化为代表的社会信息化，这就使得新一轮经济全球化的发展势头更加强劲了。"① 太平洋岛国由于特殊的地理位置和历史文化背景，在西方主导的历次全球化浪潮中并未真正融入全球社会经济发展体系，走上独立自主的发展道路，迫切需要把握新一轮全球化的重大机遇，加快建立自主的现代经济体系和区域治理体系，走上可持续发展道路。

近年来，在"一带一路"倡议的推动下，中国与太平洋岛国在基建、经贸、投资、旅游、教育等领域合作不断取得新突破，在帮助太平洋岛国在改善基础设施、培育现代产业、增加本地就业、扩大出口创汇、促进人才培养等方面发挥了重要作用。到 2018 年底，中国对太平洋岛国地区直接投资约 32.5 亿美元，涉及采矿、农渔业、批发零售等领域，累计签订工程承包合同额 148.7 亿美元，完成营业额 106 亿美元，涉及建筑、道路、机场、水

---

① 郑必坚：《新时代中国和新一轮经济全球化》，《人民日报》2018 年 5 月 9 日。

利、电信等领域,① 为太平洋岛国创造了1.5万个就业岗位。② 2018年,中国与太平洋岛国贸易额达86.6亿美元,同比增长5.6%,其中中国自太平洋岛国进口额为46.8亿美元,超过中国对太平洋岛国出口额(39.8亿美元)。③ 2019年,第二届"一带一路"国际合作高峰论坛、"中国-太平洋岛国旅游年"、第三届中国-太平洋岛国经济发展合作论坛等一系列重大活动的举办,将更好地促进太平洋岛国搭乘中国发展"快车",融入世界经济网络,共享新一轮全球化红利。

三 太平洋岛国经济发展前景展望与建议

(一)前景展望

1. 经济发展总体向好,年度波动仍将持续

吸引外资促进本国基础设施建设和产业项目开发的发展思路已经逐渐成为太平洋岛国的共识。近年来巴布亚新几内亚根据《巴布亚新几内亚发展战略规划(2010~2030年)》《2050年远景规划》等发展战略规划,推动了一系列基础设施项目建设,天然气扩建项目、瓦菲格尔普铜金矿项目等重大资源项目将成为中长期内拉动经济增长的重要引擎。斐济计划自2017年起,十年内投资15亿斐济元,鼓励私人企业、外国企业投资以水电为主、以太阳能及其他清洁能源为辅的能源体系,提升能源保障能力,促进经济发展。同时,斐济视旅游业为未来国家经济发展的"主要驱动力",制订了《2021年:斐济旅游计划》,拟通过加强旅游业基础设施建设、行业整合与协调、生态环境保护等吸引更多海外游客,增加旅游收入。

---

① 周密:《推动绿色创新合作 串起太平洋上"璀璨珍珠"》,人民网-财经频道,2019年10月14日,http://finance.people.com.cn/n1/2019/1014/c1004-31399533.html。
② 郑昕、张永兴、邰背平:《中国与太平洋岛国经济互补性强合作潜力大》,新华社,2019年10月23日,http://www.gov.cn/xinwen/2019-10/23/content_5443925.htm。
③ 周密:《推动绿色创新合作 串起太平洋上"璀璨珍珠"》,人民网-财经频道,2019年10月14日,http://finance.people.com.cn/n1/2019/1014/c1004-31399533.html。

伴随着投资的积累、基础设施的改善、重大项目的开发,太平洋岛国的发展潜能正在逐步得到释放,经济总体向好的趋势进一步得到保障。但是由于经济规模小、结构单一、自然灾害频发等先天性原因,太平洋岛国经济的脆弱性较长时期内难以改变,并且随着经济发展与全球商品价格、外部投资与出口市场等外部条件关联越来越密切,太平洋岛国整体经济年度波动仍将持续,但波动幅度随着经济规模的扩大、经济韧性的增强有望逐步减缓。

2. 对外合作多元化,与新兴市场合作潜力大

由于远离世界人类社会经济活动中心,因此加强与域外大国的经贸联系是太平洋岛国融入世界经济网络的重要渠道。但同时,历史的经验也使太平洋岛国普遍意识到,过分依赖外部力量是太平洋岛国至今未形成健康的经济、社会、政治自生长体系的重要原因。因此,借"大国平衡外交"来弥补太平洋岛国与域外大国之间实力的差距,[1] 是太平洋岛国的一项重要策略,这也是域外大国纷纷进入太平洋岛国的基础。

近年来,太平洋岛国谋求自主发展和联合自强的愿望不断增强,不仅渴望新援助,更渴望能帮助其实现可持续发展的战略伙伴。基于此,太平洋岛国的传统力量格局正在发生变化,[2] 以中国为代表的新兴市场成为太平洋岛国开展国际合作的新的重要依托。从援助情况来看,澳大利亚智库洛伊国际政策研究所数据显示,2011~2017年中国对太平洋岛国的援助额达12.2亿美元,已超越新西兰,成为仅次于澳大利亚的第二大援助国。其间,澳大利亚和新西兰的援助额分别缩减60%和85%。从经贸合作来看,在全球贸易增长放缓的不利形势下,双边贸易不断取得新进展。目前中国已成为所罗门群岛第一大贸易伙伴和出口市场,巴布亚新几内亚、斐济第二大贸易伙伴,萨摩亚第三大贸易伙伴。[3] 中国与太平洋岛国平等互利的

---

[1] 徐秀军、田旭:《全球治理时代小国构建国际话语权的逻辑——以太平洋岛国为例》,《当代亚太》2019年第2期。
[2] 陈德正主编《太平洋岛国研究》(第一辑),社会科学文献出版社,2017。
[3] 周密:《推动绿色创新合作 串起太平洋上"璀璨珍珠"》,人民网 - 财经频道,2019年10月14日。http://finance.people.com.cn/n1/2019/1014/c1004 - 31399533.html。

友好合作，为太平洋岛国地区发展经济、减少贫困、改善民生做出了重要贡献，双方互补优势明显，未来合作仍有非常大的空间。

3. 短板与风险依然突出，可持续发展能力有待提升

太平洋岛国基础设施薄弱、公共服务水平低、人力资源供需失衡、生态环境脆弱以及治理能力低下、债务高企等短板与风险问题依然突出，且较长时期内难以得到明显改善，将对经济增长及增长的持续性形成制约。

在人力资源供需方面，在大多数太平洋岛国中，受过良好教育的工人多在海外就业，很大一部分工作年龄人口继续从事以生计为生的非正式市场活动，对正式就业市场的依赖程度很低，同时妇女的劳动力参与度普遍低于男性，这种状况持续存在，太平洋岛国失业者和半失业者人数在未来几十年中可能会急剧增加，① 将会对太平洋岛国经济的持续发展造成严重困扰。

在生态环境保护方面，尽管巴布亚新几内亚、所罗门群岛等国近年来在资源出口的推动下保持了较高的经济增长率，但持续的矿产资源开采以及原木采伐，被认为是对太平洋岛国生态环境和可持续发展的极大破坏，受到了国际社会的高度关注。以所罗门群岛为例，2017年所罗门群岛的原木出口量超过300万立方米，是其年度可持续采伐量的近20倍，直接影响到整个国家的可持续发展。

在治理能力方面，太平洋岛国多数基本服务由国有企业提供，而国有企业高昂的运营成本及薄弱的治理能力，使其管理的大部分公共资产和基础设施的可持续性受到威胁，进而影响经济的可持续发展。

（二）建议

1. 完善基础设施支撑体系，改善区域投资环境

一是强化交通基础设施建设。一方面，优先考虑有利于经贸及旅游发展

---

① Pacific Economic Monitor, https://www.adb.org/publications/series/pacific-economic-monitor.

的重大项目,根据市场需求,有序推进机场扩建升级,增加面向主要市场的航线及航班,同时积极推动区域客运港口及游轮、游艇航线建设,提升水上交通运输能力,加快建设更加便捷通畅的对外交通网络;另一方面,围绕太平洋岛国重点城市或区域重大生产项目和民生工程,尽快编制基础设施建设规划和建立项目储备库,加快公路、桥梁等基础设施建设,提高交通基础设施的便捷性、可靠性及安全性。

二是完善信息基础设施网络。积极寻求与全球领先的电信网络运营商合作,依托大企业成熟的运营模式、全球广泛的网点布局以及丰富的大型通信设施建设经验,推进太平洋区域信息互联互通计划。支持有条件的国家建设太平洋岛国数据中心和云计算中心,推动太平洋岛国信息通信技术(Information and Communications Technology,ICT)枢纽建设,为太平洋岛国社会经济发展及自然灾害防御等提供信息技术支撑,在改善投资软环境的同时促进太平洋岛国数字经济发展。

三是打造可再生能源保障体系。发挥太平洋岛国能源资源优势,因地制宜,积极引进国际先进能源技术与资本,联合推广与建设风电、光伏、微水电、波浪能、潮汐能、储能等"多能组合"的无碳能源体系,逐步建立无碳能源岛的标准体系,探索推广岛内自给自足的净零碳能源供应模式,以此推动太平洋岛国能源转型,保证能源供应,增强重大产业项目对投资的吸引力,进而支撑经济发展,提升可持续发展能力。

四是加强防灾减灾基础设施建设。积极争取国际援助,加快建立多灾种、标准化、一体化的自然灾害风险预警业务。加快灾害服务发布渠道建设,利用电视、网络、手机等媒介,实现对区域人群的全覆盖。支持太平洋岛国建设飓风监测预警中心,加强区域数值预报能力建设,提高模式的计算精度和稳定性,提升异常飓风路径预报能力。支持建立太平洋岛国区域自然减灾数据中心和紧急救援基地,提升灾害信息获取、共享、分析和研判能力和及时应对重大灾害的能力。

2. 培育现代产业体系,提升持续发展能力

一是优先支持旅游业高水平发展。鼓励太平洋岛国以打造世界级的

海岛旅游目的地为目标,协同推出一批资源独特、交通便捷、规模合适的特色海岛,进行面向国际的海岛使用权拍卖,鼓励有条件的国际企业以独资或与太平洋岛国本地企业合资的形式进行旅游投资。坚持保护与开发协调发展,按照"一岛一策"的原则,开展旅游线路开发、旅游设施建设、旅游企业经营管理以及旅游专业人才培养等全方位合作,形成集项目前期规划设计、中期投资建设(包括道路、生态景观、酒店等基础设施)以及后期运营管理(如旅游市场的开拓、航线的运营、旅游线路的规划)于一体的全链条旅游合作开发模式,推动太平洋岛国旅游业高水平发展。

二是加快推动渔业升级发展。加强渔业资源科学管理,积极推动渔业"捕捞+养殖"一体化发展。一方面,依托太平洋岛国海域资源,积极引进中国等在工厂化养殖方面的技术、设备和资金,完善保险和相关配套扶持政策,支持渔业企业建设渔业养殖基地;另一方面,支持渔业龙头企业在太平洋岛国规划建设一批集生产基地、冷藏加工基地、远洋渔船补给基地和服务保障平台等于一体的远洋渔业多功能综合服务基地,为渔业企业提供渔获物集散、渔获精深加工、冷链物流、船舶租赁与维修等全方位服务,全面提升太平洋渔业经济附加值,增加太平洋岛国税收收入。

三是积极推广高技术农业。积极引入国外农业龙头企业和农业科研机构,在巩固、深化粮食育种、种植和深加工等合作基础上,建设农业合作试验区或农业合作示范区。支持巴布亚新几内亚等国开展农业综合开发,设立农业生产基地,积极发展农产品仓储物流,建立农产品生产加工园、农产品产销加工储运基地,打造集种植、养殖、深加工、检验检疫、进出口许可、自主报关等于一体的综合性农业示范园区,提高农业经济综合效益。

四是大力拓展海洋经济发展空间。争取将太平洋岛国的大洋矿产资源勘探工作纳入国际援助合作计划,积极利用国际优惠贷款,设立援助勘查项目,逐步推进资源勘探、开发、加工、交易、储备、输送及配套码头建设,推进深海矿业产业化。引进国际生物医药龙头企业,加强海洋生物功能活性物质研究,开发高附加值的海洋生物营养品、功能食品、保健品和新型营养源，促进海洋医用材料、创伤修复产品的研发、生产，推动海洋生物医药产业化发展。

3. 强化国际教育培训合作，加强专业人才储备

一是积极引入优质教育资源。积极推动与域外大国开展高等教育合作，争取援助国支持有意向的高校以在太平洋岛国设立分校或与太平洋岛国优秀高校合作办学的方式帮助太平洋岛国培养高端人才。支持高校开展教育改革，保证高校拥有更多的办学自主权，在教学课程设置、规划等方面具有选择权，并根据太平洋岛国需要及时调整培训设置、课程选择以及招生人数，为太平洋岛国定向培养各类专业人才，做好支撑长远发展人才储备。

二是搭建多层次的专业技能培训平台。借鉴国际职教平台（IVEP）经验做法，支持太平洋岛国共同搭建面向本地市场的专业劳务培训和技术培训平台，定期举行人才智力互动交流、创新创业平台观摩与实训等活动，为青年和妇女等提供短期培训。同时，积极举办劳务与技术培训大赛，推动技术交流，满足短期内市场对各类技术人才的需求。

4. 增加财政风控手段，避免经济剧烈波动

一是继续推行重大投资项目的开放合作发展方式。由于能源、矿产项目投入较大，回收周期较长，其潜在的风险也会增加，引入多国合作开发、协议共负盈亏，无疑是能够最大限度降低潜在风险的可行之策。如巴布亚新几内亚天然气扩建项目、瓦菲格尔普铜金矿项目等投资均在数十亿美元，通过多方合作方式进行开放，可以有效减少本国政府的直接投资，避免推高债务压力并合理分散潜在的经济风险。

二是积极推动国有企业降本增效。太平洋岛国尤其是基里巴斯、瑙鲁、图瓦卢等岛国国有企业高昂的运营成本已严重威胁到其财政的可持续性。因此，有必要加强对国有企业财务的绩效考核与监督，包括对国有企业的年度财政转移采用更透明的方法，减轻缓解补贴和持续的社会保障转移的依赖等，推动国有企业降本增效，缓解太平洋岛国财政压力。

三是合理合规优化税收结构，增加财政收入。适应社会经济发展新阶

段特征，合理优化税收结构，增加财政收入，缓解财政赤字。2018年所罗门群岛通过提高原木出口关税，使税收收入比2017年增长了20%以上；同时，还颁布了《商品税法（修正案）》，提高了酒精和烟草消费税，以此带动财政增收，最终使财政赤字率由2017年的3.8%降至2018年的0.6%。

B.4
南太平洋地区外交新动向

——基于《太平洋岛国论坛公报》的考察

梁甲瑞*

摘　要： 随着国际政治及区域政治的变化，南太平洋地区外交出现了新的动向。第一，确定区域主义的新标签——"蓝色太平洋"，发展"蓝色太平洋"外交；第二，更为重视气候外交；第三，关注北太平洋地区局势，外交活动覆盖整个"太平洋世界"；第四，偏好区域组织的多边外交。南太平洋地区外交的新变化体现了一种范式的转变，即由《太平洋计划》向《太平洋区域主义框架》的转变。身份和观念是太平洋岛国采取何种外交政策的深层次原因。

关键词： 太平洋岛国　《太平洋岛国论坛公报》　"蓝色太平洋"

近年来，随着国际政治及区域政治的变化，南太平洋地区外交出现了新动向。这些新动向的出现使国际社会更加关注南太平洋地区。2019年8月13～16日，第50届太平洋岛国论坛（Pacific Islands Forum, PIF）峰会在图瓦卢举行。本届峰会的主题是"确保我们在太平洋地区的未来"。随着气候变化加剧以及地缘政治竞争日益激烈，南太平洋地区的脆弱性加剧。有鉴于此，太平洋岛国论坛领导人在本届峰会上制定了"针对蓝色太平洋大陆的

---

* 梁甲瑞，博士，聊城大学历史文化与旅游学院讲师、聊城大学太平洋岛国研究中心研究员，主要研究方向为全球海洋治理、太平洋岛国对外关系。

2050 战略",采取相应举措应对气候变化的影响,并确保太平洋地区人民的幸福和健康,并发布了《太平洋岛国论坛公报》(以下简称《公报》)。《公报》体现了新时期太平洋岛国的一些外交动向及利益诉求。太平洋岛国以更加积极的姿态出现在国际舞台上,运用外交技巧在大国之间周旋。具有明确外交标签的太平洋岛国集体外交对国际关系的影响不应忽视。PIF 是南太平洋地区重要的政府间区域组织,在太平洋区域主义和"蓝色太平洋"、可持续发展、安全等领域扮演着重要的角色。除了参与本地区的活动之外,PIF 还积极发展与域外国家的关系,举行了 PIF 会后对话会,总共有 18 个会后对话国家。① 因此,考察 PIF 及其相关活动,可以从中发现南太平洋地区的一些新动向。国内学术界有不少以 PIF 为考察对象,探讨南太平洋地区,② 但缺乏基于《公报》的南太平洋地区外交研究。本文考察了 2017~2019 年的《公报》,探讨南太平洋地区的外交新动向及其原因,并尝试分析其对中国的影响。

一 2017~2019年的《太平洋岛国论坛公报》

PIF 峰会每年召开一次,在论坛成员间轮流召开,并发布相应的《公报》。《公报》既包括对南太平洋地区过去活动的总结,也有对地区未来行动的规划,还会对某一议题的态度进行协调。目前,PIF 成员由原来的 14 个增加到了 16 个,新增加的成员为法属波利尼西亚和新喀里多尼亚(法)。从 2017~2019 年的《公报》可以看出,南太平洋地区的外交正发生着微妙的变化(见表1)。

---

① "The Pacific Island Forum", PIF, https://www.forumsec.org/who-we-arepacific-islands-forum/.
② 梁甲瑞探讨了太平洋岛国论坛为何恢复斐济的成员国资格,说明南太平洋地区政治变化对太平洋岛国外交决策的影响,具体内容参见梁甲瑞《太平洋岛国论坛为何恢复斐济的成员国资格》,载《战略决策研究》2016 年第 1 期,第 42~58 页;鲁鹏、宋秀琚探讨了太平洋岛国论坛对区域一体化的推动作用,具体内容参见鲁鹏、宋秀琚《浅析太平洋岛国论坛对区域一体化的推动作用:兼论太平洋计划》,《国际论坛》2014 年第 2 期,第 26~31 页。

表1 2017~2019年《公报》中有关南太平洋地区外交的内容

时间	地点	主要内容
2017年9月	阿皮亚	(1)托克劳作为准会员参会;(2)"蓝色太平洋":我们的岛屿之海——我们通过治理与可持续发展的安全;(3)区域治理与融资分析;(4)可持续发展重点(渔业、气候变化与复原力);(5)安全(马绍尔群岛的放射性污染物、所罗门群岛区域援助计划、北太平洋紧张局势、西巴布亚);(6)论坛成员国与会议(部长级会议章程、论坛成员国);(7)PIF可持续融资战略;(8)国家倡议(保险基金、太平洋纽带、免收签证费、空中服务)
2018年9月	亚伦	(1)托克劳作为准会员参会;(2)构建一个强大的太平洋——我们的人民,我们的岛屿,我们的意愿;(3)区域主义重点(区域安全宣言、气候变化和灾害减缓、渔业、海洋、儿童肥胖、非传染性疾病、西巴布亚);(4)强化针对区域主义的协定
2019年8月	富纳富提	(1)制定"针对蓝色太平洋大陆的2050战略";(2)强化采取减缓气候变化影响的政治领导,保护海洋的健康和完整性;(3)结束所有悬而未决的海洋划界谈判;(4)处理核污染物;(5)承认印尼在西巴布亚的主权;(6)强化确保"蓝色太平洋"的制度协定;(7)建立解决石油泄漏问题的区域机制

资料来源:根据2017~2019年《公报》整理。

二 南太平洋地区外交新动向

基于对历年PIF《公报》的考察,南太平洋地区的外交出现了新动向,一些范式也在发生变化。

(一)确定区域主义的新标签——"蓝色太平洋",发展"蓝色太平洋"外交

第48届PIF峰会强调了太平洋岛国的"蓝色太平洋"身份。太平洋岛国论坛领导人一致赞成"蓝色太平洋"身份是《太平洋区域主义框架》(Framework for Pacific Regionalism)下论坛领导人集体行动的核心驱动力。基于此,论坛领导人认为,"蓝色太平洋"作为新标签,需要有创造性的领导和长期的外交政策,旨在是使南太平洋地区成为一个"蓝色大陆"。考虑

到国际环境和地区环境范式的转变，论坛领导人承认"蓝色太平洋"身份在共同管理太平洋和加强太平洋岛国互联互通方面带来的机会。进一步说，"蓝色太平洋"是太平洋区域主义的催化剂。① 萨摩亚总理图伊拉埃帕·萨伊莱莱·马利埃莱额奥伊（Tuilaepa Lupesoliai Sailele Malielegoi）在本届峰会上指出："由于特殊的地理位置，比如全球权力中心转变的趋势，太平洋是当今全球地缘政治的中心。历史上，太平洋曾经成为域外国家博弈的焦点区域。'蓝色太平洋'概念呼吁太平洋岛国论坛做出长期领导的承诺，使得太平洋岛国可以'蓝色大陆'的整体获益。此举将具有界定'蓝色太平洋'经济的潜力，确保可持续、稳定、有弹性、和谐的'蓝色太平洋'，并强化'蓝色太平洋'外交，保护太平洋及其居民的价值。"② "蓝色太平洋"外交成为太平洋岛国在国际舞台上的新标签，也是发展与域外国家关系的一个新手段。

2017年，图伊拉埃帕在联合国大会上对"蓝色太平洋"的行动做了梳理。"纵观太平洋岛国论坛的历史，我们的领导人表述了与'蓝色太平洋'一致的常识，即太平洋居民是世界上面积最大、最和平、资源最丰富的海洋的守护人，它拥有许多岛屿及丰富多元的文化。基于海洋国家的身份，太平洋岛国在很多情况下展示了'蓝色太平洋'的身份。最明显的例子是1985年的《拉罗汤加条约》《南太平洋无核武器区条约》。在该条约中，论坛领导人描述了该地区陆地和海洋的自然美。"③

---

① PIF, Forty-Eight Pacific Islands Forum Communique, Samoa: Apia, 2017, p. 3.
② "Opening Address by Prime Minister Tuilaeopa Sailele Mailelegaoi of Samoa to Open the 48th Pacific Islands Forum 2017," Pacific Islands Forum Secretariat, September 5, 2017, https://www.forumsec.org/opening-address-prime-minister-tuilaepa-sailele-mailelegaoi-samoa-open-48th-pacific-islands-forum-2017/.
③ "Remarks by Hon. Tuilaepa Lupesoliai Sailele Malielegaoi Prime Minister of the Independent State of Samoa at the High-Level Pacific Regional Side Event by PIFS on Our Values and Identity as Stewards of the World's Largest Oceanic Continen, The Blue Pacific," Pacific Islands Forum Secretariat, June 5, 2017, https://www.forumsec.org/remarks-by-hon-tuilaepa-lupesoliai-sailele-malielegaoi-prime-minister-of-the-independent-state-of-samoa-at-the-high-level-pacific-regional-side-event-by-pifs-on-our-values-and-identity-as-stewards/.

太平洋岛国不断发展同域外国家的"蓝色太平洋"外交，主要的域外国家有中国、韩国、美国、日本等。太平洋岛国同日本发展外交关系的一个重要平台是太平洋岛国峰会（Pacific Island Leaders Meeting，PALM）。第7届PALM强调联合治理对于可持续发展、治理和保护海洋资源与海洋环境的关键作用，呼吁进一步加强双边和多边合作，涉及领域包括海洋环境、海洋安全、海洋监测、海洋科学研究、海洋资源保护、可持续渔业治理等。① 第8届会议还讨论了海上安保、联合执法等问题。安倍晋三在此次会议上发表了关于"蓝色太平洋"的演讲，指出了太平洋面临的严峻问题，包括非法捕鱼、海洋酸化、海平面上升、海洋生态系统恶化等，呼吁共同行动。日本认可PIF各国领导人通过共同管理和集体努力实现"蓝色太平洋"的承诺，以确保太平洋区域的安全、繁荣和环境的完整性。② 美国意识到太平洋岛国对"蓝色太平洋"区域环境的重视，与它们一道在一系列活动中展开合作，目的是保证太平洋资源可以可持续利用，保障太平洋岛民子孙后代的生存。为此，美国对太平洋共同体（SPC）、太平洋区域环境署（SPREP）、中西太平洋渔业委员会（WCPFC）提供援助，支持保护区域环境和推进海洋治理的努力。③

（二）更为重视气候外交

气候外交是指主权国家或经过授权的国际组织使用交涉、谈判或其他和平方式来改善全球气候变化或以全球气候变化为手段处理国际关系的行动。④ 由于全球气候谈判进程进展缓慢，气候外交需要在外交政策中占据显

---

① "PALM7 Leaders' Declaration-Fukushima Lwaki Declaration," Ministry of Foreign Affairs Japan, https：//www.mofa.go.jp/a_o/ocn/page4e_000261.html.
② "PALM8," Ministry of Foreign Affairs Japan, May 19, 2018, https：//www.mofa.go.jp/a_o/ocn/page3e_000900.html.
③ "U.S. Engagement in the Pacific," U.S. Department of State, September 3, 2018, https：//www.state.gov/r/pa/prs/ps/2018/09/285664.htm.
④ 陈宝明：《气候外交》，立信会计出版社，2011，第5页。

著的地位。① 小岛屿发展中国家是气候变化的最大受害者。它们应对这些复杂环境的挑战，不能仅仅依靠国家治理，还必须依靠全球治理。在联合国的舞台上，作为一个游说集团，1991年由43个小岛及低洼海岸线国家构成的小岛屿发展中国家联盟（AOSIS）已经具有一定的国际政治地位。联合国环境与发展大会为小岛屿发展中国家提供了表达对全球环境和发展问题担忧的机会。在2009年哥本哈根气候大会上，小岛屿发展中国家联合呼吁全世界共同解决气候变化问题，提出了全球关注、温室气体减排、资金和技术支持的要求。全球气候谈判也为小岛屿发展中国家提供了参与全球气候治理的空间。小岛屿发展中国家必须全力利用全球会议带来的机会和成果。

气候变化是每届PIF峰会的关键议题。在第48届峰会上，PIF领导人强调需要详细阐述《太平洋弹性发展框架》（Framework for Resilient Development in the Pacific，FRDP），以体现《巴黎协定》的成果。斐济是《联合国气候变化框架公约》第23次缔约方大会主席国，这是小岛屿发展中国家首次担任联合国气候大会主席国。太平洋岛国以气候外交为议题发展同域外国家的外交关系。比如，2017年4月24日，为了保持与太平洋岛国日益密切的关系，印度在斐济举行了与太平洋岛国的"可持续发展会议"（Sustainable Development Conference）。此次会议得到了FIPIC的支持，并聚焦于太平洋岛国面临的环境挑战与威胁。同时，会议将提供人与人之间对话与沟通的平台，目的是鼓励形成授权的氛围，以便推动战胜气候变化的集体合作。同时，会议致力于形成南太平洋地区广泛的战略或政策，目的是减缓和适应气候变化，推动增强气候适应性的区域合作与技术交流。② 2015年，印度举办了第二届印度—太平洋岛国合作论坛。莫迪宣布建立可持续海岸与海洋研究所，同时在太平洋岛国建立海洋多样性研究网络，目的是帮助太平洋岛国适应气候变化。③

---

① "Climate Diplomacy：The Initiative," *Climate Diplomacy*，https：//www.climate-diplomacy.org/.
② "India-Pacific Island Countries Sustainable Development Conference," Ministry of Foreign Affairs，http：//mea.gov.in/press-releases.htm? dtl/28412/India_ Pacific_ Island_ Countries_ Sustainable_ Development_ Conference.
③ "India-Fiji Bilateral Relations," Ministry of External Affairs，http：//www.mea.gov.in/Portal/ForeignRelation/India_ Fiji_ XP_ Aug_ 2017.pdf.

（三）关注北太平洋地区局势，外交活动覆盖整个"太平洋世界"

"太平洋世界"是太平洋历史研究在21世纪以来出现的新路径、新范式和新的研究框架，它把太平洋海洋、群岛以及太平洋海水所能抵达的沿岸所有陆地统合起来，组成一个连贯的分析单元。整体性、联系性是其显著特点。就地区外交而言，太平洋地区也是一个整体，任何局部的变化都可能会影响整个太平洋世界。《太平洋计划评论》强调了这种相互联系性。"作为一个整体，本地区正面临社会、经济和生态层面的重大变革和严峻挑战；同时，它还是域内外新一轮地缘政治利益竞争的对象。但本地区具有脆弱性，对他者的经济援助和善意的依赖程度十分显著……"① 2017年9月，马绍尔群岛总理约翰·希尔克（John Silk）在联合国大会上呼吁全球拿出更大的政治决心，目的是消除朝鲜半岛的核威胁。马绍尔群岛受到了核试验的持续影响。巴布亚新几内亚总理彼得·奥尼尔（Peter O'Neill）同样在联合国大会上谴责了朝鲜的洲际导弹试验。"这些试验直接威胁美国、日本和韩国的人民，太平洋岛国人民也不例外。我们非常担忧这些出现在我们后院的活动。"② 为此，太平洋岛国积极发展同韩国的外交关系，支持朝鲜半岛无核化。韩国—太平洋岛国外长会议（Korea-Pacific Islands Foreign Minister's Meeting，KPIFMM）就是在这一背景下建立的。自2011年开始，KPIFMM已经举办了三届，每三年一届。值得注意的是，在每两届KPIFMM之间，双方会举行一次高级部长会议，目的是探讨上一届KPIFMM做出的决策执行情况以及强化韩国与太平洋岛国合作的举措。③ 在韩国的努力下，太平洋岛国日益关注北太平洋地区的安全形势。

---

① PIF, *Pacific Plan Review 2013*, Suva: Fiji, 2013, pp. 2 – 3.
② "Marshalls Reminds UN of Nuclear Horror," RNZ, September 25, 2017, https://www.radionz.co.nz/international/pacific – news/340196/marshalls – reminds – un – of – nuclear – horror.
③ Ministry of Foreign Affairs, Diplomatic White Paper 2016, 2016, p. 234.

（四）偏好区域组织的多边外交

太平洋岛国发展依赖外部世界，受国际环境和区域环境的影响更为明显，因此参与各种区域组织成为太平洋岛国的国际行为偏好。当今世界，多边外交已经成为国际关系的发展趋向，太平洋岛国的多边偏好程度更为显著。值得注意的是，对南太平洋区域组织而言，多边外交偏好似乎成为一种趋势。太平洋区域组织理事会（The Council of Regional Organizations of the Pacific，CROP）汇聚了南太平洋地区主要的区域组织，成为区域组织沟通与交流的平台。1988年，PIF领导人建立了CROP，主要目的是完善政府间组织之间的合作、协调机制，实现太平洋地区可持续发展的目标。作为太平洋地区区域组织领导人的协调机制和高级咨询机构，CROP提供政策咨询并在国家层面、区域层面及国际层面上推进政策实施。[1] CROP参加了每一届的PIF峰会。除了主要的区域组织外，CROP增设了太平洋岛国发展论坛，规模进一步扩大。第48届PIF峰会将CROP定位为区域治理的重要工具。"PIF领导人指示CROP及其成员机构要同步推进论坛章程，指导CROP主席与其机构负责人密切合作，共同推进政策实施计划。"[2] 第49届PIF峰会批准了CROP宪章的修改，以确保其完全符合《太平洋区域主义框架》，并在CROP主席的监督下加强合作与协调。PIF领导人指示CROP机构要强化合作，有效践行CROP宪章规定的各项承诺。[3] 2018年9月，CROP通过了年度报告。该报告介绍了CROP在2018年取得的进步及对未来的展望。正如CROP主席泰勒（Meg Taylor）所言，"近年来，在《太平洋区域主义框架》和'蓝色太平洋'的驱动下，太平洋集体行动有了新的观念，这有助于我们更好地理解南太平洋地区的战略价值。这为CROP实现《太平洋区域主义框架》的目标和理念注入了新的动力。2018年CROP一直在申明PIF

---

[1] "Council of Regional Organizations of the Pacific," Pacific Islands Forum Secretariat, https://www.forumsec.org/council-of-regional-organisations-of-the-pacific/.
[2] PIF, Forty-Eighth Pacific Islands Forum Communique, Samoa: Apia, 2017, pp. 3-4.
[3] PIF, Forty-Ninth Pacific Islands Forum Communique, Nauru: Yaren, 2018, p. 6.

的重点,包括气候变化、渔业、海洋治理、安全,同时它也增强自身的聚合力与协调性"。[1] 借助区域组织多边机制、倡导区域治理规范是太平洋岛国弥补自身实力缺陷的良好途径。区域组织积极参与 CROP,将自己纳入区域联系的网络之中,大力支持 PIF 确定的地区发展重点议题,倡导并采用规范的立场,这构成区域组织多边外交的典型行为模式。

三 南太平洋地区外交出现新动向的深层次原因

南太平洋地区外交出现新动向体现了一种范式的转变,即由《太平洋计划》(Pacific Way)向《太平洋区域主义框架》的转变。这是南太平洋地区一种多维视角下的外交调整,也是多种因素共同作用的结果。

(一)南太平洋地区外交范式转变

从 20 世纪 60 年代中期开始,伴随太平洋岛国的独立,太平洋外交的历史以协调一致的方式被界定。新独立的太平洋岛国开始开展自主外交,但作为小岛屿发展中国家,它们缺乏独立开展多边外交的能力。自此,太平洋岛国承诺开展区域外交和采用联合外交路径,以实现外交目标。[2] 地区外交变化体现了范式的转变。为了加强太平洋岛国之间的战略合作和推进区域一体化,2004 年太平洋岛国论坛成员一致同意制定《太平洋计划》,该计划的首个有效期是 2005 年至 2014 年初。根据《太平洋计划》,太平洋岛国的重要理念是在集体行动问题上紧密合作,避免单独行动,共同管理资源,实现"建设一个和平、和谐、安全和经济繁荣的地区,因此人们可以过上自由的生活"的共同目标。《太平洋计划》有四个战略目标:经济增长、可持续发展、治理与安全。这些战略目标成为区域合作的重点。2009 年,可持续发

---

[1] PIF, CROP Annual Report, Fiji: Suva, September 2018, p. 15.
[2] Greg Fry, Sandra Tarte, *The New Pacific Diplomacy*, ANU Press, 2015, p. 5.

展的目标增加了两个,即适应环境气候变化和提高居民的幸福指数。①《太平洋区域主义框架》由 PIF 领导人在 2014 年批准通过。PIF 领导人将区域主义描述为一种共同身份和目的的表述,逐步实现机制、资源和市场的共享,克服共同的障碍,完善亚太地区可持续、包容性发展,并将太平洋地区视为一个整体。为了更好地执行《太平洋区域主义框架》并替代《太平洋计划》,PIF 寻求所有太平洋人民的承诺和支持,包括政府和管理机构、公民社会组织、私营部门代表、区域组织、发展伙伴、媒体和其他利益行为体。②

"蓝色太平洋"成为《太平洋区域主义框架》倡导的区域主义的标志。SPC 曾预测"蓝色太平洋"在 2019 年将成为南太平洋地区的关键。它强调了太平洋掌控自己未来的重要性,重视联合治理太平洋的重要性。同时,它提供了在国际舞台上发出强有力的声音的基础。作为地球上最大的区域,太平洋在全球生态系统中扮演着关键角色。该地区成为全球气候变化研究的中心和海洋保护与治理的焦点。"蓝色太平洋"确保该地区在这两个问题上扮演着全球领跑者的角色。地区外交上,"蓝色太平洋"指导着外交范式,确保集体行动,以实现共同目标。③ 相比于《太平洋计划》,《太平洋区域主义框架》的包容性更强,是一种更为自由的范式。这种范式的转变也驱动着外交的变化。

(二)南太平洋地区外交新动向的深层次原因

在建构主义看来,行为体的利益取决于行为体身份,而利益又决定了行为。建构主义认为行为是重要的,但只有在确定了行为体的身份和利益之后,才能够表述行为体的身份。理性主义分析典型地规定了个体

---

① "The Pacific Plan," Pacific Islands Forum Secretariat, http://www.forumsec.org/pages.cfm/strategic-partnerships-coordination/framework-for-pacific-regionalism/pacific-plan-3/.
② PIF, The Framework for Pacific Regionalism, Fiji: Suva, 2014, p.1.
③ "Looking to 2019: The Blue Pacific Narrative Will be Key for Our Region," SPC, December 11, 2018, https://www.spc.int/updates/blog/2018/12/looking-to-2019-the-blue-pacific-narrative-will-be-key-for-our-region.

对某个结果的偏好,但没有对其做出解释。① 建构主义否定纯粹物质主义,提倡重视观念的作用,强调客观因素只有通过行为体的共有观念才能够产生影响行为的意义,才能具有实质性的内容。在朱迪斯·戈尔茨坦和罗伯特·基欧汉看来,观念帮助整治世界。通过整治世界,观念能够形成议程,这些议程能深刻地塑造结果。② 探讨南太平洋地区外交新动向应该基于太平洋岛国的身份和观念。身份和观念是太平洋岛国采取何种外交政策的深层次原因。行为体只有具备身份和获得利益后才能采取与之相称的行动。海洋大型发展中国家身份是太平洋岛国践行外交政策的深层次原因。

传统意义上,太平洋岛国被认为是小型国家,国小民寡,具有很大的脆弱性。国际社会通常把"小国"的标签作为太平洋岛国的身份。然而,太平洋岛国拥有广阔的海洋面积、人海合一的海洋观念、大量关于全球海洋治理的区域组织以及在全球海洋会议中的话语权,因此它们又是海洋大型发展中国家。以往学术界的研究往往聚焦于以美国、日本、英国等为代表的海洋强国,但忽略了海洋大型发展中国家。《太平洋岛国区域海洋政策》(Pacific Islands Regional Ocean Policy)明确界定了太平洋岛国的身份,"太平洋岛国被认为是小岛屿发展中国家,也被认为是海洋大型发展中国家"。③ 随着全球海洋治理理念和实践的不断发展,太平洋岛国作为全球海洋大型发展中国家的身份逐渐获得认同。太平洋岛国海洋大型发展中国家身份的建构不是一蹴而就的,而是经历了不断发展以及与国际社会互动的过程。早在20世纪80年代,就有学者就提出了太平洋岛国有可能成为海洋大国的观点。比如,在比利安娜(Biliana Cicin-Sain)和罗伯特·克内克特(Robert

---

① 〔美〕朱迪斯·戈尔茨坦、罗伯特·基欧汉:《观念与外交政策——信念、制度与政治变迁》,刘东国、于军译,北京大学出版社,2005,第14页。
② 〔美〕朱迪斯·戈尔茨坦、罗伯特·基欧汉:《观念与外交政策——信念、制度与政治变迁》,刘东国、于军译,北京大学出版社,2005,第12页。
③ Secretariat of the Pacific Community, Pacific Islands Regional Ocean Policy and Framework for Integrated Strategic Action, 2005, p. 4, http://www.sprep.org/att/IRC/eCOPIES/Pacific_Region/99.pdf.

W. Knecht)看来,"美国和其他发达国家通常把太平洋岛国看作'微型国家',仅仅是依据这些岛国的陆地面积、人口和经济规模,但决策者必须意识到,随着南太平洋地区引入200海里专属区的概念,以及PIF和其他区域组织在海洋问题上的有效协调,太平洋岛国有潜力从'微型国家'成为大型海洋强国"。① 受国际政治中权力政治的制约,太平洋岛国在国际事务中的影响力无法与大国媲美。但作为海洋大型发展中国家,太平洋岛国在国际海洋事务中发挥着重要的作用,彰显了自身的身份特性。

近年来,太平洋岛国海洋大型发展中国家的身份不断得到认可,其在联合国海洋大会中的角色日益活跃。海洋大会是联合国首个关于"可持续发展目标14"(SDG14)议题的会议,将提供独特的宝贵机会,供世界寻求具体解决方案以扭转海洋健康状况急剧恶化的趋势。同时,此次会议也进一步推进实施SDG14。② 斐济和瑞典共同主办了此次海洋大会。此举是太平洋岛国海洋大国身份在联合国的体现。斐济总理姆拜尼马拉马作为大会主席,在发言中强调:"气候变化是人类有史以来面临的最严重的威胁之一,由此导致的海平面上升以及海洋生态环境恶化等问题直接危及小岛屿发展中国家未来的生存和发展……"③ 同时,第71届联大主席、前斐济驻联合国代表汤姆森在开幕致辞中指出:"要想在这个星球上为所有物种创造一个安全的未来,我们必须现在就采取行动,维护海洋和气候安全……"④ 2017年,太平洋岛国论坛领导人在联合国大会上强调了"蓝色太平洋"的重点,主要有执行《巴黎协定》、有效治理和保护海洋、实现可持续发展目标、维

---

① Biliana Cicin-Sain, Robert W. Knecht, "The Emergence of a Regional Ocean Regime in the South Pacific," *Ecology Law Quarterly*, Vol. 16, Issue 1, 1989, p. 211.
② 《我们的海洋 我们的未来》,联合国海洋大会,2017年6月5日,http://www.un.org/zh/conf/ocean/index.shtml。
③ 《联合国海洋大会开幕——扭转趋势、促进海洋可持续发展》,联合国网站,2017年6月5日,http://www.un.org/chinese/News/story.asp? newsID = 28179。
④ 《联合国海洋大会开幕——扭转趋势、促进海洋可持续发展》,联合国网站,2017年6月5日,http://www.un.org/chinese/News/story.asp? newsID = 28179。

护和平与稳定等。①

集体推动联合国大会对太平洋岛国海洋问题的重视。"最近几十年来，国际组织使海洋问题政治化，积极参与这些问题的国家数量大大增加。尽管欠发达国家除拥有海岸线外，缺乏与海洋相关的重要能力，但在这些问题上的影响力越来越大。显然，主要海洋大国在联合国海洋法会议上处于守势。"② 近年来，气候变化成为联合国大会的重要议题之一，太平洋岛国在该议题上扮演着重要的角色。它们在联合国大会上敦促国际社会采取减缓气候变化的行动。2017年9月，基里巴斯总统塔内希·马茂（Taneti Maamau）在联合国大会上指出，"本次会议的主题是以人为本。全世界领导人应该担负起保证人类的生活、尊严和价值高于金钱的责任。联合国必须重视全球大家庭中最脆弱、最穷困的成员，比如最不发达国家和小岛屿发展中国家。我们必须确保它们的声音被倾听"。汤加国王图普六世（Tupou Ⅵ）同样表示，希望联合国大会重视全球资源的保护和可持续利用，强调伙伴关系在国际法框架下联合实现目标中的重要性。所罗门群岛总理梅纳西·索加瓦雷（Manasseh Sogavare）充分地阐述了气候变化的负面影响，称这种负面影响已出现在所罗门群岛沿岸，带来严重的威胁。③ 2009年6月3日，联合国大会一致通过了 A/RES/63/281 决议。该决议引入了"联合国相关机构做出考虑、解决气候变化问题的努力，特别强调了气候变化的安全影响"。这是整个国际社会首次把气候变化问题同国际和平与安全问题明确联系起来。根据第二段，该决议要求秘书长基于成员国和相关区域组织的意见，在第64届联合国大会上递交一份关于气候变化的安全内涵的综合报告。

---

① "Pacific Islands Forum Chair Highlights Priorities for the Blue Pacific at the United Nations," Pacific Islands Forum Secretariat, June 2017, http://forumsec.org/pages.cfm/newsroom/press-statements/2017-media-releases/pacific-islands-forum-chair-highlights-priorities-for-blue-pacific-at-united-nations.html.
② 〔美〕罗伯特·基欧汉、约瑟夫·奈：《权力与相互依赖》，门洪华译，北京大学出版社，2012，第123页。
③ "At UN Assembly, Pacific Island States Press for Action to Mitigate Impacts of Climate Change," UN, August 2017, https://news.un.org/en/story/2017/09/566532-un-assembly-pacific-island-states-press-action-mitigate-impacts-climate-change.

太平洋岛国的观点被纳入上述报告。报告概述了南太平洋地区气候变化的安全影响、原因和框架，同时列举了太平洋岛国正在经历的气候变化的安全影响以及它们在中短期内渴求的安全影响。经济和地理的脆弱性使得太平洋岛国对气候变化的安全影响特别敏感，因此南太平洋地区的案例可以为整个国际社会提供经验和教训。没有任何一个国家可以避开气候变化的安全影响。①

努力建立与相关国际海洋组织的联系。在罗伯特·基欧汉和约瑟夫·奈看来，"国际组织往往是适合弱国的组织机构。联合国体系的"一国一票"制有利于弱小国家结盟。国际组织的秘书处也往往迎合第三世界的需求。国际组织的实质性规范大多是过去多年间形成的，它们强调社会公平、经济公平和国家平等等。过去的决议反映了第三世界的立场，有的获得了工业化国家有保留的赞成，这些决议赋予第三世界的要求合法性。这些协议几乎没有约束力，但制度规范可以使得反对者显得极其自私并难以自圆其说"。② 努力成为国际组织的成员成为太平洋岛国维护自身海洋利益、摆脱大国控制的重要选择。除了联合国之外，太平洋岛国参与的国际相关海洋组织主要有国际海事组织（International Maritime Organization，IMO）、联合国环境规划署（United Nations Environment Programme，UNEP）、国际海底管理局（International Seabed Authority，ISA）、联合国粮农组织（Food and Agriculture Organization of the United Nations，FAO）等。

---

① "Fiji, Marshall Islands, Micronesia, Nauru, Palau, Papua New Guinea, Samoa, Solomon Islands, Tonga, Tuvalu, Vanuatu Views on the Possible Security Implications of Climate Change to be Included in the Report of the Secretary-General to the 64th Session of the United Nations General Assembly," Pacific SIDS, June 3, 2009, http://www.un.org/esa/dsd/resources/res_pdfs/ga-64/cc-inputs/PSIDS_CCIS.pdf.
② 〔美〕罗伯特·基欧汉、约瑟夫·奈：《权力与相互依赖》，门洪华译，北京大学出版社，2012，第34~35页。

结 语

作为一种范式，南太平洋地区外交在国际政治中的作用日益重要，越来越多的国家和国际组织寻求与太平洋岛国及南太平洋区域组织建立双边关系。《太平洋区域主义状况报告》指出了这一点："近年来，一些新政府、捐助者、社会组织和慈善家对太平洋地区的兴趣不断增长，而太平洋地区也更多地加入不同的政治集团。太平洋地区目前拥挤而复杂的地缘政治环境潜藏着安全风险。"[1] 反过来讲，地区竞争客观上推动了南太平洋地区不断探索建立新的伙伴关系，更好地维护地区利益和国家利益。

未来，伴随国际地缘政治持续变化以及海洋问题日益严峻，南太平洋地区外交将继续保持积极态势。这与大国的外交目标有着根本的区别。"小国外交的政策目标是使风险最小化，大国追求的则是发展和战略利益最大化。小国外交政策的终极目标是克服固有的脆弱性。事实上，脆弱性这一核心问题已经成为小国设置主要外交议题的'重要参考点'。"[2] 规模小、人口少、经济水平低、受气候变化影响显著是南太平洋地区脆弱性的主要体现，这严重威胁着太平洋岛国的生存与发展，也推动太平洋岛国通过实施积极的外交政策来克服这一脆弱性。从效果上看，太平洋岛国已经成为国际政治舞台上一支重要的力量。太平洋岛国在多边国际体制中不断完善国际制度和规范，促进了国际体系的有序与稳定。作为全球环境恶化的主要受害者，太平洋岛国成为全球环境治理的重要推动力量。同时，随着南太平洋地区海洋问题的日益严峻，海洋治理也成为太平洋岛国的利益关切。很长一段时间内，"蓝色太平洋"外交将成为南太平洋地区海洋治理的有效方式。对以中国为代表的域外发展中国家而言，只有了解南太平洋地区外交动向，才能更好地发展同太平洋岛国的外交关系，构建人类命运共同体。太平洋岛国虽然远离传

---

[1] PIF, State of Pacific Regionalism Report 2017, Suva：Fiji.
[2] Ali Naseer Mohamed, "The Diplomacy of Micro-states," The Hague：Clingendael Institute, Clingendael Discussion Paper in Diplomacy, January 2002, p. 12.

统的国际热点地区，但是人类命运共同体的重要组成部分。正如习近平主席于 2018 年 11 月 17 日在巴布亚新几内亚举行的 APEC 峰会上所言，"在各国相互依存日益紧密的今天，全球供应链、产业链、价值链紧密联系，各国都是全球合作链条中的一环，日益形成利益共同体、命运共同体"。①

---

① 《习近平主席在亚太经合组织工商领导人峰会上的主旨演讲》，新华网，2018 年 11 月 17 日，http://www.xinhuanet.com/politics/leaders/2018 - 11/17/c_ 1123728402. htm。

专 题 篇
Special Topics

B.5
2019年所罗门群岛大选

刘晓临 张 勇*

摘 要： 2019年4月，所罗门群岛举行了第十次大选。在此次大选中，无党派人士获得国会50个席位中的21席；其他29个席位被8个政党分享。但由于没有一个政党的议席超过半数，最终由数个政党和无党派议员组成的进步民主联盟获得执政权，索加瓦雷当选总理。大选结果表明，所罗门群岛政治出现新变化，但是政党制度依然薄弱，未来政局仍可能动荡不安。

---

* 刘晓临，上海师范大学人文学院博士研究生，研究方向为太平洋岛国政治问题；张勇，博士，聊城大学太平洋岛国研究中心研究人员、聊城大学历史文化与旅游学院讲师，研究方向为所罗门群岛问题。

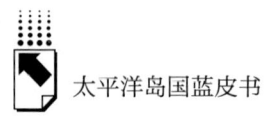

关键词： 所罗门群岛 进步民主联盟 索加瓦雷 政党制度

1967年，所罗门群岛举行了第一次全国性的议会选举。英属所罗门群岛的选民第一次直接参与了殖民地立法会议员选举。1967~1978年独立期间，所罗门群岛举行了三次大选。所罗门群岛在1980年举行了独立后首次全国选举。1980~2014年，所罗门群岛举行了9次大选（1980年、1984年、1989年、1993年、1997年、2001年、2006年、2010年和2014年）。2019年大选是所罗门群岛独立后举行的第十次大选。

一 所罗门群岛的选举制度

所罗门群岛的选举制度继承自英国，采用的是单一席位选区相对多数的投票制度。1967年首次大选时全国有14个选区，1970年为17个；1973年为24个；1976~1993年为38个；1993年增加到47个；1997年增加到50个。每个选区可向国民议会选派一名议员。在每个选区，只要候选人获得简单多数选票就可当选。全国大选每四年举行一次。在两次大选之间，如果议员死亡或被取消资格（通常通过法院裁决），会举行补选。

政府领导人总理由议员选出。在宣布选举结果后的几天里，议员在霍尼亚拉举行闭门游说活动。如果大多数议员组成一个政治联盟，那么总督就根据2014年的《政党完善法》（Political Parties Integrity Act）任命其提名的人选为总理。否则，总督将召集议员开会，然后根据宪法附录二的规定，通过无记名投票方式决定总理人选。在这种情况下，如果某一候选人在无记名投票中得票最少，那么他将会被淘汰，其他候选人则进入下一轮投票，直到其中一位候选人获得多数议员支持。

选民必须年满18岁并拥有所罗门群岛国籍，海外居民不能投票。如果选民违反选举法，被宣布精神失常，被监禁超过6个月或被判处死刑，那么投票资格就会被取消。候选人必须年满21岁，并且居住在参选选区。拥有双重国籍、担任选举委员会的行政人员或成员、破产未获解除、被监禁6个月以上或被判处死刑者，将被取消参选资格。①

二 2019年大选的背景和结果

2019年大选是自2017年所罗门群岛地区援助团撤离后举行的首次大选。1998~2003年，所罗门群岛爆发种族冲突，致使数百人死亡，数万人流离失所，处于崩溃边缘。2003年4月，为了恢复国内秩序，所罗门群岛总理艾伦·凯马凯扎请求澳大利亚提供帮助。在所罗门群岛、澳大利亚和新西兰政府协商之后，太平洋岛国论坛外长会议提议并一致赞同一项一揽子计划——向所罗门群岛派出援助团。这一计划得到所罗门群岛议会批准，受到联合国安全理事会主席的欢迎，并得到英联邦部长行动小组的支持。2003年，在澳大利亚的领导和在太平洋岛国论坛成员国的支持下，所罗门群岛地区援助团恢复了所罗门群岛秩序。所罗门群岛地区援助团的目的不仅是维持和平，还要为所罗门群岛恢复稳定、和平和经济增长创造必要条件。2009年，所罗门群岛地区援助团和所罗门群岛政府签署了联合伙伴关系框架，为援助团工作制定了共同的目标和时间表。2013年7月1日，所罗门群岛地区援助团将军事部门撤出，并将发展援助项目改为澳大利亚的双边援助项目。2017年6月30日，所罗门群岛地区援助团彻底撤出所罗门群岛。2019年大选是对所罗门群岛地区援助团工作成果的一次检验，那就是在援助团维和部队撤离后所罗门群岛是否有能力和平地举行选举。②

根据《政党完善法》，有15个政党登记参加2019年大选。333名候选人中，170人作为政党候选人参加竞选，163人为无党派候选人。与2014年大选相同，26名女性参加了此次大选，其中9人以无党派身份参加竞选。

选举气氛紧张，选举中出现了恐吓和贿选。为了防止2006年大选时的

---

① 张勇编著《新版列国志·所罗门群岛》，社会科学文献出版社，2016，第74~81页。
② 张勇编著《新版列国志·所罗门群岛》，社会科学文献出版社，2016，第60~65页。

民族冲突重演，所罗门群岛政府派出超过1600名警察在各投票点巡逻。在选举前夕，所罗门群岛政府发布了禁止竞选和出售酒类的禁令，确保选举前夕治安稳定。所罗门群岛2019年大选结果见表1。

表1 所罗门群岛2019年大选结果

政党	得票数（张）	占比（％）	席位（个）	议席变化
所罗门群岛民主党	42245	13.64	8	8
所罗门群岛联合党	32302	10.43	2	2
卡达里党	29426	9.50	8	+7
联合民主党	25295	8.17	4	-1
民主联盟党	19720	6.37	3	-4
人民联盟党	18573	6.00	2	-1
人民第一党	11419	3.69	1	—
所罗门群岛农村发展党	9878	3.19	1	—
泛美拉尼西亚国大党	1514	0.49	0	—
所罗门群岛绿党	619	0.20	0	—
新国家党	593	0.19	0	—
人民进步党	381	0.12	0	—
国家转型党	4622	1.49	0	—
无党派	113178	36.54	21	-11
无效/空白选票	902	—	—	—

资料来源：Solomon Islands Election Resources, http://solomonselections.org/election-results/。

由于没有政党获得半数以上议席，4月24日所罗门群岛第11届议会按计划召开首次会议，投票选举新一届总理。经投票，进步民主联盟（Democratic Coalition for Advancement）候选人索加瓦雷获得34名议员的支持，击败大联盟（Grand Coalition）候选人、民主党领袖马修·威尔，再次出任总理。这是索加瓦雷第四次担任总理。索加瓦雷当选总理后，霍尼亚拉爆发骚乱，商店和政府机构被迫关闭。暴徒还破坏了被索加瓦雷用作竞选总部的太平洋赌场酒店。①

---

① The Commonwealth Observer Group, Solomon Islands National General Election, April, 2019.

三 所罗门群岛政治出现新变化

所罗门群岛政治出现新变化，在任议员留任比例持续走高。在所罗门群岛议会选举中，除1993年大选外，在任议员更替率一直非常高，约有半数在任议员在选举中失去席位。然而，2014年大选中，这一趋势被打破，约有3/4的在任议员保住了席位。2019年大选中，这一趋势得以延续，只有28%的在任议员失去席位。2019年重新角逐席位的48名在任议员中，只有13人落选。在中部省、伊莎贝尔省、伦贝尔省、泰莫图省以及霍尼亚拉，所有在任议员都保住了席位。这表明所罗门群岛政治出现了新变化，在任议员的权力比以往任何时候都要大。① 与2014年一样，这也主要得益于农村选区发展基金。

近年来，农村选区发展基金对大选结果的影响不断增强。农村选区发展基金旨在支持基层发展，但是议员却利用它来影响选民，从而为在任议员连任提供了支持。而且，在任议员在国会解散时还获得了一笔40万所罗门群岛元的临时补助款。2010~2014年，农村选区发展基金呈指数级增长，每年每个选区的拨款在800万~1000万所罗门群岛元。

在2019年大选中失去席位的13名在任议员中，有长期担任公职的政治家，包括前总理德里克·斯库阿和斯奈德·里尼等。另外，许多挑战成功的候选人都有商业背景，他们自己也能获得大量资源。而且，在任议员更替率较低也不利于女性参选。从历史上看，女性在议会中所占比例偏低，与男性相比，女性当选议员的可能性亦偏低，因此女性可能会面临新的政治参与障碍。

四 所罗门群岛政党制度依然不完善

所罗门群岛的选举制度尽管在西方国家已成功运作数百年，但是遭到传

---

① "The Surprising Sameness of the Solomons Elections," https：//www.lowyinstitute.org/the-interpreter/surprising-sameness-solomons-elections, December 5, 2019.

统的地方族群政治的削弱。在所罗门群岛，选举从来都与政党及其候选人提出的经济、医疗和教育等政策无关，尽管政党宣言看起来很吸引人，但是大多数选民尤其是农村选民对其内容并不真正感兴趣。造成这种漠不关心的原因有很多，其中最重要的就是当地的传统族群政治。传统的族群政治使选民倾向于选择亲属和同属一个语群的候选人作为代表。这使得一个包罗一切的政党制度难以形成，政府不稳定，议员缺乏统一的理想和承诺。

在所罗门群岛大选中，几乎没有任何政党能获得绝对多数并单独执政，因此各政党和无党派必须合作组成松散的政治联盟，组建联合政府。2001年12月，尽管局势紧张，所罗门群岛还是举行了独立后的第六次大选。总理梅纳西·索加瓦雷和执政的人民进步党在选举中大败，仅保住了三个席位，只有19名议员保住了席位。前副总理艾伦·凯马凯扎领导的人民联盟党赢得了20个席位，所罗门群岛变革联盟获得了12个席位。随后，在斯奈德·里尼领导的无党派议员联盟的支持下，艾伦·凯马凯扎当选为总理。2006年4月，所罗门群岛举行了独立后的第七次大选。在此次选举中，尽管艾伦·凯马凯扎保住了总理一职，但是人民联盟党却失去了16个席位。斯奈德·里尼的无党派议员联盟大胜，从13个议席增加到26个。里尼被第八届议会选为总理。但是随后霍尼亚拉爆发反对里尼的暴乱，抗议者洗劫并烧毁了霍尼亚拉唐人街。同月，里尼因失去多数议员支持辞职。2006年5月，议会选举梅纳西·索加瓦雷为总理。索加瓦雷政府与所罗门群岛地区援助团之间的关系紧张，在2007年12月的不信任投票中，9名政府部长倒戈，索加瓦雷被迫下台。全国团结和农村发展联盟领袖、教育部长德里克·斯库阿接替索加瓦雷成为总理。2010年8月，所罗门群岛举行了独立后的第八次大选。在此次选举中，史蒂文·阿巴纳领导的民主党获得了13个席位，其他政党赢得18个席位，无党派获得了19个席位。所罗门群岛改革民主党（由多个政党和数名无党派议员组成的政治联盟）领袖丹尼·菲利普击败史蒂文·阿巴纳，当选总理。2014年11月，所罗门群岛举行了独立后的第九次大选。在此次选举中，无党派获得了32个席位。第十届议会选举民主变革联盟领袖梅纳西·索加瓦雷为总理。2017年11月6日，索加瓦雷在议会不信任投票中失利。11月15日，里克·霍尼普韦拉当选总理并组建了民主变革联盟政府。①

2019年大选结果表明，政党制度仍然薄弱和不完善，政治联盟仍然高度不稳定。在2019年大选中，有8个政党赢得了至少一个席位，但是当选的候选人，仍有40%是以无党派身份参选。因此，议员的优先事项仍然是地方性的，整个国家依然缺乏良好的治理。政治联盟仍然建立在个人基础之上而非基于意识形态，因此政府更迭可能仍将频繁，执政联盟依然不稳定。新一届议会将面临许多亟待解决的经济、社会问题，如失业青年激增、医院医疗药品短缺、医疗服务水平日益下降、财政收入严重依赖木材出口、矿业部门缺乏综合治理等。

---

① The Commonwealth Observer Group, *Solomon Islands National General Election*, April, 2019.

B.6
2019年布干维尔公投分析[*]

孙雪岩[**]

摘　要： 2019年11月23日，巴布亚新几内亚布干维尔自治区举行了独立公投，投票结果是大多数布干维尔人赞成独立。作为地区热点，本次公投将对巴布亚新几内亚和布干维尔自治区的未来发展产生深远影响。战争的创伤、文化的差异、对巴布亚新几内亚治理的不满促使布干维尔人民投票选择独立，公投对布干维尔未来走向也产生了深远影响。

关键词： 布干维尔　公投　分离主义

2019年11月23日，被两度推迟日期的布干维尔公投正式拉开帷幕，历经多年战火洗礼与和平谈判的布干维尔迎来这一历史性时刻。12月11日，公投结果出炉，超过90%的投票者支持独立，赞成独立者赢得压倒性优势。

一　布干维尔公投原因

布干维尔公投具有深刻的原因。

首先，长达十余年的内战给布干维尔人民带来深重灾难，战争的创伤短

---

[*] 本文为2019年度国家民委民族研究一般项目"布干维尔分离主义运动的兴起、发展、影响及启示"（2019-GMB-060）阶段性成果。

[**] 孙雪岩，博士，聊城大学太平洋岛国研究中心研究人员，聊城大学历史文化与旅游学院副教授，研究方向为太平洋岛国民族问题。

时期内很难愈合。内战是布干维尔地区自二战以来最激烈的冲突,据统计,在内战中死亡的布干维尔人在15000人以上。极具破坏性的暴力冲突摧毁了无数布干维尔家庭,留下的后遗症影响至今,虽然2001年签订了《布干维尔和平协定》,但布干维尔人心理与精神上的阴影未能完全消除。

其次,文化、历史、信仰的差异与地理上的阻隔使布干维尔产生了的疏离感。相对于巴布亚新几内亚其他地区,布干维尔人皮肤颜色更深更黝黑。自1885年起,布干维尔岛沦为德国的殖民地,而巴布亚新几内亚其他地区主要受英国统治。从地理上看,布干维尔属于所罗门群岛,与巴布亚新几内亚主岛距离超过1000千米,早在1975年该地区就成立了北所罗门共和国,不过仅存在了数月。

再次,对巴布亚新几内亚中央政府的治理不甚满意。布干维尔矿产资源丰富,坐拥世界第三大铜矿——潘古纳铜矿。但围绕潘古纳铜矿的开发,布干维尔与巴布亚新几内亚中央政府发生纠纷与冲突,最终酿成内战。至今,布干维尔经济凋敝,民众生活水平普遍低下。而且在布干维尔公投中,巴布亚新几内亚中央政府承诺的资金一拖再拖。布干维尔自治政府主席约翰·莫米斯早前曾同意布干维尔留在巴布亚新几内亚,后逐渐改变态度转而支持独立也与对中央政府信心不足有关。巴布亚新几内亚总理詹姆斯·马拉佩上台以后,在布干维尔问题上持更加温和的态度,向布干维尔自治政府支付了额外的资金用于公投、修建道路等,并宣布将把筹集财政收入的权力移交给布干维尔自治政府,并公布了一项为期10年的对布干维尔的资助计划,以促进该地区的经济开发。布干维尔的一些政治家则告诫选民不要忘了前车之鉴,对中央政府的承诺不可不存有戒心。①

二 布干维尔公投准备

布干维尔公投可追溯至《布干维尔和平协定》。在巴布亚新几内亚历

---

① "PNG Politics: Quick View-Final Referendum Preparations Are Under Way," *EIU Views Wire*, New York, October 14, 2019.

史上，2001年签署的《布干维尔和平协定》也具有里程碑意义，它结束了该国持续十余年的内战。经联合国和新西兰等国家的积极斡旋，巴布亚新几内亚中央政府与布干维尔自治区妥协后签署的《布干维尔和平协定》主要基于实现自治、处理武器和全民公投三大支柱，即巴布亚新几内亚政府从布干维尔地区撤军；布干维尔在宪法框架内实现自治；在自治政府成立之后10~15年内对布干维尔的未来政治走向进行公投。由于布干维尔自治政府成立于2005年6月，因而公投在2015年6月至2020年6月进行。

布干维尔公投迈出实质性一步始于2016年。2016年5月，布干维尔自治政府主席莫米斯与巴布亚新几内亚总理奥尼尔进行会谈，双方经过会谈，将布干维尔公投日期暂定为2019年6月15日。会谈协议决定设立一个独立机构来举行公投；制定为筹备举行公投所需的活动和有关经费的详细工作方案；拟定关于公投的初步的双方联合宣传计划等。联合监管机构也对上述建议表示赞同。自布干维尔冲突实现停火以后，布干维尔有关派别因担心公投不能按照《布干维尔和平协定》规定的日期举行，手中仍藏有部分武器，不愿上缴，给布干维尔的前景投下阴影。总理奥尼尔多次呼吁各派力量全面上缴和销毁武器，为未来的公投营造一个和平公正的环境。布干维尔自治政府主席莫米斯会后表示："我对这些决定非常满意。虽然还不能最终确定公投的日期（因为首先需要经过许多法律程序），但如果没有预定日期，就不可能规划公投。有了现在商定的日期，我们可以计划公投的步骤，确定执行每一步骤所需的时间、资金和人员。"同时，莫米斯也呼吁尽早销毁武器，"因此，对于公投举行，布干维尔人不再有任何疑问。我知道有些派别和个人保留了武器，因为有人怀疑中央政府会拒绝举行公投。但随着5月20日具有历史意义的联合决议的出台，这些怀疑必须结束。因此，布干维尔各派力量现在必须努力彻底销毁武器"。[①]

---

① "Historic Referendum Decisions Reports Momis after JSB," *Bougainville News*, May 22, 2016, https://bougainvillenews.com/2016/05/.

2017年布干维尔公投委员会的成立将公投工作继续向前推进，但资金与承诺时常不到位也让巴布亚新几内亚中央政府与布干维尔自治政府常处于紧张状态，公投的准备工作也磕磕绊绊。2017年1月24日，巴布亚新几内亚中央政府和布干维尔自治政府签署协议，协议规定设立布干维尔公投委员会，委员会设在首都莫尔兹比港。协议规定，公投委员会是在2016年协议的基础上建立的，目的是为公投进行必要的规划。公投委员会的设立受到澳大利亚、新西兰等各国的欢迎。尽管该协议的签署标志着布干维尔公投迈出了重要一步，但正如布干维尔自治政府副主席兼公投事务部长帕特里克·尼西拉（Patrick Nisira）所担忧的，公投委员会至少需要2000万巴布亚新几内亚基纳才能开始正常运作。① 公投委员会建立伊始，未获得任何资金，因而在成立后相当一段时期内，其为公投所做的准备工作也极其有限。布干维尔自治政府副主席雷蒙德·马索诺表示，中央政府欠布干维尔自治政府2.5亿美元，大大限制了自治政府提供公共服务和支持当地经济发展的能力。南布干维尔议会议员蒂莫西·马休也就布干维尔公投的准备工作对总理奥尼尔进行了质询。2017年5月，因巴布亚新几内亚中央政府一再拖欠所拨款项，备受困扰的布干维尔自治政府决定就资金安排问题对巴布亚新几内亚中央政府提起诉讼。总理奥尼尔辩称，自2012年以来巴布亚新几内亚中央政府试图弥补上一届政府拖欠的款项。9月27日，奥尼尔宣布，其政府"不能保证"原定于2019年6月15日举行的公投如期进行。因举行公投是《布干维尔和平协定》的三大支柱之一，推迟或完全取消公投可能会在布干维尔地区导致骚乱。布干维尔自治政府主席约翰·莫米斯对总理奥尼尔的声明倍感失望，在接受媒体采访时表示，因为巴布亚新几内亚中央政府未能按照《布干维尔和平协定》和《巴布亚新几内亚宪法》为布干维尔自治区提供规定的资金，包括公投在内的工作均受到影响。早在2017年3月，巴布亚新几内亚中央政府就与巴干维尔自治政府签署了一份谅解备忘录，承诺移交教育、农业和医疗领域的一些权力。莫米斯也曾表示担心，担忧中央政府承诺

---

① Creation of Bougainville Referendum Commission, *Bougainville News*, January 24, 2017.

的相关权力和资金可能难以落实与到位。

2018年,布干维尔公投准备工作加快了步伐,国际社会也加大了对布干维尔公投的援助力度。6月下旬,总理奥尼尔和布干维尔自治政府主席莫米斯会谈,讨论在联合监管框架下举行公投。7月,双方在布干维尔自治区阿拉瓦签署联合决议,对定于2019年6月15日举行的公投的相关工作予以安排,主要涉及财政支援、行政管理、成立独立机构对公投进行监控,以便为公投的成功举行奠定良好基础。① 双方同意由爱尔兰前总理伯蒂·埃亨担任联合监管机构主席;批准向布干维尔公投委员会拨付中央财政资金600万美元,向布干维尔自治政府划拨资金15万美元,并转至双方认可的账户。巴布亚新几内亚中央政府已划拨36.6万美元到国家布干维尔事务协调办公室。另外,联合监管机构决定推进为期四个阶段的武器销毁计划。被任命为布干维尔公投委员会主席的伯蒂·埃亨擅长处理错综复杂的危机问题,担任爱尔兰总理期间促成了《北爱尔兰和平协议》的签订,在推动爱尔兰和平进程中功不可没。埃亨也曾担任世界经济论坛冲突解决议程理事会理事,自2011年以来长期担任处理巴斯克地区冲突的国际组织的成员,与芬兰前总统马尔蒂·阿赫蒂萨里及其基金会合作,参与化解了乌克兰危机。参与了若干国家的和平进程,会见了各代表团并讨论了与解决冲突有关的程序和谈判。他访问了巴布亚新几内亚及布干维尔,会见了欧盟、英国、法国、澳大利亚、新西兰、美国、日本、韩国和斐济等国高级官员和国际伙伴,并于10月15日主持了公投委员会全体会议。

随着公投日期日益临近,2019年有关布干维尔公投的相关工作逐渐落实,尽管这一年巴布亚新几内亚经历了政权更迭,公投日期也两度推迟。对于公投日期,埃亨表示,因为问题的复杂性,不论是布干维尔独立公投还是取得更大自治权的公投均非简单的任务。有太多未被解释清楚以及造成误解

---

① "Deal Done on Bougainville Vote," July 4, 2018, https://www.pngreport.com/government/news/1341676/deal-done-on-bougainville-vote.

的问题需要由所有利益相关方共同解决，涉及当地民众、布干维尔自治政府、各级地方政府以及中央政府。埃亨认为公投也是复杂的法律问题，因为《布干维尔和平协定》、宪法、适用于布干维尔自治区的组织法的某些条文隐含诸多问题。① 2019年3月1日，巴布亚新几内亚中央政府与布干维尔自治政府在首都莫尔兹比港举行会议，由于受困于财政、选民登记、相关法律及公投技术细节等，尤其是由于无法及时完成投票登记，总理奥尼尔与布干维尔自治政府主席莫米斯协商后决定将布干维尔公投日期（原定为6月15日）推迟至2019年10月12日。2019年8月5日，公投委员会建议将公投日期再度推迟至11月23日，理由是使选民登记数据更加全面准确。埃亨说："我们将明智地利用这宝贵的几周时间，我们请求公众支持，让这次公投尽可能具有包容性，成为人民可以信任的公投。"2019年2月，埃亨任命美国人毛里西奥·克劳迪奥为首席公投官。克劳迪奥自20世纪90年代末以来一直致力于世界各地的选举工作，曾经在美洲、非洲、欧洲和亚洲以及一些著名的国际组织从事选举工作，而且对巴布亚新几内亚非常熟悉，曾参与2015年和2017年布干维尔自治政府选举工作。2019年11月1日，尽管公投结果没有法律约束力，应首席公投官克劳迪奥要求，巴布亚新几内亚中央政府和布干维尔自治政府还是对公投选票上出现的"独立"和"更大的自治权"选项进行了更为清晰的界定和说明。"独立"指的是拥有主权和法律的布干维尔，被国际法与世界其他国家承认是独立于巴布亚新几内亚的一个国家。"独立"的布干维尔将拥有明确的领土边界、海洋边界与专属经济区，拥有独立与国际组织和国际金融机构打交道的能力，完全控制其自然资源与税收，并有能力独立筹集贷款，且负责本地区的警察和司法、外交、电信和邮政事务。在巴布亚新几内亚，布干维尔自治政府已经比其他省政府拥有更多的权力，拥有自己的宪法、政治制度和关键矿业部门的监管框架。"更大的自治权"涉及工业关系、外

---

① 《布干维尔6月15日公投延期》，巴布亚新几内亚中文网，2019年3月4日，Bougainville Referendum Commission Chairman Bertie Ahern 2018。

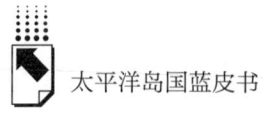

国援助和投资、国际贸易和民用航空以及渔业管理等领域,包括巴布亚新几内亚中央政府将额外的税收和增加收入的权力移交给布干维尔自治政府。①

三 布干维尔公投与国际社会的反应

布干维尔公投从 2019 年 11 月 23 日开始,12 月 7 日结束,为期两周,国际社会派出大量观察员对公投进行了监督。

(一)公投结果和特点

1. 公投结果

公投之前,公投委员会已完成了正式的"合格选民名单"。首席公投官毛里西奥·克劳迪奥对外宣布参加投票的登记人数为 206731 人,比 2015 年布干维尔自治政府大选中参加投票的登记人数增长了 20%。本次公投,除了巴布亚新几内亚本土外,在所罗门群岛和澳大利亚也设立了投票点,共计 829 个投票点。12 月 11 日,公投委员会主席伯蒂·埃亨在位于布卡岛哈金纳的中央计票中心宣布了公投结果。结果显示,总共收到 181067 张选票,其中 176928 票赞成"独立",3043 票赞成"更大的自治权",1096 票被认定为非正式票或无效票。投票率为 87.4%,赞成独立的票数占总票数的 97.7%。

2. 公投特点和方法

结果显示,本次公投具有高度参与性,投票率极高,而且 25% 的民众是第一次投票;同时,公投记录显示男女投票人数基本相等。另外,为推进民众高度参与,本次公投也采取了一些新措施,主要包括:在巴布亚新几内亚所有省都登记布干维尔人;对初步公投结果进行公开,以供公众审查;为

---

① "Papua New Guinea Politics: Quick View-Further Clarity on Referendum Choices Provided," *EIU Views Wire*, New York, November 6, 2019.

旅行、生病或因其他原因无法前往投票站的人士邮寄投票；在投票地点允许未列入公投名册的人临时投票；为居住在国外的布干维尔人设置投票点（主要在澳大利亚和所罗门群岛）；为住院者和残疾人提供特殊投票服务。①

（二）国际社会对布干维尔公投的反应和态度

1. 澳大利亚

对于布干维尔公投，澳大利亚十分关注。近年来，一方面，澳大利亚为布干维尔公投提供了大量援助，如在布干维尔公投前夕，澳大利亚外交和贸易部与澳大利亚 PALLADIUM 国际有限公司签订了一份价值 27285.24 美元的合同，主要内容为支持所罗门群岛皇家警察部队为布干维尔公投安保提供物资；② 另一方面，在公投前夕，应巴布亚新几内亚中央政府和布干维尔自治政府的邀请，组成了一个观察员小组前往布干维尔监督公投过程。该观察员小组由澳大利亚联邦议会前议员简·普伦蒂斯率领，共由 11 人组成，小组成员包括现任联邦议会议员肯·奥多德、莎伦·克莱顿，还包括伊文·琼斯、哈利·詹金斯、布罗德曼等联邦议会前议员，新南威尔士州现任议员霍恩·肖恩·马拉德、格雷戈里·唐纳利，前高级外交官詹姆斯·巴特利和安·哈洛普，澳大利亚选举委员会前助理委员玛丽·尼尔森也在观察员小组名单之列。③ 公投结束后，澳大利亚外交与贸易部长佩恩发贺信祝贺布干维尔公投成功，称公投"是巴布亚新几内亚和布干维尔自治政府的一项重大成就"，"澳大利亚观察员小组的临时评估认为，公投过程是自由、公正和可信的"，"澳大利亚高兴地与联合国和其他国际伙伴与捐助者一道支持公民投票的筹备和进行。这次公投的成功举行为《布干维尔和平协定》画上了句号"，"随着布干维尔和平进程进入下一阶段，澳大利亚期待继续进行

---

① "Papua New Guinea: Referendum on the Political Future of Bougainville Was Credible," *Transparent and Inclusive-Commonwealth Observer Group*.
② "PALLADIUM INTERNATIONAL PTY LTD Secures Contract for Supplies to Support the Royal Solomon Islands Police Force for Bougainville Referendum Security Preparedness (Solomon Islands)," *Pivotal Sources* [New Delhi], January 14, 2020.
③ "Australia: Observer Team for Bougainville Referendum," *Asia News Monitor*, November 25, 2019.

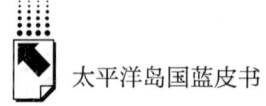

富有成效的接触"。①

2. 新西兰

作为《布干维尔和平协定》签署的五个见证国之一,新西兰在布干维尔和平进程中发挥了重要作用。对布干维尔公投,新西兰提供了430万新西兰元的一揽子援助,包括领导布干维尔公投地区安保派遣团。② 在布干维尔公投期间,应巴布亚新几内亚中央政府和布干维尔自治政府之邀,新西兰作为领导者,组织了一支由新西兰、所罗门群岛、斐济和澳大利亚等国警察组成的安保派遣团,主要驻守在布干维尔地区的布卡、阿拉瓦和布因等地,协助巴布亚新几内亚和布干维尔警察在公投期间维持秩序。

3. 美国

美国通过国际开发署和美国驻巴布亚新几内亚大使馆对布干维尔公投进行了协助和支援。美国国务卿蓬佩奥在布干维尔公投结果公布后于2019年12月16日向巴布亚新几内亚中央政府和布干维尔自治政府发贺信,祝贺公投成功,并表示"我们随时准备支持我们的所有伙伴在巴布亚新几内亚和布干维尔共同决定其未来的进程中采取下一步行动"。③

4. 日本

日本政府对布干维尔公投表示赞赏,并为本次公投援助1.01亿日元,同时还派遣了由太平洋岛国地区大使高田寿久先生率领的政府观察团赴布干维尔自治区监督投票进程。日本政府表示,整个公投是和平进行的,在公投结束后,希望巴布亚新几内亚中央政府和布干维尔自治政府之间的协商在《布干维尔和平协定》的基础上和平进行。④

---

① Hon Marise Payne, "Bougainville Referendum," https://www.foreignminister.gov.au/minister/marise-payne/media-release/bougainville-referendum, December 12, 2019.
② "Solomons Police Join Regional Contingent Bound for Bougainville," October 30, 2019, https://www.rnz.co.nz/international/pacific-news/402087/solomons-police-join-regional-contingent-bound-for-bougainville.
③ Michael R. Pompeo, "Completion of the Bougainville Referendum," https://www.state.gov/completion-of-the-bougainville-referendum/, December 16, 2019.
④ OHTAKA Masato, Holding of the Referendum in Bougainville, Papua New Guinea, https://www.mofa.go.jp/press/release/press4e_002733.html, December 12, 2019.

5. 联合国

自 1998 年起，联合国就在布干维尔派驻观察团，《布干维尔和平协定》签订后，联合国又应各方要求在该地区监督协定执行情况。2019 年 7 月 8 日，布干维尔公投委员会主席伯蒂·埃亨在纽约联合国总部与联合国秘书长古特雷斯会谈，讨论了有关布干维尔公投的一些问题，主要研究了公投的路径。① 12 月 11 日，古特雷斯对公投成功举行表示祝贺，认为具有历史意义的布干维尔公投标志着正处于执行中的《布干维尔和平协定》向前迈出重要一步，同时敦促巴布亚新几内亚中央政府和布干维尔自治政府应继续遵守协定的相关规定，确保公投后的协商过程具有包容性与建设性。②

6. 欧盟和英联邦

欧盟和英联邦对布干维尔公投也密切关注。英联邦派出以基里巴斯前总统汤安诺特为首的观察团，认为"布干维尔独立公投是可信、透明和包容的"。③ 英国则为布干维尔公投提供了 9.5 万英镑的援助。④ 欧盟委托"透明国际"（Transparency International）对布干维尔公投进行了观察与评估，总体上认为，"虽然有一些程序上的小问题，但如果以巴布亚新几内亚以往的选举标准来衡量，布干维尔公投是自由、公正和安全可靠的，反映了布干维尔人民的意愿"。⑤

---

① 《联合国秘书长古铁雷斯会见巴布亚新几内亚代表》，中国驻巴布亚新几内亚经商处网站，http：//pg. mofcom. gov. cn/article/slfw/201907/20190702883479. shtml，2019 年 7 月 21 日。
② 《联合国秘书长欢迎布干维尔举行全民投票》，联合国新闻网，2019 年 12 月 11 日，https：//news. un. org/zh/story/2019/12/1047261。
③ "Commonwealth Observers Praise Bougainville Referendum," https：//www. rnz. co. nz/international/pacific - news/405606/commonwealth - observers - praise - bougainville - referendum，December 16，2019.
④ "United Kingdom：Address by H. E. MR Keith Scott, British High Commissioner, at a Reception to Celebrate the Birthday of HM Queen Elizabeth II," *Asia News Monitor* [Bangkok]，June 10, 2019.
⑤ TIPNG, "TIPNG Bougainville Referendum Observation Preliminary Statement," https：//www. transparencypng. org. pg/es/tipng - bougainville - referendum - observation - preliminary - statement/，December 24，2019.

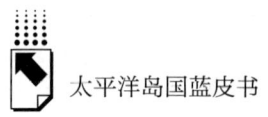

四 布干维尔公投前景预测

公投结束后，巴布亚新几内亚中央政府与布干维尔自治政府迅即展开初步磋商，力图为后公投时期问题的解决寻求合适的道路。公投结束后，詹姆斯·马拉佩前往阿拉瓦会见约翰·莫米斯，马拉佩要求莫米斯考虑他所谓的"双赢"，即"布干维尔自治的愿望不会受到损害，而巴布亚新几内亚对国家统一的愿望得到了支持"。不过，正如莫米斯宣称，"中央政府不能忽视公投的结果。在与布干维尔自治政府就公投结果进行谈判时必须考虑人民的意愿"，"任何公投的目的都是确定人们对重要问题的看法。因此，在公投之后的磋商中必须考虑的关键是投票支持独立的人多还是投票支持获得更大自治权的人多。"①

如果布干维尔顺从民意寻求独立，也面临诸多困难。最主要的困难有二：一是公投没有法律约束力，最终的决定权掌握在巴布亚新几内亚议会手中。早在选举前夕，几位卸任的前总理纷纷发声，主张国家团结一致，并敦促布干维尔留在巴布亚新几内亚。巴布亚新几内亚是一个多种族、多语言国家，尽管布干维尔地区有其不同于其他省的特殊性，但其一旦独立，寻求自治权的东不列颠等省未来是否会效仿，巴布亚新几内亚国家是否会走向分裂也是巴布亚新几内亚政治家担忧的问题。2020年2月，马拉佩访问新西兰时表示，他不会容忍巴布亚新几内亚其他地区寻求独立公投，"对于巴布亚新几内亚来说，我们需要对国家其他地区进行整合，以确保它们不会考虑走上公投的道路"；"我们是一个由1000个部落组成的国家。我们国家的其他地方可能也有脱离这个更大的国家的想法，所以我们需要确保我们的国家不分裂"。② 同时，他还表示布干维尔公投没有法律约束力，公投结果还有待

---

① 《莫米斯（Momis）称，两个政府必须真诚地进行谈判》，巴布亚新几内亚中文网，2019年12月5日，http://www.png-china.com/forum.php?mod=viewthread&tid=12920。
② Johnny Blades, "NZ and PNG Pledge Closer Relations," February 21, 2020, https://www.rnz.co.nz/international/pacific-news/410089/nz-and-png-pledge-closer-relations.

议会讨论。二是经济问题。澳大利亚洛伊国际政策研究所的安娜·欧基夫认为，成为一个新国家对布干维尔而言将是一个巨大的挑战。她认为，"要获得建立主权国家通常需要的大量行政结构所需的资金和人力，将是一场持续的斗争。不仅包括财政、司法、国防、移民，当然还有国家需要继续重建教育、医疗、治安和交通。所有这些都在冲突中遭到严重破坏"。① 尽管潘古纳铜矿具有价值 600 亿美元的矿藏，但是目前的开采面临诸多利益攸关方错综复杂的关系，而且开发成本极高。马拉佩也表示，目前最重要的是布干维尔能够重建并最终实现"自力更生"，"当你在经济上不强大时，谈论独立或自治有什么用？"②

未来几年布干维尔的走向仍不太明朗，不过可以确定的是，布干维尔自治政府与巴布亚新几内亚中央政府的谈判将是一个比较漫长的过程。虽然布干维尔公投委员会主任帕特里克·尼西拉在公投后警告说，如果中央政府和布干维尔自治政府不迅速采取行动推进选举结果，布干维尔人民可能会越来越失望。马拉佩也承认，如果事情拖得太久而让布干维尔人看不到进展，他们可能会焦躁不安。但他同时表示，如果议会过早审议结果，也可能会出现问题，"所以，在接下来的一两年里，我们将与布干维尔自治政府进行交流。可能不会是五年，可能比这还早。但正如我所说，我们也面临这样的风险，如果它更早提交给议会，议会可能会否决它，然后布干维尔人民会再次奋起反抗"。③ 不过按莫米斯的话说，"无论公投的结果是独立还是获得更大的自治权，都将与布干维尔当前的治理架构大不相同"。④

---

① "Papua New Guinea: Papua New Guinea Province to Vote in Independence Ballot," *Asia News Monitor*, Bangkok, November 25, 2019.
② Johnny Blades, "PNG's PM Warns of Risk in Deciding on Bougainville Too Soon," February 25, 2020, https://www.rnz.co.nz/international/pacific-news/410288/png-s-pm-warns-of-risk-in-deciding-on-bougainville-too-soon.
③ Johnny Blades, "PNG's PM Warns of Risk in Deciding on Bougainville Too Soon," February 25, 2020, https://www.rnz.co.nz/international/pacific-news/410288/png-s-pm-warns-of-risk-in-deciding-on-bougainville-too-soon.
④ 《莫米斯（Momis）称，两个政府必须真诚地进行谈判》，巴布亚新几内亚中文网，2019 年 12 月 5 日，http://www.png-china.com/forum.php?mod=viewthread&tid=12920。

B.7
2019年太平洋运动会对萨摩亚政治、经济、文化的影响

姜 芸*

摘 要： 2019年太平洋运动会在萨摩亚首都阿皮亚的成功举办给萨摩亚带来了积极正面的影响。从政治上看，运动会不但提升了萨摩亚国家形象，加深了萨摩亚对体育外交的认识，还提高了国家向心力和凝聚力。从经济上看，运动会推动了萨摩亚旅游业的发展，向世界展示了国家经济发展潜力，创造了新的就业岗位。从文化上看，运动会有利于培养岛民体育意识，有助于加强国家体育教育，更为重要的是，或将推动萨摩亚体育体制建设，揭开体育现代化的序幕。

关键词： 太平洋运动会 萨摩亚 体育外交

2019年太平洋运动会①于7月7日至20日在萨摩亚首都阿皮亚顺利举行。在举办2019年太平洋运动会的过程中，萨摩亚不仅向世界展示了新的国家形象，复苏了因自然灾害下滑的经济，还开创了国家体育事业新局面。显然，2019年第16届太平洋运动会对萨摩亚的政治、经济和文化产

---

* 姜芸，博士，聊城大学太平洋岛国研究中心专职研究员，主要从事太平洋岛国研究。
① 太平洋运动会（第13届之前称"南太平洋运动会"）的历史可以追溯到20世纪60代初期，自1963年举办首届南太平洋运动会以来，迄今已经举行了16届。2019年太平洋运动会原本由汤加主办，但汤加政府因财政方面的问题于2017年5月正式退出，于是萨摩亚获得了主办权。

生了积极影响，尤其文化方面的影响非常深远，或将揭开萨摩亚体育现代化的序幕。

一 太平洋运动会对萨摩亚政治的影响

政治因素是许多新兴市场国家申办各类国际体育赛事的重要考量，因为举办此类大型活动不仅可以展示一国经济实力，更为重要的是，对于东道国来说，既可以向世界展示与提升国家形象、增强民族自豪感，还有机会建立建设性的国际关系。同样，2019年太平洋运动会对萨摩亚政治也产生了重要的积极影响。

第一，提升国家形象。萨摩亚总理兼外交贸易部长图伊拉埃帕·萨伊莱莱·马利埃莱额奥伊（Tuilaepa Sailele Malielegaoi）在2019年太平洋运动会开幕致辞中强调了此次运动会的三个"第一"："这是第一个承诺'无塑料'（plastic-free）赛事的运动会，第一个以高清方式向全世界转播的运动会，第一个在周日举行开幕式的运动会。"① 其中第一点尤为引人注目。众所周知，太平洋岛国是全球最为关注环境保护和气候变化的集团。对于太平洋岛国来说，气候变化不仅会带来气温升高和海平面上升，而且导致极端天气发生，还会带来食物短缺、经济发展倒退等问题，海平面上升甚至会淹没一些太平洋岛国。② 此次萨摩亚首次将"无塑料"和"绿色"作为运动会的主题，并呼吁以后的太平洋运动会甚至其他运动会延续这一主题。这一具有创新性和挑战性的尝试彰显了萨摩亚为太平洋岛国发声的勇气。正如南太平洋旅游组织（SPTO）首席执行官克里斯托弗·科克（Christopher Cocker）所言，"这预示着太平洋岛国人民在保护蓝色太平洋方面所发挥的作用，而蓝

---

① Media Release, "Opening Address of the Pacific Games by the Hon Prime Minister Tuilaepa Sailele Malielegaoi," July 11, 2019, http://www.iniinisamoa.com/2019/07/11/opening-address-of-the-pacific-games-by-the-hon-prime-minister-tuilaepa-sailele-malielegaoi/.
② 姜芸：《澳大利亚对太平洋岛屿国家的援助研究》，博士学位论文，华东师范大学，2018，第109页。

色太平洋是我们的共同身份"。① 运动会首席执行官法莱法塔·赫勒·埃·马塔蒂亚（Falefata Hele Ei Matatia）也指出，"在运动会期间放弃使用塑料是一项大胆的决定，符合政府在保持清洁和营造健康环境的愿景。它将影响运动会运营的两个关键领域——餐饮和废弃物管理"。② 倡导绿色运动会将是萨摩亚贡献给太平洋运动会的新遗产，不仅向世界表明了太平洋岛国保护生态环境的坚定决心，也树立了萨摩亚有责任感、有担当的国家形象。同时，这也体现了萨摩亚政府高效的行政能力和管理能力。

第二，加深对体育外交的认识。2019年太平洋运动会盛况空前，有来自24个太平洋岛国和地区③的4000多名运动员参加，体育项目多达26个④，恢复了2015年第15届太平洋运动会缺位的射箭和羽毛球项目。"自20世纪80年代以来，举办大型体育赛事一直是包括发达国家和发展中国家在内的许多国家的重要议程。这种大型体育赛事被用作政治宣传，作为实现东道国外交目标的一种方式，即体育外交。"⑤ 2019年太平洋运动会也使太平洋岛国直观感受到体育外交的重要性。萨摩亚总理图伊拉埃帕指出："体育在萨摩亚拥有悠久的历史，并将继续成为我们社会各个部门变革的强大催

---

① "2019 Pacific Games Beneficial for Samoa Tourism," July 12, 2019, http：//pacific. scoop. co. nz/2019/07/2019 - pacific - games - beneficial - for - samoa - tourism/.
② Rohit Rex, "Samoa 2019 Announces Move to Go Single-use Plastic Free for Pacific Games," April 25, 2019, https：//corporate. southpacificislands. travel/samoa - 2019 - announces - move - go - single - use - plastic - free - pacific - games/.
③ 分别是美属萨摩亚、澳大利亚、库克群岛、密克罗尼西亚联邦、斐济、关岛、基里巴斯、马绍尔群岛、瑙鲁、新喀里多尼亚（法）、新西兰、纽埃、北马里亚纳群岛、诺福克岛、帕劳、巴布亚新几内亚、萨摩亚、所罗门群岛、塔西提岛、托克劳、汤加、图瓦卢、瓦努阿图、瓦利斯和富图纳群岛。其中澳大利亚和新西兰在2015年得到太平洋运动会和大洋洲国家奥林匹克委员会同意，正式参加太平洋运动会的部分项目。
④ 包括射箭、田径、羽毛球、篮球、拳击、板球、足球、高尔夫、柔道、草地滚球、无挡板篮球、支腿独木舟（Outriggar canoeing）、力量举重（Powerlifting）、九人制橄榄球、七人制橄榄球、帆船、射击、壁球、游泳、乒乓球、跆拳道、网球、触式橄榄球、铁人三项、排球和举重（Weightlifting）等项目。参见 "2019 Pacific Games," https：//en. wikipedia. org/wiki/2019_ Pacific_ Games。
⑤ Doyeon Won, Weisheng Chiu, "Politics, Place and Nation：Comparing the Hosting of Sport Events in Korea and Taiwan," *Sport in Society*, December 30, 2018, https：//doi. org/10. 1080/17430437. 2018. 1555911.

化剂。令人欣慰的是,在过去两天举行的体育部长级会议结束时,太平洋岛国政府和发展伙伴再次重申了对加速整个地区体育发展和提高精英运动员成绩的集体承诺。这只会对我们岛屿国家产生积极影响。"他表示:"在过去的14个月中,萨摩亚已经近距离地认识到体育对变革的催化作用。萨摩亚一直从事着一项艰巨的任务,它利用一切机会消除障碍,提高我们对地区面临的重大问题的认识。"① 可以预见,太平洋运动会、英联邦青年运动会等体育赛事在未来将成为太平洋岛国体育外交的重要平台,因为萨摩亚已经迈出了重要的一步。

第三,增强国家的向心力与凝聚力。举办大型体育赛事有助于增强民族自豪感,体育通常被视为一种工具或一种力量,可以增强对特定文化或民族的归属感,② 从而增强国家的向心力和凝聚力。太平洋运动会理事会主席维迪亚·拉汉（Vidhya Lakhan）就表示他对运动会背后萨摩亚的团结印象深刻,他还感谢了萨摩亚政府对运动会的大力支持,"我们需要萨摩亚人民支持这场运动会。我们有不同的议程、不同的角度,但是一种精神、一个团队使萨摩亚人民站出来支持这场运动会"。③ 同样值得一提的是运动会期间默默奉献的志愿者。运动会期间,从机场抵达、运动村餐饮、媒体协助到颁奖典礼,都需要志愿者。④ 此外,在2019年太平洋运动会上,还有来自16所中学的3000名学生表演者参加了萨摩亚文化展示。对于人口仅为179186人

---

① Media Release, "Opening Address of the Pacific Games by the Hon Prime Minister Tuilaepa Sailele Malielegaoi," July 11, 2019, http：//www.iniinisamoa.com/2019/07/11/opening‐address‐of‐the‐pacific‐games‐by‐the‐hon‐prime‐minister‐tuilaepa‐sailele‐malielegaoi/.
② Rasmus K. Storm, Tor Georg Jakobsen, "National Pride, Sporting Success and Event Hosting: an Analysis of Intangible Effects Related to Major Athletic Tournaments," *International Journal of Sport Policy and Politics*, 2019, https：//www.tandfonline.com/doi/pdf/10.1080/19406940.2019.1646303?needAccess=true.
③ Lagi Keresoma, "Pacific Games President Impressed with Samoa's Unity Behind the July Games," May 31, 2019, https：//www.talamua.com/pacific‐games‐president‐impressed‐with‐samoas‐unity‐behind‐the‐july‐games/.
④ "Volunteers Thanked for Games Commitment as Training Starts," May 29, 2019, https：//www.samoa2019.ws/news/volunteers‐thanked‐for‐games‐commitment‐as‐training‐starts/.

(2006年)① 的萨摩亚来说，完全称得上是全民狂欢了。当国歌在赛场上响起的时候，国民的民族自豪感也会油然而生。萨摩亚国家队在此次运动会上获得了38枚金牌、42枚银牌和45枚铜牌，列奖牌榜第三位，成绩是近三届太平洋运动会以来最好的②（见表1）。所以，从人民的团结、志愿者的积极参与和成绩的进步中可以看到此次运动会增强了萨摩亚国家的向心力和凝聚力。

表1 2019年第16届太平洋运动会奖牌榜前十名国家/地区

单位：枚

排名	国家/地区	金牌	银牌	铜牌	总数
1	新喀里多尼亚（法）	76	55	51	182
2	巴布亚新几内亚	38	57	35	130
3	萨摩亚	38	42	45	125
4	塔西提岛	35	39	45	119
5	斐济	35	38	43	116
6	澳大利亚	33	9	14	56
7	瑙鲁	12	6	16	34
8	汤加	9	5	14	28
9	新西兰	8	10	6	24
10	瓦努阿图	8	5	12	25

资料来源：Country Leaderboard，https：//www.samoa2019.ws/medals/。

二 太平洋运动会对萨摩亚经济的影响

尽管学界对举办大型体育赛事的经济影响还存在很大的争议，但不可否

---

① "Samoa Population 2019," http：//worldpopulationreview.com/countries/samoa-population/.
② 2015年太平洋运动会中萨摩亚的成绩是17金、23银、11铜，总计51枚，位列奖牌榜第五，https：//pacificgames.pngfacts.com/results.html；2011年太平洋运动会萨摩亚的成绩是22金、17银、34铜，总计73枚，列奖牌榜第五位，http：//websites.sportstg.com/get_file.cgi？id=3808430。

认经济利益通常是各个国家或城市积极申办各类体育赛事的重要原因。尤其是2004年雅典奥运会在经济上的成功，以及2010年世界杯足球赛使南非经济焕发活力，为一些经济学家提供了新的论据，即举办体育赛事对东道国的经济是非常有利的。2019年在萨摩亚举办的太平洋运动会，虽然规模难比奥运会和世界杯，但同样给萨摩亚带来了经济增长的机会。

首先，太平洋运动会推动了萨摩亚旅游业的发展，有助于提振国家经济。萨摩亚陆地面积小①且出口以农林产品为主，由于农业生产严重依赖气候条件，所以经济容易受到自然灾害的打击。近年来，随着国际交通运输不断发展，除了依靠国际援助外，旅游业逐渐成为萨摩亚经济的重要支柱。2006年，旅游收入为萨摩亚GDP贡献了创纪录的2.43亿塔拉（合1.13亿美元）。② 克里斯托弗·科克指出："太平洋运动会不仅是振兴与振奋我们太平洋人民运动和体育精神的盛会，更重要的是，体育旅游作为另一种促进经济繁荣的重要方式，对我们地区日益重要，尤其是对东道国而言。"③ 在第16届太平洋运动会之前，2018年2月飓风"吉塔"（Gita）导致大面积山体滑坡和洪水泛滥，萨摩亚经济急剧下滑，但运动会的举办使该国迎来了提振经济的机会。国际货币基金组织专家指出，由于萨摩亚在7月主办了太平洋运动会，预计2019～2020年旅游业增长率将达到4.4%，中期将稳定在2%。④ 研究公司惠誉解决方案（Fitch Solutions）也认为，在太平洋运动会后，随着基础设施的持续完善和旅游业的强劲发展，萨摩亚经济的增长将在2019年和2020年加速。该公司不仅维持对萨摩亚2019财年GDP增长3.0%

---

① 萨摩亚陆地面积2934平方公里，海洋专属经济区面积12万平方公里。参阅《萨摩亚国家概况》，中国外交部网站，https://www.fmprc.gov.cn/web/gjhdq_676201/gj_676203/dyz_681240/1206_681716/1206x0_681718/。
② Justin Wastnage, "Playing Pacific Games with Tourism," *Travel Weekly Australia*, Issue 64, July 9, 2007, http://web.a.ebscohost.com/ehost/pdfviewer/pdfviewer?vid=0&sid=ec284041-55da-4c62-b5ba-2191b9a43980%40sdc-v-sessmgr01.
③ "2019 Pacific Games Beneficial for Samoa Tourism," July 12, 2019, http://pacific.scoop.co.nz/2019/07/2019-pacific-games-beneficial-for-samoa-tourism/.
④ Gavin O'Toole, "Tourism Fuels Rebound in Samoa," *Public Finance International*, May 20, 2019, https://www.publicfinanceinternational.org/news/2019/05/tourism-fuels-rebound-samoa.

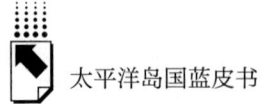

的预期,还将2020财年的增长预期从2.8%上调至3.0%。①

其次,向世界展现了萨摩亚的经济发展潜力,有利于获得更多国际援助。"太平洋岛国独立后,许多岛国实施进口替代政策以促进经济增长,但收效甚微,外援逐渐成为岛国发展(甚至生存)的依赖。"② 外援占萨摩亚等国国民收入的比例很高,也是其政府财政支出的重要组成部分,在西萨摩亚甚至超过了政府财政收入。③ 萨摩亚举办太平洋运动会都得到了中国的援助。1983年南太平洋运动会,"由于西萨摩亚缺乏必要的场地设施,经与中国政府协商,决定由中国援建体育场和体育馆综合设施"。④ 2007年太平洋运动会,"中国开始了大规模建设,援建了1500间酒店客房以及中资体育设施"。⑤ 2019年太平洋运动会,中国不仅对萨摩亚的体育场馆和交通设施进行了升级改造,还提供了技术援助和表演物资。2019年太平洋运动会的成功举办意味着萨摩亚的机场、道路、公共交通、通信等基础设施的完善,不仅为岛民的商业生活提供了便利,也让世界看到了萨摩亚的经济发展潜力。除中国援助外,"阿皮亚还将从澳大利亚为太平洋和东帝汶提供的20亿澳元(合14亿美元)的基础设施融资中受益,而新西兰总理杰辛达·阿德恩(Jacinda Ardern)在最近的一次访问中也承诺增加发展援助"。⑥

最后,太平洋运动会为萨摩亚创造了新的就业岗位,刺激了经济复苏。

---

① Fitch Solutions, "Infrastructure Upgrades, Tourism To Support Growth In Samoa," August 16, 2019, https://www.fitchsolutions.com/country-risk-sovereigns/economics/infrastructure-upgrades-tourism-support-growth-samoa-16-08-2019.
② 姜芸:《澳大利亚对太平洋岛屿国家的援助研究》,博士学位论文,华东师范大学,2018,第63页。
③ Ms. Tamari Finau Tabakaucoro, "The Structural Profile of South Pacific Economies," in Phillip M. Chen, *Economic and Social Development—South Pacific Island States: Seminar on South Pacific*, Taipei: Asia and World Institute, 1988, p. 103.
④ 江海:《荟萃岛国健儿的南太平洋运动会》,《世界知识》1982年第8期,第24页。
⑤ Justin Wastnage, "Playing Pacific Games with Tourism," *Travel Weekly Australia*, Issue 64, July 9, 2007, http://web.a.ebscohost.com/ehost/pdfviewer/pdfviewer?vid=0&sid=ec284041-55da-4c62-b5ba-2191b9a43980%40sdc-v-sessmgr01.
⑥ Fitch Solutions, "Infrastructure Upgrades, Tourism To Support Growth In Samoa," August 16, 2019, https://www.fitchsolutions.com/country-risk-sovereigns/economics/infrastructure-upgrades-tourism-support-growth-samoa-16-08-2019.

对于许多太平洋岛国而言，失业仍然是主要难题，萨摩亚也不例外。"根据2012年萨摩亚劳动力调查报告，青年失业率是总人口失业率的两倍，为16.8%，且女性失业率高于男性。"① 为加强劳动力市场需求和创造就业岗位，《萨摩亚国家就业政策（SNEP）（2016~2020）》提出绿色就业的方针政策。2019年太平洋运动会提出的"无塑料"和"绿色"的口号并不是孤立和应景的，而是萨摩亚政府对绿色商业模式的践行。作为"无塑料"运动的一部分，2019年5月25日萨摩亚进行了首次垃圾清理活动，1000多名志愿者聚集在阿皮亚的四条河的河岸收集垃圾，共收集了超过1.8万公斤的垃圾。② "无塑料"运动还包括由萨摩亚自然资源与环境部（MNRE）和林业部共同主导的植树项目，学校也将开展种植200万棵树的活动。太平洋运动会过后，"美丽的萨摩亚——保持清洁和无塑料"运动将持续下去，为萨摩亚创造更多的绿色就业机会。此外，为太平洋运动会进行的基础设施和体育场馆的建设与翻新，以及随运动会而来的旅游业、酒店业、餐饮业、娱乐业等行业的繁荣，也为萨摩亚创造了新的就业岗位。

三 太平洋运动会对萨摩亚文化的影响

虽然2019年太平洋运动会对萨摩亚的政治和经济产生了重要的积极影响，但这些影响可能都比不上对文化的影响。这不仅是因为文化影响的渗透性、持久性和长远性，更重要的是萨摩亚通过此次太平洋运动会发现了体育运动的价值，对于体育教育起步晚的萨摩亚来说，这将催生国家的体育意识，促进体育人才的培养以及体育机制的建设，为萨摩亚体育现代化打下基础。

其一，有利于增进对外体育文化交流，培养体育意识，普及大众体育。

---

① "Samoa National Employment Policy 2016-2020," February 2016, http：//www.ilo.org/wcmsp5/groups/public/-asia/-ro-bangkok/-ilo-suva/documents/publication/wcms_544169.pdf.
② Angelicas, "Working Together to Protect and Restore Our Ocean," June 6, 2019, https：//www.sprep.org/news/working-together-to-protect-and-restore-our-ocean.

体育意识是社会意识的一种特殊形式，是人们关于体育现象的思想、观点和心理的总称。① 在萨摩亚，民众体育意识普遍淡薄。体育等同于"运动"（sports），翻译成萨摩亚语是"塔阿洛伽"（ta'aloga）。"塔阿洛伽"可以指游戏、玩耍以及运动，这意味家长、学生尤其是老师对体育的理解是存在歧义的。② 有些民众甚至认为体育是浪费时间，因为他们没有认识到体育在促进和保持身心健康方面的作用。在这样的背景下，2019年太平洋运动会给民众带来了对外体育文化交流的宝贵机会。2019年3月，萨摩亚近270名运动员、教练员、体操骨干和厨师来到中国湖南，参加了"中国援萨摩亚2019年太平洋运动会体育技术援助项目"，受训体育项目包括田径、羽毛球、网球、篮球、足球等。在为期三个月的交流中，萨摩亚运动员不仅学到了技术和理论，还领略到中国的"体育运动精神"。③ 当这些运动员回到萨摩亚为国家赢得奖牌时，当教练员培训体育人才时，当体操骨干成为国家体育精英时，从中国传播来的"体育运动精神"必将为改变萨摩亚民众落后的体育观做出贡献。而且萨摩亚总理也开始强调"体育的催化作用"，相信未来在政府的积极倡导和支持下，岛民的体育意识会慢慢培养起来，为大众体育的普及奠定重要基础。

其二，有助于加强国家体育教育，促进体育人才培养。在萨摩亚，体育教育起步晚且不受重视，主要原因有二。一方面，在萨摩亚，可考试的科目被视为学术科目，优先进行。而体育、音乐等科目和实用学科被视为非学术性的。由于体育是不考试的科目，得不到重视，所以迟迟未被确认为一门学科；另一方面，与其他学科相比，体育学科的毕业生长期以来很难找到工作。因此，在萨摩亚，家长不鼓励孩子学习体育或者把体育作为一项职业。这使得体育很难被认为是有价值和重要的。当然，体育设备和设施的缺乏同

---

① 汤卫东：《论体育意识》，《安徽体育科技》1999年第1期，第13页。
② Dawn Therese Rasmussen, "Implementing the Samoa Secondary Schools Health and Physical Education Curriculum: A Peg in the Ground," University of Canterbury, 2010, pp. 13–14, https://core.ac.uk/download/pdf/35465874.pdf.
③ 袁洁、刘玉芳、屠超、储鸿哲：《援萨摩亚2019年太平洋运动会体育技术援助项目落幕》，湖南理工学院，2019年6月18日，http://www.hnist.cn/info/1021/4382.htm。

样也使体育学科进一步被边缘化。① 所以,自 1967 年开课以来,萨摩亚学校的体育教育一直不受重视。在 2005 年萨摩亚中学健康和体育课程推出之前,甚至没有正式的体育教材,是政府的不重视使体育在各学科中处于边缘地位。不过,2019 年太平洋运动会的举办很可能改变这一状况。萨摩亚总理在运动会闭幕式中提道:"人才需要鼓励,在许多情况下(如果不是全部的话),无论经济状况如何,政府的支持都是必不可少的。为此,我国政府已经实施了 1~11 年级的免费教育,并制订了持续性的计划,在全国范围内建设运动场和体育设施,并在财政上协助派遣代表队参加国际比赛。但还有许多工作要做。"② 这表明萨摩亚政府将加大对体育教育的扶持力度,支持体育人才培养,并将增加对体育事业的财政投入。

其三,推进国家体育体制建设,提高竞技体育水平,揭开体育现代化的序幕。竞技体育与大众体育和体育教育有所不同,竞技体育是根据规则和以取胜为目的的竞赛性和娱乐性的体力活动。一个国家的体育教育和大众体育的基础越广泛,竞技运动的水平越高。③ 竞技体育首推现代奥林匹克运动会,据统计,萨摩亚自 1984 年首次参加奥运会以来,迄今只获得一枚奥运会奖牌——艾莉·欧佩罗吉(Ele Opeloge)在 2008 年北京奥运会举重比赛中获得的银牌。④ 这说明萨摩亚的竞技体育水平还有很大的提升空间,萨摩亚需要建立符合自身发展水平和条件的体育体制,统筹体育行政管理、体育训练、竞赛、体育教育和体育经营。目前萨摩亚负责体育事务的部门是

---

① Dawn Therese Rasmussen, "Implementing the Samoa Secondary Schools Health and Physical Education Curriculum: A Peg in the Ground," University of Canterbury, 2010, pp. 89 - 90, https://core.ac.uk/download/pdf/35465874.pdf.
② Media Release, "Address for the Closing Ceremony of the 2019 Pacific Games by the Hon Prime Minister Tuilaepa Sailele Malielegaoi 20th July 2019," July 25, 2019, https://www.iniinisamoa.com/2019/07/25/%ef%bb%bfaddress - for - the - closing - ceremony - of - the - 2019 - pacific - games - by - the - hon - prime - minister - tuilaepa - sailele - malielegaoi - 20th - july - 2019/.
③ 熊斗寅:《现代体育与体育现代化问题初探》,《北京体育学院学报》1980 年第 1 期,第 7~8 页。
④ Dan Palmer, "Samoa Association of Sport and National Olympic Committee Appoint New Chief Executive," March 3, 2018, https://www.insidethegames.biz/articles/1062141/samoa - association - of - sport - and - national - olympic - committee - appoint - new - chief - executive.

"教育、体育和文化部",部长是洛奥·肯内迪·西奥(Loau Keneti Sio),他是2019年太平洋运动会组委会和办公室管理团队负责人,而且西奥此前是马努萨摩亚橄榄球队的运动员,曾代表萨摩亚参加了1991年和1995年的橄榄球世界杯赛。① 这对萨摩亚体育体制建设来说将是很好的助力。萨摩亚在1962年独立以后就开始了现代化建设,包括萨摩亚在内的西南太平洋岛国是作为西方国家的附庸被卷入世界现代化进程的,但它们并未因现代化而富裕和强大。② 体育现代化是社会现代化的重要组成部分,体育的发展也会促进政治经济和社会文化的发展,正如萨摩亚总理所说,"太平洋运动会不仅是一个伟大的地区性的体育盛会,而且它确实具有更深刻的文化和政治意义"。③ 所以,2019年太平洋运动会的成功很有可能成为萨摩亚体育现代化的一个契机和开端。

---

① "Minister of Education, Sports and Culture," http://www.samoagovt.ws/minister-mesc/.
② 王宇博、汪诗明、朱建君:《世界现代化历程(大洋洲卷)》,江苏人民出版社,2011,第5页。
③ Media Release, "Address for the Closing Ceremony of the 2019 Pacific Games by the Hon Prime Minister Tuilaepa Sailele Malielegaoi 20th July 2019," July 25, 2019, https://www.iniinisamoa.com/2019/07/25/%ef%bb%bfaddress-for-the-closing-ceremony-of-the-2019-pacific-games-by-the-hon-prime-minister-tuilaepa-sailele-malielegaoi-20th-july-2019/.

B.8
太平洋岛屿区域海洋机制发展动向

曲　升*

摘　要： 2014年下半年以来，为落实区域海洋政策机制，太平洋岛国在全球和区域两大层面协同推进，一方面积极参与联合国可持续发展议程、全球气候变化议程、全球海洋治理议程对接；另一方面密集召开区域性会议，以凝聚共识，汇集利益攸关方意见和智慧。这些活动确立了太平洋岛国在全球海洋治理进程和气候变化议程中的引领地位，同时明确了海洋作为太平洋区域主义首要关切之地位。随着"蓝色太平洋"这一区域海洋治理新概念的提出，渔业的可持续发展、太平洋生态系统复原、海洋科学技术研发和推广成为区域海洋事务的优先事项。

关键词： 太平洋岛屿区域　海洋治理　"蓝色太平洋"　可持续发展

对太平洋岛屿区域海洋机制发展动向的梳理和总结，以2014年作为考察和讨论的起点，主要基于两个方面的考虑。第一，从事实层面看，随着2014年前区域海洋政策的制定（2002年8月）、《太平洋大洋景观框架》的推出（2010年8月）和"太平洋大洋联盟"的建立（2014年9月），太平洋岛屿区域海洋机制在概念规范、政策法规和组织结构等层面趋于成熟和完善，此后工作重心明显转向相关政策、公约、协定和承诺的落实。太平洋岛

---

* 曲升，博士，聊城大学太平洋岛国研究中心教授，研究方向为南太平洋区域史、世界海洋史。

屿区域海洋治理迎来了一个新的发展时期,需要我们密切追踪、深入研究。第二,从学术研究层面看,关于太平洋岛屿区域海洋机制和治理的既有研究,在考察时段上基本着眼于太平洋大洋联盟建立之前,① 一些较新成果尽管把研究时段下探至2016年,② 但对2014年下半年以来情况的介绍基本上是围绕自设主题,采取了片段式处理方式,不够系统和详细。

总体上看,鉴于太平洋岛屿区域海洋问题的外部性和复杂性,为落实区域海洋政策机制,太平洋岛国在全球和区域两大层面协同推进,一方面积极参与联合国可持续发展议程、全球海洋治理议程和气候变化议程对接,以争取更多的国际财政和技术援助;另一方面密集召开区域性会议,以凝聚共识,汇集利益攸关方意见和智慧,确定区域海洋事务优先事项。这些活动取得了一系列成果,塑造了太平洋岛屿区域海洋治理的新概念、新动向。

一 海洋作为太平洋区域主义首要关切地位的确立及"蓝色太平洋"概念的提出

近年来,海洋成为全球关注的热点,以及全球性和地区性地缘政治重大变迁,为太平洋岛国重新认识支撑太平洋区域主义的共同身份认同、制定确保太平洋利益的战略规划提供了动力和机会。太平洋岛国论坛是太平洋岛屿

---

① Biliana Cicin and Robert W. Knecht, *The Emergence of a Regional Ocean Regime in the South Pacific*, Environment and Policy Institute of East-West Center, January 1989; Jon M. Van Dyke, Durwood Zaelke, and Grant Hewison eds., *Freedom for the Seas in the 21st Century: Ocean Governance and Environmental Harmony*, Island Press, 1993;曲升:《南太平洋区域海洋机制的缘起、发展及意义》,《太平洋学报》2017年第2期。

② Joanna Vice, Elizabeth Brierly, Simone Stevenson, Piers Dunstan, "Ocean Governance in the South Pacific Region: Progress and Plans for Action," *Marine Policy*, Vol. 79, May 2017, pp. 40 - 45. 此文考察了2002年《太平洋岛屿区域海洋政策》发布以来区域海洋治理进展情况。梁甲瑞、曲升《全球海洋治理视域下的南太平洋地区海洋治理》(《太平洋学报》2018年第4期)、梁甲瑞《中国—大洋洲—南太平洋蓝色经济通道构建:基础、困境及构想》(《中国软科学》2018年第3期)两篇论文,对"蓝色太平洋"新概念有所涉及。

地区一体化进程的主要组织和领导机构，每届论坛设定的主题、发表的公报，对于太平洋区域主义发展具有风向标意义。论坛40多年的历史上，太平洋岛国领导人始终强调太平洋国家对于海洋资源的独特依赖性以及保护太平洋的重要性。2014～2017年的四届论坛，发表了两个海洋宣言（文件）、提出了以海洋为标识的区域主义概念。这些成果连同其他一些重要的区域文件共同表明：海洋是区域主义进程中的首要事务，这已成为太平洋岛屿海洋区域主义的共识。

2014年7月29～31日，第45届太平洋岛国论坛在帕劳首都科罗尔举行，以"海洋：生活与未来"为主题。论坛的一大成果是通过和发表了《帕劳宣言："海洋：生活与未来"——规划可持续发展之路》（简称《帕劳宣言》），表明了各国对太平洋及其资源可持续开发、管理和养护的重视。《帕劳宣言》指出，过度捕捞、危险捕捞、非法、未报告和无管制的捕捞活动、破坏性的采矿、海洋污染、入侵物种、海岸径流等，严重削弱了太平洋生态系统的复原力，对海洋及海洋资源的健康和生产力构成严重威胁；而全球碳排放导致的海洋变暖、极端气候、海平面上升、海水酸化和陆地被淹的潜在危险，则对太平洋岛国人民的生存、安全和福祉构成巨大威胁。宣言强调，为应对上述挑战，实现海洋的可持续发展，有必要超越地区和国家的狭隘视野，积极与全球可持续发展议程对接，在区域海洋政策框架内，采取一体化综合管理方式，在以下优先领域采取共同行动：(1)非法、未报告和无管制的捕捞活动；(2)海洋划界；(3)采矿活动和产业的环境影响评估；(4)生物多样性保护；(5)各国采取的行动倡议的相关数据和信息的搜集和登录。[①]

2016年9月11日，第47届太平洋岛国论坛通过了《波纳佩海洋声明：可持续发展之路》（简称《波纳佩海洋声明》），强调海洋是太平洋岛国人民的生计所依，对气候变化之效应敏感而脆弱；呼吁所有国家尽早批准和实施

---

① Pacific Island Forum Secretariat, Forty-Fifth Pacific Islands Forum (Koror, Republic of Palau, July 29 – 31, 2014) Communique, Annex B, Palau Declaration on "The Ocean: Life and Future" —Charting a Course to Sustainability.

《巴黎协定》，并为小岛屿发展中国家适应和降低海平面上升和气候变化带来的影响提供充足而易申请的财政援助；表示将继续展现太平洋地区在"可持续发展目标14"（SDG14）纳入2030年可持续发展议程上已经展现出的领导力，呼吁采取行动，防止和减少一切形式的海洋污染；加强可持续管理和保护海洋与海岸生态系统；减少并解决海洋酸化的影响；保护渔业，发展水产养殖；推动《联合国海洋法公约》框架下的海洋生物多样性进程，支持在国家管辖海域之外设立海洋生物多样性保护区。[①]

《帕劳宣言》和《波纳佩海洋声明》是太平洋岛国论坛成立以来始终如一的海洋关切的延续，实际上表明了某种共享的海洋身份认同。在此基础上，一个区域主义的新概念——"蓝色太平洋"被提了出来。

"蓝色太平洋"概念的首次提出，是在2017年6月召开的联合国海洋大会上。这一概念的主要倡导者萨摩亚总理图伊拉埃帕始终从太平洋岛屿身份认同的角度揭示太平洋的重要性。他解释说："从远古时代，太平洋就为我们岛屿社会提供了文化和历史认同，始终是太平洋岛屿社会历史发展进程的重要影响因素。在整个区域内，海洋习俗构成了当今社会结构、生产生活以及指导海洋利用的所有制和传统管理制度的基础……我们的大洋、近海与太平洋岛屿人民——他们的价值观、传统习俗和精神联系——存在不可割裂的联系……海洋是我们生活方式的核心。"他同时指出，尽管太平洋岛国为可持续管理海洋做了大量卓有成效的工作，但由于太平洋岛屿地处气候变化影响的最前沿，珊瑚白化、海平面上升、海洋酸化等对岛屿社会自然复原力和适应力的破坏，在规模、频率上，均有增无减，对深化区域主义提出了更高要求。他强调"蓝色太平洋"是为适应这一要求提出的新概念，"旨在重获我们共同管理太平洋的集体潜力……通过将蓝色太平洋作为区域决策过程的中心，并推动论坛领袖为实现区域愿景采取必要的集体行动，打造一个'蓝色太平洋大陆'"，即海洋经济发展、可持

---

① http：//www.forumsec.org/pohnpei‐ocean‐statement‐a‐course‐to‐sustainability/.

续性和可复原力强、安全和平的"蓝色太平洋"。①

2017年9月5~8日，第48届太平洋岛国论坛在萨摩亚首都阿皮亚举行。本届论坛以"蓝色太平洋：我们诸岛的海——通过可持续发展、管理和养护实现我们的安全"为主题，批准了以"蓝色太平洋"作为区域共同政治行动的"新倡议"（new narrative），号召成员在论坛的领导下，采取共同行动，长期致力于"蓝色太平洋"的可持续发展、安全、复原力以及和平。② 论坛领导人重申了对目前区域海洋政策及相关宣言的支持，同意强化太平洋专员办公室在跨部门海洋事务中的协调和倡导作用；呼吁联合国就《落实国家管辖区权力之外海域的生物多样性养护和可持续利用协定》重启谈判；承诺加快禁止使用一次性单用途塑料袋、塑料盒的政策进程，呼吁环太平洋伙伴加入并致力于旨在解决海洋污染和清除海洋垃圾的行动；呼吁区域团结一致，不懈努力，应对气候变化和海平面上升。论坛公告确定的区域可持续发展优先事项包括三个方面：渔业、气候变化与复原力、《太平洋更紧密经济关系协定》（2017年6月14日在汤加首都努库阿洛法签订）的落实。③

对于"蓝色太平洋"概念的意义，论坛秘书长泰勒（Dame Meg Taylor）在接受《萨摩亚观察家报》采访时表示，"蓝色太平洋强有力地表达了太平洋区域主义的（诉求），重申了我们是'一个大洋性大陆'、我们是'海洋管理大国'（Big Ocean Stewardship States）的身份认同，集体合作要比单打

---

① Remarks by Hon. Tuilaepa Lupesoliai Sailele Malielegaoi Prime Minister of the Independent State of Samoa at the High-Level Pacific Regional Side event by PIFS on Our Values and Identity as Stewards of the World's Largest Oceanic Continent, The Blue Pacific—Forum Secretariat, https：//www.forumsec.org/remarks – by – hon – tuilaepa – lupesoliai – sailele – malielegaoi – prime – minister – of – the – independent – state – of – samoa – at – the – high – level – pacific – regional – side – event – by – pifs – on – our – values – and – identity – as – stewards/.

② Opening Address by Prime Minister Tuilaepa Sailele Mailelegaoi of Samoa to Open the 48th Pacific Islands Forum 2017—Forum Secretariat, https：//www.forumsec.org/opening – address – prime – minister – tuilaepa – sailele – mailelegaoi – samoa – open – 48th – pacific – islands – forum – 2017/.

③ Pacific Islands Forum, Forty-Eighth Pacific Islands Forum（Apia, Samoa, September 5 – 8, 2017）Communique, pp. 4 – 6.

独斗更为有效；激励我们去发现和利用那些存在于太平洋洋面和洋底的能源的集体潜力"。①《太平洋区域主义状况报告（2017）》指出，"蓝色太平洋"的基础，是太平洋"所拥有的"共同财富和资源，即太平洋岛国及人民共同的海洋身份认同、海洋地理和海洋资源；引导本地区整体性"穿越"当今世界面临的不断增加的地缘政治不确定性和经济不确定性的最佳途径，在于全神贯注、最大限度地利用这些共同财富和资源。②换言之，"蓝色太平洋"概念要求在未来较长一段时间内太平洋区域主义进程必须以海洋为首要事务，充分挖掘和发挥海洋优势。

以海洋为区域首要事务的理念，不仅仅体现在太平洋岛国论坛的"蓝色太平洋"概念上，还体现在其他一些区域组织战略的表述中。比如，太平洋区域环境规划署制订的《太平洋污染防治项目：战略与工作计划（2015~2020）》指出，海洋健康对于太平洋岛屿区域的全面健康具有根本性意义，海洋污染连同气候变化、栖息地破坏和海洋资源开采过度，是当今世界面临的四大主要威胁。③而2017~2026年战略计划则在提出和说明未来10年的优先事项（包括气候变化复原力、生态系统和生物多样性保护、废弃物管理和污染控制、环境治理）的过程中始终强调：尽管气候变化是首要关切，但海洋却是关键的贯穿性主题（key crosscutting theme）。④海洋是关键的贯穿性主题的思想在2016年6月24日太平洋岛国论坛小岛屿发展中国家领导人特别会议通过的《小岛屿发展中国家区域战略（2016~2020）》中也有所体现。该战略确定的五大重点领域和优先事项包括气候变化、劳工、卫生、海洋、空中和海上运输。其中，海洋是重中之重，该领域

---

① Secretaria, http://www.samoaobserver.ws/en04_09_2017/columns/23930/Blue-Pacific-a-strong-expression-of-Pacific-Regionalism.htm.
② Pacific Islands Forum Secretaria, State of Pacific Regionalism Report 2017, p.16.
③ Secretariat of the Pacific Regional Environment Programme, Pacific Ocean Pollution Prevention Programme (PACPOL): Strategy and Work Plans 2015-2020, Apia, Samoa: SPREP, 2015, p.5.
④ Secretariat of the Pacific Regional Environment Programme, Strategic Plan 2017-2026, Apia, Samoa: SPREP, 2015, p.6.

的优先事项也最多,具体包括:(1)珊瑚礁保护;(2)渔业,包括远洋渔业和近海渔业的监管和渔业收入;(3)水产养殖;(4)深海洋底矿产开发;(5)保护区建设;(6)海洋划界;(7)海洋科研。① 其实,气候变化与海洋密切相关,而海上运输也可视为广义的海洋事务。

总之,对太平洋岛国而言,一切发展事务归根结底是海洋事务,因此要以海洋事务统筹可持续发展,这就是海洋作为区域首要事务和关键的贯穿性主题的基本含义。

二 引领小岛屿发展中国家可持续发展议程和联合国气候变化议程

太平洋岛国的可持续发展始终面临领土面积狭小、远离国际市场、人口稀少、私营经济弱小、易受环境冲击等结构性脆弱,而近年来气候变化更增加了这种结构性脆弱。与结构性脆弱加剧同步而来的,是对海外发展援助的依赖程度持续加深,成为太平洋岛国可持续发展的另一巨大障碍。太平洋岛国对此有着清醒的认识,《太平洋计划评论》开宗明义指出:"作为一个整体,本地区正经受着来自社会、经济和生态层面的重大变革和严峻挑战……脆弱性有增无减,对他者的经济和善意的依赖程度依然显著。"②

基于对可持续发展、海洋、气候变化三者之间存在深刻而密切联系的认识,为争取可持续发展稳定的国际援助,解决气候变化融资和复原力建设融资难题,太平洋岛国以"海洋外交"为手段,积极与以联合国系统为中心的国际社会接触,80年代结成"太平洋集团",在推动联合国海洋法进程中发挥了重要作用。21世纪以来,太平洋岛国则在联合国系统内结成"太平

---

① Special Smaller Island State Leaders Meeting (Koror, Republic of Palau, June 24, 2016), Summary of Decisions, pp. 3, 6–7.
② Pacific Islands Forum Secretariat, Pacific Plan Review (2013). "Report to Pacific Leaders," Suva, Fiji, pp. 2–3.

洋小岛屿发展中国家集团"①，且在更广阔的国际社会层面与其他地区的小岛屿发展中国家桴鼓相应，共同推动小岛屿发展中国家的可持续发展进程。

对于太平洋岛国而言，2015年是一个极其重要的年份，因为在这一年联合国召开了两次重要会议——9月的联合国发展峰会、12月的巴黎第21届全球气候变化大会，对两大全球性事务——可持续发展议程和气候变化议程做出新的安排和决定。为了在这两个太平洋岛屿具有特殊脆弱性的领域确立自己的所有权和领导权，充分赢得国际社会的理解和支持，太平洋岛国紧锣密鼓地召开了一系列区域和国际会议，以协调立场、影响舆论。

在可持续发展问题上，2014年9月1~4日，第三次小岛屿发展中国家问题国际会议在萨摩亚首都阿皮亚举行。会议的主题是"通过真正和持久的伙伴关系实现小岛屿发展中国家的可持续发展"，强调范围广泛的各类利益攸关方开展国际合作、结成伙伴关系，对于落实小岛屿发展中国家可持续发展具有至关重要的意义。会议的一大成果是通过了《小岛屿发展中国家快速行动方式》（又名《萨摩亚途径》），涵盖可持续和公平经济增长、气候变化、可持续能源、减灾、海洋、粮食安全和营养、水和环境卫生、化学品和废物管理、保健和非传染性疾病、性别平等、社会发展、生物多样性等方面的内容，为小岛屿发展中国家通过可持续发展应对面临的挑战提供建议和指导。文件强调，气候变化和海平面上升对小岛屿发展中国家及其实现可持续发展的努力构成重大危险，对其生存和发展构成最严重的威胁；海洋和海岸区是地球生态系统的基本组成部分，与小岛屿发展中国家的可持续发展有着内在的联系，对消除贫穷，获得充足、安全和有营养的食物、生计、经济发展以及基本生态系统服务至关重要，也是小岛屿发展中国家人民身份和文化的重要元素。文件确认，国际筹资在增强小岛屿发展中国家减缓和有效应

---

① 关于联合国系统内太平洋小岛屿发展中国家集团的形成，参见 Fulori Manoa, "The New Pacific Diplomacy at the United Nations: The Rise of the PSIDS," in Greg Fry and Sandra Tarte, eds., *The New Pacific Diplomacy*, The Australian National University Press, 2015, pp. 89-98.

对多重危机的能力方面发挥着重要作用,敦促所有国家履行对小岛屿发展中国家的承诺,包括提供财政资源,兑现对发展中国家的所有官方发展援助承诺,还有许多发达国家承诺的到2015年实现向发展中国家提供占国民总收入0.70%的官方发展援助的目标,以及向最不发达国家提供占国民总收入0.15%~0.2%的官方发展援助目标。文件呼吁联合国系统、国际和区域金融机构与其他多边发展伙伴继续支持小岛屿发展中国家努力执行国家可持续发展战略和方案,为此根据各自的任务规定和总体优先事项,在国家和区域两级,通过联合国发展援助框架等把小岛屿发展中国家的优先事项和活动纳入相关战略和方案。①

在气候变化议程上,以太平洋岛国为中心,在区域范围内召开了一系列会议,发表了一系列宣言,包括2015年4月30日《第三届大洋洲二十一方峰会利福宣言——巴黎2015:拯救大洋洲》(3rd Oceania 21 Summit Lifou Declaration: Paris 2015: Save Oceania)、2015年7月16日《波利尼西亚领导人集团塔普塔普亚梯宣言》(Polynesian Leaders' Taputapuatea Declaration)、2015年7月24日太平洋区域环境规划署(SPREP)成员《为具有复原力的太平洋提供可持续气象和气候服务的努库阿洛法部长宣言》(Nuku'alofa Ministerial Declaration on Sustainable Weather and Climate Services for a Resilient Pacific)、2015年9月4日第3届太平洋岛屿发展论坛领导人峰会《关于气候变化的苏瓦宣言》(Suva Declaration on Climate Change)、2015年9月7日小岛屿发展中国家领导人会议发布的《小岛屿发展中国家领导人关于气候变化的莫尔兹比港宣言》(Smaller Island States Leaders' Port Moresby Declaration on Climate Change)。这些宣言总的基调,一是强调太平洋岛屿对于气候变化的敏感性和脆弱性,气候融资匮乏;二是期望巴黎气候大会能够达成应对气候变化的全面的、有远见的、有效的和具有法律约束力的国际协定。

---

① Small Island Developing States Accelerated Modalities of Action (Samoa Pathway), http://www.un.org/ga/search/view_doc.asp?symbol=A/RES/69/15&referer=/english/&Lang=C.

在上述努力的基础上，2015年9月27日，联合国发展峰会制定并通过了《2030年可持续发展议程》，把旨在应对气候变化的"可持续发展目标13"（SDG 13）、旨在保护和可持续利用海洋和海洋资源的SDG 14作为两个独立目标纳入其中。这是近年来太平洋岛国在推动小岛屿可持续发展问题上取得的重大成就，得到了联合国秘书长的肯定和赞扬。[①]

《萨摩亚途径》的制定和SDG 14作为独立目标纳入《2030年可持续发展议程》进一步激励了太平洋岛国引领全球海洋事务的信心。太平洋岛国领导人认为，这两大成就"显示了太平洋岛屿国家在海洋事务上强大的全球领导力"。[②] 为确保SDG 13和SDG 14能够作为具有国际法约束力和负责任的进程平稳实施，促使发达国家忠诚于SDG 14的崇高目标，2016年以来太平洋岛屿区域主办或参与了一系列相关国际会议，在设计路径、规划战略的同时，进一步确立了自己在全球海洋事务、气候变化议程中的领导地位。

2016年6月24日，太平洋岛国论坛小岛屿发展中国家领导人特别会议在帕劳首都科罗尔召开，通过了《小岛屿发展中国家区域战略（2016~2020）》和《第13届国际珊瑚礁研讨会领导人峰会：行动呼吁》两个成果文件。区域战略为实现小岛屿发展中国家"具有复原力和长期可持续发展"，确定了五大重点领域和优先事项。[③] 2017年6月5~9日，"保护和可持续利用海洋和海洋资源以促进可持续发展"联合国高级别会议在纽约联合国总部召开。在首届联合国海洋大会上，太平洋岛国十分活跃，不仅斐济成为主办国（另一主办国为瑞典）之一，而且联合国大会主席办公室主办的"保护海洋"（Save Our Ocean）展览也以探索太平洋岛国传统航海船技

---

① Fulori Manoa, "The New Pacific Diplomacy at the United Nations: The Rise of the PSIDS," in Greg Fry and Sandra Tarte, eds., *The New Pacific Diplomacy*, The Australian National University Press, 2015, p.97.
② Pacific Islands Forum Secretariat, Forty-seventh Pacific Islands Forum (Pohnpei, Federated States of Micronesia, September 8 – 10, 2016) Communique, p.5.
③ Special Smaller Island State Leaders Meeting (Koror, Republic of Palau, June 24, 2016), Summary of Decisions, pp.3, 6 – 7.

术、展示南太平洋海底生物多样性以及污染对海洋生物的毁灭性影响、讲述社区行动和重建故事为主题。也就是在这次会议上，太平洋岛国领导人提出了"蓝色太平洋"的概念，表达了通过有效履行太平洋岛屿区域海洋政策以实现《2030年可持续发展议程》SDG14的决心。此外，太平洋岛国代表就海洋污染、海洋生态环境保护、海洋酸化、可持续渔业、海洋科技、海洋法公约等议题，表达自己的关切和观点，为小岛屿发展中国家的利益发声。[1]

2017年9月22日，太平洋岛国论坛领导人与联合国新任秘书长古特雷斯举行了第一次会晤。古特雷斯对太平洋岛国推动《巴黎协定》早日获得批准所做的贡献表示赞赏，强调太平洋岛国在联合国海洋事务的讨论和进程中拥有领导地位，并宣布他将召集2019年气候峰会，而努力降低小岛屿发展中国家的脆弱性将是峰会的首要任务。[2] 可见，太平洋岛国在世界海洋事务上的主导地位得到了联合国的肯定，而其对气候变化的关切也得到有力呼应。2017年11月，第23届联合国气候变化大会在德国波恩举行，斐济总理姆拜尼马拉马担任主席便是一个重要的标志，且得到了太平洋岛国论坛其他成员的一致推举和拥护。[3]

需要指出的是，太平洋岛国在对接、引领联合国可持续发展议程和气候变化议程、争取更多国际法律支持和国际融资的同时，并未放弃联合自强的努力。2018年4月下旬，在遭到飓风"吉塔"（Gita）袭击后不久，太平洋岛国论坛经济部长会议在帕劳召开。会议的主题为"通过可持续的融资建设太平洋岛国的经济复原力"，重点讨论复原力建设融资问题，提出了设立"太平洋复原力基金"（Pacific Resilience Facility）和"太平洋岛国气候变化保险基金"（Pacific Island Countries' Climate Change Insurance Facility）

---

[1] "The Blue Pacific at the United Nations Ocean Conference," https：//www.forumsec.org/blue-pacific-united-nations-ocean-conference/.

[2] "Pacific Leaders Reaffirm their Leadership for Climate Change and Resilience," https：//www.forumsec.org/pacific-leaders-reaffirm-leadership-climate-change-resilience/.

[3] Pacific Islands Forum Secretariat, Forty-eighth Pacific Islands Forum (Apia, Samoa, September 5-8, 2017) Forum Communiqué, p.5.

的建议。① 这是太平洋岛国在区域和国家一级调动各种资源，弥补在获得和管理气候融资能力方面不足的重要举措。

三 增加渔业经济收益，确保渔业可持续发展

明确"蓝色太平洋"身份、引领联合国海洋事务和气候变化议程的过程，也是确定区域可持续发展，尤其是海洋可持续发展优先事项的过程。在此过程中，反复申明和强调的优先事项，不外乎可持续海洋经济、海洋环境复原和保护两大领域。

《小岛屿发展中国家快速行动方式》指出，可持续渔业和水产养殖、沿海旅游、利用海床资源的可能性以及可再生能源的潜在资源优势，都是小岛屿发展中国家可持续海洋经济的主要组成部分。其中，渔业占据首要地位，被认为"对于食物安全、卫生健康、削减贫困和国计民生，具有重要意义"。② 论坛领导人在会晤联合国秘书长古特雷斯时表示，渔业作为太平洋岛国优先事项的地位从未改变，增加渔业收益、确保区域渔业的可持续管理至关重要。③ 2014年下半年以来，随着一系列相关文件的出台，具体的、可操作、可测度的渔业可持续发展路线图被绘制出来。

2014年7月4日，澳大利亚、库克群岛、斐济、新西兰、纽埃、萨摩亚、所罗门群岛、托克劳（新）、汤加、图瓦卢和瓦努阿图通过了《南太平洋延绳捕鱼管理托克劳安排》（Tokelau Arrangement for the Management of the South Pacific Longline Fishery），确立了每年召开"管理大会"就成员国专属

---

① Forum Economic and Finance Ministers Look at Pacific Resilience-Forum Secretariat, https://www.forumsec.org/forum-economic-finance-ministers-look-pacific-resilience/Koror, Palau（April 25, 2018）.
② Special Smaller Island State Leaders Meeting（Koror, Republic of Palau, June 24, 2016）, Summary of Decisions, p.6.
③ Meeting of the Pacific Islands Forum Leaders with United Nations Secretary-General, https://www.un.int/samoa/news/meeting-pacific-islands-forum-leaders-united-nations-secretary-general, Date: Friday, September 22, 2017.

经济区及毗邻公海内的金枪鱼种群信息进行评估、制定相应管理政策以及集体与远洋渔业国和相关国际组织进行磋商的机制。根据"托克劳安排"制订的"延绳渔获计划"则确定了成员年度"总允许渔获量"（Total Allowable Catch）限额及相互转让的制度，一定程度上为杜绝太平洋岛国自身的滥捕和过度捕捞行为提供了保障。

《萨摩亚途径》表示支持在渔业领域采取以下行动：加强并执行对渔船的监测、控制和监视，从而有效防止、阻止并消除非法、未报告和无管制的捕捞活动；促进养护、可持续利用和管理跨界鱼类种群和高度洄游鱼类种群，包括采取相关区域渔业管理组织提出的有利于小岛屿发展中国家的措施；加强小岛屿发展中国家可持续利用渔业资源和发展渔业相关产业的能力，使小岛屿发展中国家能够最大限度地从渔业资源中获益，并确保减轻小岛屿发展中国家养护和管理海洋资源的负担；敦促国际社会在执行区域渔业管理组织和安排规定的分担责任方面给予协助，使小岛屿发展中国家能够从这些组织和安排管辖的跨界鱼类种群和高度洄游鱼类种群中受益，并对其进行可持续管理；支持可持续发展小规模渔业，改进资源评估和管理机制，改进渔业设施，采取各种增加小规模渔业产出价值的举措，放宽对小岛屿发展中国家可持续小规模渔业产品的市场准入；依照世贸组织2001年通过的多哈部长级宣言和2005年通过的香港部长级宣言，严格渔业部门补贴纪律，包括取消助长产能过剩和过度捕捞的某些形式的补贴。[①]

如果说"托克劳安排"参与国数量不多、作用有限，《萨摩亚途径》重在原则表述，未能提供可操作的措施，那么2015年7月6日第11届论坛渔业部长会议通过的《可持续的太平洋渔业区域性路线图》（A Regional Roadmap for Sustainable Pacific Fisheries）就具有现实可行性。该路线图由论坛17个成员一致批准，为未来十年太平洋岛国区域远洋渔业和近海渔业发展提出了7个明确目标、相应可测度进展的指标体系，以及要求各成员国领

---

① Small Island Developing States Accelerated Modalities of Action (Samoa Pathway), http://www.un.org/ga/search/view_doc.asp?symbol=A/RES/69/15&referer=/english/&Lang=C, pp. 17 – 18.

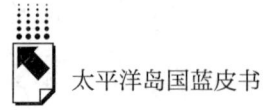

导人致力于实施的 11 项对策,全面而系统,具有很强的可操作性和约束力,有必要详加介绍。

路线图制定的远洋金枪鱼渔业发展目标及指标体系包括四部分:(1)可持续性。三年之内就四类主要金枪鱼的目标存量参考点达成一致;10 年之内,每类金枪鱼的存量将明显朝目标靠近,尤其是大眼金枪鱼过度捕捞问题得以解决,其种群存量得以恢复。捕鱼作业中鲨鱼、海龟和海鸟等副渔获物数量显著减少。管理措施不因非法、不报告和不受管制的捕鱼活动(IUU)而被削弱。(2)价值。2024 年区域渔获金枪鱼价值较 2014 年翻番。实现这一目标的手段是增加价值(而非增加渔获量)、减少供给过剩和寻求高附加值产品与高价位市场。在增加价值和利润的同时,适度提高外国渔船的入区费。(3)就业。10 年内在金枪鱼产业创造 18000 个新工作岗位,包括金枪鱼加工工人、船员、观测员及渔业管理人员;同时,协调统一岗位标准,以保证就业安全和价值创造性。(4)食品安全。到 2024 年,为区域国家每年增加 40000 吨金枪鱼供应量,提供富含营养的食品,减轻对近海资源的需求压力。为实现上述四个目标提出的六项对策包括:(1)有效的区域管理。(2)继续减少非法、不报告和不受管制的捕鱼行为;增加对卫星和电子监测、海上登检、航空监测以及港口控制等联合监测和监察的投入,增强岛国及其监察伙伴有效监测、阻止和消灭 IUU 的能力。强调太平洋岛国根据《纽埃条约》附属协定进行合作,以达到多边监测监察之目的。(3)在严格限制外国船只公海捕鱼方面取得明显进步。通过严格许可证颁发条件,根据西部和中部太平洋渔业委员会安排和其他一些国际相关规则采取行动,同时发挥金枪鱼消费大国非政府组织在提高市场准入标准和价格方面的作用。(4)为本地区金枪鱼加工商提供获得原材料的优先权。采取区域性行动,强制获批渔船卸载部分渔获给当地加工商,并以可行方式提高转运费。(5)设定金枪鱼捕获和加工产业就业的高标准。确定统一的最低标准,加强员工培训,从而避免国家之间的无序竞争。(6)在太平洋岛国伙伴之间建立区域性加工中心。

关于近海渔业,路线图制定了三大发展目标,提出了五项对策措施。三大发展目标包括：（1）授权。10年之内，论坛所有岛国成员完成政策制定和立法工作，从而使沿海群落参与管理自己渔业资源有法可依。在国家控制出口商品的支持下，群落将拥有明确的使用者权利，建立当地管理机制。（2）复原力。10年之内，论坛所有岛国成员将实施旨在应对沿岸生态系统面临的威胁的策略。通过保护渔业栖息地、控制污染和消除来自渔业外部的危害，形成对气候变化和海洋酸化的复原力。（3）生计。10年之内，论坛所有岛国成员将采取政策，为渔业资源退化的沿海群落提供其他生计。水产养殖、水上旅游以及小规模捕捞金枪鱼都是可能的选择，但更多的解决方案应该在渔业之外寻找。五项对策措施是：（1）为政府和群落制定管理政策提供相关信息；（2）使渔业机构的工作重新聚焦于为近海渔业管理提供帮助；（3）确保相关利益攸关方（政府部门、非政府组织和捐助者）之间协调与合作的有效性；（4）制定并实施强有力的、与时俱进的法律、政策和计划；（5）确保妇女、青年和弱势群体平等参与决策和从决策中获益。[①] 此外，为了切实实现渔业收入五年增收计划，成立了由太平洋岛国论坛秘书处、太平洋岛国论坛渔业局、瑙鲁协定成员国、太平洋共同体组成的特别联合小组，具体负责路线图的实施。特别联合小组在四方面分工合作，其具体职责是：改革延绳渔业管理；增加就业的价值，确保有效的劳工标准；促进投资和贸易便利化；提高全球渔业价值链参与水平。

总之，从以渔业开发为中心到以渔业管理和养护为中心，是太平洋岛屿区域渔业发展的总趋势。与此同时，经多年实践和投资积累，水产养殖业作为海洋经济新的增长点，在太平洋岛国渔业部门发展规划中的地位日渐巩固，有可能迎来一轮发展高潮。此外，在深海海底矿产资源勘探开发方面，在主要合作伙伴欧盟的协助下，出台了一系列框架文件，包括《太平洋岛国与非加太集团国家深海矿藏勘探开发立法与规则区域框架》（Pacific-ACP States Regional Legislative and Regulatory Framework for Deep Sea Minerals

---

① Pacific Islands Forum Fisheries Agency (FFA) and the Secretariat of the Pacific Community (SPC), Future of Fisheries: A Regional Roadmap for Sustainable Pacific Fisheries.

Exploration and Exploitation）、《太平洋岛国与非加太集团国家深海矿藏勘探开发融资区域框架》（Pacific-ACP States Regional Financial Framework for Deep Sea Minerals Exploration and Exploitation）、《太平洋岛国与非加太集团国家深海矿藏勘探开发环境管理框架》（Pacific-ACP States Regional Environmental Management Framework for Deep Sea Minerals Exploration and Exploitation）、《太平洋岛国与非加太集团国家深海矿藏勘探开发科学研究指南》（Pacific-ACP States Regional Scientific Research Guidelines for Deep Sea Minerals）等。①这些文件共同表明，太平洋岛国对深海矿产开发可能带来的环境代价和社会代价，保持高度重视和警惕。严格规划、审慎决策，以"绿色经济"思路管理太平洋岛屿区域深海矿业，已经成为太平洋岛国及国际社会的共同认识和坚定选择。②

四 海洋环境保护及生态系统复原力建设任务繁重

海洋的健康对于太平洋岛屿区域的全面健康具有根本性意义，海洋环境保护与可持续渔业具有同等重要的地位。太平洋岛国在联合国海洋大会上阐述"蓝色太平洋"概念时，提出的优先领域包括：（1）污染、生物多样性和生态功能保护；（2）气候变化和海洋酸化；（3）渔业、渔业补贴以及蓝色经济成分。在这里，海洋环境问题受到重视的程度甚至超过了渔业。之所以如此，一则因为海洋环境与渔业发展密切相关，海洋环境的污染意味着渔业根基被毁；二则因为海洋环境问题较渔业更为复杂，治理的难度更大。例如，斐济在波恩气候大会上提出，海洋环境的五大工作重点包括污染、珊瑚

---

① Elaine Baker and Yannick Beaudoin, eds., *Deep Sea Minerals: Deep Sea Minerals and the Green Economy*, Vol. 2, Secretariat of the Pacific Community, 2013.
② World Bank (2016c), "Precautionary Management of Deep Sea Mining Potential in Pacific Island Countries," Pacific Possible Background papers, http://www.worldbank.org/en/country/pacificislands/brief/pacific-possible.

礁保护、入侵物种、生物多样性、保护区建设。《萨摩亚途径》则提出，针对沉船泄油、海洋废弃物、废水、海上倾弃弹药、保护珊瑚礁、海洋酸化、生物多样性等问题，采取综合生态系统管理和治理行动。

总体上看，南太平洋海洋生态环境主要面临三大威胁——全球气候变化、陆源污染和海上污染，海洋环境保护任务复杂而繁重。从区域环境保护工作协调机构——太平洋区域环境规划署出台的一系列战略规划来看，在"海洋为关键的贯穿性主题"的原则下，本着综合生态系统管理的基本思路，确定的海洋环境保护工作的优先次序是：（1）气候变化复原力；（2）生态系统和生物多样性保护；（3）废弃物管理和污染控制；（4）环境治理能力建设。[①]

气候变化复原力主要包括两个方面：减缓（mitigation）气候变化和适应（adaptation）气候变化。减缓即减缓导致气候变化的因素，主要是减少碳排放。对太平洋岛国而言，由于工业不发达，它们不是全球气候变化的根源，却成为气候变化的主要受害者，因此在复原力建设上，适应力是它们的主要关切。在减缓气候变化方面，它们唯一能尝试的领域是发展再生能源，以减少化石能源的消耗；而在适应力方面，太平洋岛国则面临诸多挑战。独立研究者尼克·麦克利兰（Nic Maclellan）、萨拉·米兹（Sarah Meads）发布的研究报告《巴黎气候大会之后：太平洋岛国的气候融资》提出了11个行动战略领域，其中气候融资是他们最为强调的事项。[②] 也就是说，在他们看来，太平洋岛国应对气候变化，首先需要迈过资金这一门槛。太平洋共同体、太平洋区域环境规划署、太平洋岛国论坛、联合国开发计划署、联合国减灾办公室、南太平洋大学共同制定的《太平洋复原力发展框架：应对气候变化、灾害风险管理的综合方案（2017～2030）》则提出了三大目标：（1）强化适应和降低风险的综合性和一体化，提升对气候变化和灾害的复原力；（2）低碳发展；（3）强化灾害预防、反应和恢复。而每个大目标之

---

① Secretariat of the Pacific Regional Environment Programme, Strategic Plan 2017 – 2026, Apia, Samoa：SPREP, 2015, p.10.
② Nic Maclellan and Sarah Meads, *After Paris：Climate Finance in the Pacific Islands*, Auckland：Oxfam New Zealand and Oxfam Australia, September 2016.

下，又从国家政府、公民社会、私营部门、区域组织四个层级，提出了131项相应的"优先行动"（Priority Actions），涉及融资、各层面能力建设、各利益攸关方合作、相关信息搜集整理、相关科学研究等问题。① 复原力建设任务之繁重，由此可见一斑。

　　健康生态系统是可持续发展和气候变化适应力、复原力的基础。太平洋岛屿拥有地球上最丰富和复杂的海洋和陆地生态系统，栖息地形态从山地雨林到火山岛，从低珊瑚环礁到开放型海域，无所不包；生息于此的数百种动植物为该地区所独有，对于全球生物多样性和旅游经济具有不可替代性。太平洋岛屿的生态服务功能强大，吸收了工业革命以来约30%的人为排放到大气层中的二氧化碳、气候变化产生的90%的热量。目前，在海洋生态和生物多样性保护方面，太平洋岛国的行动密集多样，用力较多的主要有三方面——建立海洋生态保护区、珊瑚礁保护和入侵物种防治，其中又以设立海洋生态保护区为重，被视为实施综合生态系统方法保护海洋环境的最佳方案。《萨摩亚途径》强调，通过公平有效的管理、具有生态代表性和紧密联系的保护区系统以及其他有效的区域养护措施，到2020年至少使小岛屿发展中国家10%的沿海区域和海洋区域，特别是对生物多样性和生态系统服务特别重要的区域得到养护，从而减缓海洋环境生物多样性消失速度。② 2013年底召开的第九届太平洋自然养护和保护区大会讨论通过的《2014~2020年太平洋岛屿区域自然养护和保护区框架》则提出了较为详细的保护区建设的原则和目标体系。③ 迄今，太平洋岛国已经设立的保护区主要有库克群岛海洋公园（Cook Islands Marine Park）、基里巴斯菲尼克斯岛保护区（the Phoenix Island Protected Area），帕劳、马绍尔群岛、密克罗尼西亚、托

---

① Framework for Resilient Development in the Pacific: An Integrated Approach to Address Climate Change and Disaster Risk Management (2017-2030).
② Small Island Developing States Accelerated Modalities of Action (Samoa Pathway), http://www.un.org/ga/search/view_doc.asp?symbol=A/RES/69/15&referer=/english/&Lang=C, p. 18.
③ SPREP, Framework for Nature Conservation and Protected Areas in the Pacific Islands Region 2014-2020, Apia, Samoa: SPREP, 2016.

克劳（新）等的鲨鱼保护区（Shark Sanctuaries）、新喀里多尼亚（法）珊瑚海保护区（New Caledonian Coral Sea Initiative）、密克罗尼西亚联邦挑战保护区（the Micronesia Challenge）等，尚未实现对太平洋岛屿区域的全覆盖。

在废弃物管理和污染控制领域，在日本国际协力机构（JICA）和欧盟的协助下，太平洋区域环境规划署制定了《更加清洁的太平洋 2025：太平洋区域废弃物和污染治理战略（2016～2025）》（Cleaner Pacific 2025：Pacific Regional Waste and Pollution Management Strategy 2016 - 2025）。这一废弃物可持续治理和污染防控的综合性长期战略框架，在客观分析太平洋区域面临的环境形势、全面总结环境治理历史经验的基础上，明确了未来十年废弃物管理和污染控制的 14 个优先治理领域，包括城市固体废弃物、石棉、电子废弃物、医疗废弃物、化学品（如持久性有机污染物、臭氧层破坏物质、汞等）、废机油、废润滑油、海洋垃圾、船源污染、灾难废物和液体废物（如生活污水和工业废水）、空气污染等。[1] 为落实该战略框架，同时制定的"2016～2019 年实施方案"提出了"六步走"：（1）搜集国家和区域层面相关数据；（2）制定国家相关政策法规；（3）提升公众—私人伙伴关系；（4）落实最优实践做法；（5）提高人力资源能力；（6）区域内交流和社区教育。方案对每一步应当采取的具体行动、领导机构、时间节点和关键衡量指标做出了详细规划和说明，从而大大增强了方案的可操作性和可评估性。[2]

除了《更加清洁的太平洋 2025：太平洋区域废弃物和污染治理战略（2016～2025）》这一综合性战略框架外，针对一些具体的污染防控领域，比如生活污水防治、海上塑料碎片防控等，也出台了更为专业性的战略工作计划。这里对太平洋区域环境规划署秘书处与国际海事组织共同制定的、旨在解决船源污染的《太平洋污染防治规划：战略与工作计划（2015～2020）》

---

[1] SPREP, Cleaner Pacific 2025: Pacific Regional Waste and Pollution Management Strategy 2016 - 2025, Apia, Samoa: SPREP, 2016.

[2] SPREP, Cleaner Pacific 2025: Pacific Regional Waste and Pollution Management Strategy 2016 - 2025: Implementation Plan 2016 - 2019, Apia, Samoa: SPREP, 2016.

[Pacific Ocean Pollution Prevention Programme (PACPOL): Strategy and Work Plans 2015－2020] 加以特别介绍。该规划之所以值得我们重视，是因为它与中国发展与太平洋岛国海上合作的重要潜在领域——海运业直接相关。规划指出，海运业是世界贸易和全球化的支柱，对于太平洋岛国现代经济运行具有不言而喻的重要性，即将迎来快速发展期；但是，发展海运业必须以确保海洋和沿海环境不受污染和破坏为前提。规划指出太平洋岛屿区域与海运业相关的海洋污染原因包括：港口水源和沉积物污染；海洋垃圾；船舶废弃物收集设施不足；二战时期舰船残骸导致的石油污染；船只尤其是渔船的触礁和沉没引起的泄油；航海图精确度不高、导航设备落后、海事培训标准低；外来海洋物种入侵。太平洋岛屿国家预防和应对航运业上述问题的能力有限，大多数国家未曾制订相应的计划，且尚未成为国际海事组织的成员及相关公约的缔约方，从而大大增强了太平洋岛屿国家对海运业污染的敏感性。有鉴于此，战略计划提出了发展区域范围安全、环境友好、高效和可持续的海运业的宗旨，太平洋岛国人民更具预防、减少和减轻船源污染能力的愿景，预防、控制、监测、减轻、管理海洋污染的核心原则，并制订了相应的详细的实施计划。①

总体上看，近年来，在海洋环境保护和治理方面，太平洋岛屿区域基本形成了综合性战略与专业性战略相配套的规划格局，开辟了宏观层面和具体领域相得益彰的工作局面。

五 区域海洋学中心和海洋科研等基础工作取得进展

海洋区域及其资源的养护和可持续发展、海洋生态系统服务功能的强化及相关决策的制定，应以获得并运用相关的最佳科研数据和知识、发展相关技术能力作为前提基础和有效支撑。正如太平洋共同体副总干事奥黛丽·奥

---

① SPREP, Pacific Ocean Pollution Prevention Programme (PACPOL): Strategy and Work Plans 2015－2020, Apia, Samoa: SPREP, 2015.

姆亚（Audrey Aumua）指出，对渔业基本资源进行战略管理，需要进行详细的科学监测，包括在不同气候变化情景下模拟生物量分布；"蓝色太平洋"生态综合治理需要掌握各个生态和社会经济层次的详细信息，需要使用仿真模型和基于软件的决策支持工具，以便获得海洋保护区开发所需的地理空间信息。① 然而，太平洋岛国在海洋治理方面能力不足，而海洋科研和海洋划界等基础工作薄弱，则是太平洋岛国能力建设面临的重要任务之一。鉴于此，《萨摩亚途径》规定，开展海洋科学研究，提高小岛屿发展中国家相关的技术能力，包括为此建立专门的区域海洋学中心，并为这些国家划定海区和向大陆架界限委员会提交划界方案提供技术援助，是区域海洋治理的重要内容。2018年以来，太平洋岛屿区域在推动海洋科学研发上取得了一系列进展。

首先，区域海洋学研究中心建设再上新台阶。

较早成立的太平洋岛屿地区性海洋研究机构是南太平洋大学（USP）于1993年设立的海洋研究规划署（Marine Studies Programme Agency），以为太平洋岛国人民理解、保护、发展和利用他们的海洋资源以及在海洋部门就业提供教育和培训为目的。海洋研究规划署与其他一些区域组织合作，启动了数个项目，如"培训需求评估训练"（与CROP合作）、"捕获后渔业项目"（与SPC合作）、"海洋地质学培训和研究"［与南太平洋应用地球科学委员会（South Pacific Applied Geosciences Commission）合作］等，为太平洋岛国培养了一批海洋治理人才。② 此外，2017年底，在国际海事局和欧盟资助下，太平洋海事技术合作中心（Maritime Technology Cooperation Centre in the Pacific）在斐济落成。但是，上述两个海洋研究机构或者以教育培训为主要

---

① Dr Audrey Aumua (SPC Deputy Director-General), "The Pacific Community and Ocean Science," statement on the 11th Conference of the Pacific Community on Oceans and Sustainable Development, Noumea, June 27, 2019. http://www.spc.int/updates/news/speeches/2019/06/the-pacific-community-and-ocean-science-statement-by-dr-audrey-aumua.
② Joeli Veitayaki, G. Robin South, "Capacity Building in the Marine Sector in the Pacific Islands: the Role of the University of the South Pacific's Marine Studies Programme," *Marine Policy*, Vol. 25, 2001, pp. 437–444.

任务，或者以单一海洋技术为专攻，均不能满足太平洋岛国对综合和复杂海洋科学和技术日益增长的需要。

有鉴于此，作为区域最重要科学和技术组织的太平洋共同体在2017年第十次会议上，决定建立"太平洋共同体海洋科学中心"（PCCOS），并确立了"两步走"战略。第一步，在太平洋共同体内部建立一个实体中心，把共同体内部所有海洋科学和技术专家会集在一起；第二步，把实体中心打造成卓越的海洋科学"旗舰"和区域海洋科学信息和知识中心，通过与其他国家和国际科学机构建立伙伴关系，汇集海洋和渔业科学方面的专门知识。① 其最终目标是打造融海洋科学研究、知识创新与多学科、多部门、综合规划于一体的协同创新平台，以帮助太平洋岛国实现SDG14，并在"蓝色太平洋"大陆的框架内为实现其他可持续发展目标做出贡献。

目前，在太平洋共同体秘书处的积极运作下，海洋科学中心实体已经建立，确立了以协调员（Coordinator）为沟通内外资源中枢的基本组织架构。此外，2018年下半年以来，PCCOS还在三个方面取得了进展。第一，完成了面向共同体成员国就海洋可持续发展面临的挑战和需要进行的调研和咨询工作。第二，以搜集和传播涉海知识和信息为目的的门户网站建设完毕（网址为https：//pacificdata.org/topic/pccos）。第三，制订《2019~2020战略计划》并获得通过，为PCCOS第二阶段建设的开展提供了依据；相关年度工作计划已经在现有组织框架内实施。②

其次，海洋划界工作有条不紊地推进。

主权国家正式宣布自己的海洋界线、确定基于此的海洋管辖权益和责任，是消除邻国间海洋边界不确定性、有效执行《联合国海洋法公约》和可持续地推进区域海洋治理的政治基础。对于太平洋岛屿国家而言，海洋划

---

① SPC Secretariat, "The Pacific Community Centre for Ocean Science (PCCOS)," 11th SPC Heads of Fisheries Meeting Information Paper 2, http://www.spc.int/resource-centre.
② SPC Secretariat, "Pacific Community Centre for Ocean Science (PCCOS)," Forty-Ninth Meeting of the Committee of Representatives of Governments and Administrations (June 18-20, 2019, Noumea, New Caledonia).

界是一项繁重的任务,涉及领海基线和领海边界、共同边界、200 海里外大陆架、国家管辖范围之外的公海等诸多问题,尤其是因为这里国家密集,共有和重叠的专属经济区多达 49 个。因此,2010 年 8 月第 41 届太平洋岛国论坛批准的《太平洋大洋景观框架》确定的六大战略优先事项中,海洋划界排在第一位。[①] 2002~2010 年,整个区域仅有两个海洋边界协定签署,进展缓慢。《太平洋大洋景观框架》提出后,太平洋岛国加快了海洋划界工作的进度。在领海基线和领海边界方面,到 2016 年,已有 12 个国家公布领海基线、领海边界地理坐标等相关信息,并将相关副本报送联合国备案。在共同海洋边界问题上,36 个边界协定已经签订,13 个仍在谈判和完善中。其中,瓦努阿图、所罗门虽已签订海洋边界协定,却尚未把相关信息交存联合国;密克罗尼西亚联邦已经交存了与帕劳签订的海洋边界协定,却未交存其领海基线坐标信息。汤加与法属瓦里斯和富图纳群岛的海洋划界也处于相同阶段。[②] 在大陆架外部界线问题上,至 2018 年 5 月,已有 11 个太平洋岛国和地区将大陆架外部界线信息交存联合国。[③]

最后,为实施联合国《海洋科学促进可持续发展十年(2021~2030)计划》做积极准备。

2017 年 12 月 6 日,联合国教科文组织发布了《海洋科学促进可持续发展十年(2021~2030)计划》,旨在动员科学界、决策者、企业和民间加强海洋研究和技术创新,并在海洋科学领域展开国际合作。2018 年 8 月,于法国巴黎召开的联合国教科文组织政府间海洋学委员会执行委员会第 51 届年会上,与会各方批准通过了联合国《海洋科学促进可持续发展十年(2021~2030)计划》。联合国教科文组织表示,该计划将鼓励各方加大海

[①] Cristelle Pratt and Hugh Govan, Our Sea of Island, Our Livelihoods, Our Ocean: Framework for a Pacific Oceanscape: Catalyst for Implementation of Ocean Policy, November 2010, p. 57.
[②] Hugh Govan, "Ocean Governance—Our Sea of Islands," in R. Katafono, ed., *A Sustainable Future for Small States: Pacific 2050*, Commonwealth Secretariat, London, 2017, pp. 19–20.
[③] 11 个国家和地区包括库克群岛、斐济、密克罗尼西亚联邦、基里巴斯、帕劳、巴布亚新几内亚、所罗门群岛、托克劳(新)、汤加、图瓦卢、瓦里斯和富图纳,http://www.un.org/Depts/los/clcs_new/commission_submissions.htm。

洋科学研究投入，加强青少年海洋素养教育，为全球海洋科学发展提供不竭动力。根据该计划，到2020年之前，联合国教科文组织政府间海洋学委员会将建立计划执行小组，至少召开五次地区协商会议、两次全球规划会议、两次利益相关者论坛等。联合国教科文组织表示，地区协商会议将在该计划实施战略制定中发挥重要作用，有助于沟通各方、发起相关倡议和推动计划执行。[1]

《海洋科学促进可持续发展十年（2021~2030）计划》引起太平洋岛国和其他国家广泛的兴趣和反响。为了及早做好与联合国这一计划的对接，太平洋共同体与联合国教科文组织政府间海洋学委员会合作，于2019年7月23~25日在太平洋共同体总部努美阿举办了工作坊。工作坊对太平洋区域在落实《2030年可持续发展议程》和《萨摩亚途径》中的"海洋知识鸿沟"、能力建设/培训优先事项、十年计划的优先课题等问题进行了介绍和研讨。工作坊取得的一大成果是太平洋共同体与联合国教科文组织政府间海洋学委员会建立了合作关系，为太平洋岛国落实《海洋科学促进可持续发展十年（2021~2030）计划》提供了制度性的合作框架。[2]

值得注意的是，在酝酿《海洋科学促进可持续发展十年（2021~2030）计划》的过程中，海洋的可持续发展需要现代海洋科技与传统知识和习惯相结合，日益成为太平洋岛国和人民的共识。《波纳佩海洋声明》已指出：海洋与岛国人民之间存在不可割断的联系：他们的价值观念、传统习俗和精神世界皆与海洋息息相关；而我们的祖先传下来的宝贵方法和原则，对于我们海洋可持续的未来极其关键。在太平洋共同体2019年7月举办的工作坊上，如何利用传统的海洋知识，以一种非掠夺性的方式对待海洋，成为众多学者、管理者的共同话题。南太平洋大学大洋洲艺术、文化与太平洋研究中心主任弗兰西斯·科亚（Frances Koya）指出："我们需要投入这样的研究，

---

[1] 周超：《联合国开启"海洋科学十年计划"》，《中国海洋报》2018年8月14日。
[2] "Letter of Intent to Boost Pacific Led Ocean Science," Noumea, July 26, 2019, http://www.spc.int/updates/blog/2019/07/letter-of-intent-to-boost-pacific-led-ocean-science.

考察本土居民对可持续性、可持续生计、监护、管理以及复原力的理解；这里的复原力，不仅仅限于生态层面，而是本土居民所理解的整体的、多学科的复原力概念。"① 她强调："如果我们在努力落实《海洋科学促进可持续发展十年（2021~2030）计划》的过程中真正致力于文化和遗产的融合，我们就必须让太平洋岛国参与进来。"②

太平洋共同体副总干事卡梅伦·戴弗（Cameron Dive）强调对传统本土海洋知识欣赏的重要性。他认为，正确的方向应该是把全球性专业知识融入太平洋经验，"所谓不能孤立地看待科学，意味着你必须把与你共事的岛屿人民的背景考虑在内。唯其如此，在我们落实《海洋科学促进可持续发展十年（2021~2030）计划》的过程中，我们方可以在地区层面，进而在全球听到更多太平洋岛国的声音"。③

可以预言，在太平洋岛国发展海洋科技、推进海洋可持续发展的道路上，进一步挖掘、整理和运用传统知识和世代沿袭的海上行为，将与引进和发展现代海洋科技具有同等重要的地位。

结语：中国发展与太平洋岛屿国家海上合作的前景

太平洋岛屿区域海洋问题的"外部性"和复杂性，决定了这一区域海洋治理问题并非纯粹的事务性问题、"区域"性问题，而很大程度上是一个"外交"问题、国际问题。早有研究者指出，确保主权利益和区域决策得到国际社会尊重、促进民众经济福祉、保证商品和人员向发达国家的自由流通、维

---

① Samantha Majick, "Harnessing Traditional Knowledge of the Oceans in a Way That Isn't Exploitative or tokenistic," http://www.spc.int/updates/blog/2019/07/harnessing-traditional-knowledge-of-the-oceans-in-a-way-that-isnt-exploitative.
② Pita Ligaiula, "We need Pacific Voices on Oceans Science Decade: Dr Vaka'uta," http://www.spc.int/fr/actualite/actus-web/2019/07/we-need-pacific-voices-on-oceans-science-decade-dr-vakauta.
③ Lisa Williams, "If the Ocean Goes, So Do We: Pacific preps for UN Ocean Decade 2021," http://www.spc.int/fr/actualite/actus-web/2019/07/if-the-ocean-goes-so-do-we-pacific-preps-for-un-ocean-decade-2021.

护传统文化价值、获得国际社会的发展援助,是独立以来太平洋岛国外交活动的主要目的,而运用国际法、推动区域合作和进行外交博弈则是其实现外交目的的主要手段。① 近年来,太平洋岛国在全球海洋事务领域、可持续发展议程和气候变化议程中的外交活动,尽管呈现出新趋势、新动向,但追求的宗旨和目的、遵循的理念和手段没有发生根本变化。

2018年5月,太平洋岛国论坛秘书处在参加非洲、加勒比海和太平洋地区国家集团(简称"非加太集团")与欧盟新伙伴关系协定会谈时,向后者通报了论坛领导人批准"蓝色太平洋"概念作为区域集体行动核心驱动力的决定,并重点表达了在"后科努托"②协商中把海洋、渔业和可持续发展确定为三大优先主题的愿望。③ 这一愿望,反映了太平洋岛国对海洋、可持续发展、气候变化的基本认识,以及对"蓝色太平洋""绿色经济"等概念和理念的高度认同与重视。可以肯定,太平洋岛国的此番表态并非仅仅是对欧盟的特别要求,而是对其他合作伙伴的普遍期望,值得中国在选择与太平洋岛国的海上合作领域时细加考察、谨慎操作。我们在与该地区开展海洋合作时,需要在相关国际法框架和区域海洋治理框架内有序推进,高度重视太平洋岛国对海洋资源环境可持续发展的珍视和需求,如此才能与当地发展战略有效和无缝对接,最终实现共商共建共享、促进人类共同进步的目标。

《太平洋区域主义状况报告(2017)》表明,太平洋岛国对当今西方发达国家出现的民粹主义和保护主义深感忧虑,而对中国"一带一路"倡议表示赞赏,认为"一带一路"倡议带来了区域发展的机会,尤其是把太平

---

① Elise Huffer, "Canoes v. Carriers: International Relations in the South Pacific," *Commonwealth & Comparative Politics*, Vol. 36, No. 3 (November 1998), p. 83.
② 2000年6月23日,非洲、加勒比海和太平洋地区国家集团77个成员国和欧盟15国在贝宁首都科托努签订《非加太地区国家与欧共体及其成员国伙伴关系协定》(简称《科托努协定》)。协定主要内容是欧盟向非加太国家提供经济援助,双方进行全面政治对话,及时解决在消除贫困和防止地区冲突方面的问题,扩大经贸合作以及进行财政援助改革等。协定有效期为20年,所以目前太平洋岛国与欧盟的关系正步入"后科托努"时期。
③ Oceans, Fisheries & Sustainable Development Emphasised at ACP Meeting, https://www.forumsec.org/oceans-fisheries-sustainable-development-emphasised-at-acp-meeting/.

洋转变为中国和拉美沟通桥梁的机会。① 可以相信，只要我们对太平洋岛屿地区海洋治理和海洋外交的历史经验、现实动向及其理念保持清醒而准确的认识，并基于这种认识审慎选择合作领域，构建"紧密蓝色伙伴关系"，必将带来与太平洋岛屿国家海上合作的光明前景，取得令双方满意的成果。

---

① Pacific Islands Forum Secretariat, State of Pacific Regionalism Report 2017, Pacific Islands Forum Secretariat, Suva, Fiji Islands, 2017, p. 14.

B.9
2018年APEC峰会后巴布亚新几内亚的内政外交与中国—巴新关系发展

韩玉平*

摘　要： 2018年亚太经合组织会议在巴布亚新几内亚召开后，巴布亚新几内亚的内政和外交都发生了一些变化。首先，总理彼得·奥尼尔下台，詹姆斯·马拉佩上台，国内政治局势陷于混乱；布干维尔进行公投，公投后续影响难以预测。其次，出于自身利益考虑，澳大利亚加强了与巴布亚新几内亚的交流，加大了对其官方开发援助。同时，为了与中国在太平洋地区抗衡，美国开始加强对巴布亚新几内亚的关注。中国在南太平洋地区实施"一带一路"倡议的同时，必须充分考虑巴布亚新几内亚的政治与社会变化，进一步增进与巴布亚新几内亚的政治互信，在经济合作的基础上，开展卫生、人文、教育等领域的合作，推动两国关系进一步发展。

关键词： APEC峰会　巴布亚新几内亚　内政外交　中国—巴新关系

2018年11月12日至18日，亚太经合组织（APEC）工商领导人峰会在巴布亚新几内亚首都莫尔兹比港及其他城镇召开。巴布亚新几内亚是太平洋岛国中唯一的APEC成员，APEC峰会也是首次在太平洋岛国举办。在

---

* 韩玉平，博士，聊城大学太平洋岛国研究中心研究员，聊城大学国际教育交流学院副教授，研究方向为翻译学、太平洋岛国教育学等。

2018年APEC峰会后巴布亚新几内亚的内政外交与中国—巴新关系发展

APEC峰会后的一年中，巴布亚新几内亚的内政、外交都发生了一些变化，这势必会对中国与巴布亚新几内亚的关系发展造成一定的影响。

一 APEC会议后巴布亚新几内亚内政变化

（一）巴布亚新几内亚政府更迭，政局动荡不安

2019年初，彼得·奥尼尔（Peter O'Neill）政府与跨国能源巨头法国道达尔石油公司和美国埃克森美孚公司就巴布亚新几内亚第二条液化天然气管道达成协议，投资130亿美元建设输送和加工巴布亚新几内亚液化天然气的设施，这在巴布亚新几内亚政界引起了强烈反应。① 2019年4月，奥尼尔的反对者、时任财政部长詹姆斯·马拉佩（James Marape）率先通过辞职的方式对奥尼尔政府表示抗议，继而带动众多政府官员和不同党派的议员倒戈，从而导致奥尼尔领导的执政联盟失去了在议会中的多数地位。5月29日，奥尼尔正式辞职；5月30日，议会选举新一任总理，詹姆斯·马拉佩以高票当选。当选后马拉佩对议会发表演说，誓言"夺回我国经济的主导权"、修订关联矿产、森林和渔业等自然资源开发利用的"过时"法律，而不是听从"外国大型企业"的指挥。② 他表示，如果前总理彼得·奥尼尔同外国企业签订的能源开发合约完全合乎现行法规，他的政府将不会撕毁，但是"我完全有权调整和改变我国资源开发法律，我们会仔细研究如何最大化地利用上天赐予我国的所有自然资源"。③ 马拉佩还称，巴布亚新几内亚"不需要"外国企

---

① 沈敏:《巴布亚新几内亚总理辞职，政治纷争有望平息》，搜狐新闻，2019年5月30日，https://www.sohu.com/a/317411678_267106。
② "Laws on Resources Need to be Changed, Says Prime Minister," *The National*, May 31, 2019, https://www.thenational.com.pg/laws-on-resources-need-to-be-changed-says-prime-minister/.
③ "Laws on Resources Need to be Changed, Says Prime Minister," *The National*, May 31, 2019, https://www.thenational.com.pg/laws-on-resources-need-to-be-changed-says-prime-minister/.

业运营巴布亚新几内亚的木材出口，但他承诺新修法律不会"追溯"以往的项目。①

马拉佩就任后的六个月内，内阁组成不断变化，在国内造成了一些不良影响。2019年8月27日，马拉佩对政府进行了小规模改组，并暗示会有更多的变化。2019年9月，反对党领导人帕特里克·普鲁阿齐（Patrick Pruaitch）放弃质疑马拉佩总理当选程序合法性的诉讼，带领反对派19名议员转投政府阵营。11月8日，马拉佩再次重组政府。② 反对党领袖博登·纳玛（Belden Namah）表示，部长的变动不符合国家的最佳利益，而似为了"通过重新安排沉船上的椅子来满足幕后交易"，因而总理管理政府的能力失控，重要投资项目被搁置，造成数千人失业，全国各地的犯罪率上升。③

（二）布干维尔公投问题

布干维尔自治区（Autonomous Region of Bougainville）是巴布亚新几内亚唯一的自治区，由布干维尔岛及邻近小岛组成，面积9384平方千米，人口约30万人，④ 临时首府为布卡。布干维尔自治区的立法机构是布干维尔众议院。

20世纪60年代，在布干维尔岛发现了丰富的矿产资源，其中以潘古纳铜矿最为著名，发现矿产后巴布亚新几内亚领地（当时属于澳大利亚领地）政府成立了布干维尔铜矿公司，隶属于澳大利亚力拓集团。在布干维尔开采矿产资源时，力拓集团并没有通知当地居民，而是直接接管了矿区，这一做法在当地民众中引发了矛盾冲突。在矿业开采的过程中，力拓集团没有注意环

---

① "Laws on Resources Need to Be Changed, Says Prime Minister," *The National*, May 31, 2019. https://www.thenational.com.pg/laws-on-resources-need-to-be-changed-says-prime-minister/.
② PNG PM Marape Announces Reshuffle of Government Ministers, *Papua New Guinea Today*, November 8, 2019. https://news.pngfacts.com/2019/11/png-mp-marape-announces-reshuffle-of.html.
③ "Reshuffle is Just Like Backroom Deals," *PNG Post Courier*, November 11, 2019. https://postcourier.com.pg/reshuffle-is-just-backroom-deals/.
④ http://www.abg.gov.pg/about/quick-facts.

境保护，出现了污染问题，导致当地鱼类大量死亡。1988 年，征地赔偿金额少、赔偿金分配不公以及土地所有权争议等错综复杂的问题集中，导致布干维尔内战爆发。1990 年，布干维尔宣布独立。2001 年 8 月 30 日，巴布亚新几内亚中央政府与布干维尔自治政府正式签署《布干维尔和平协定》，这标志着长达 12 年的布干维尔内战结束，从此布干维尔开始走上恢复和重建的道路。《布干维尔和平协定》的内容包括布干维尔自治、布干维尔公投以及武器处理等内容。2005 年 1 月，巴布亚新几内亚中央政府批准了《布干维尔宪法》；5 月，布干维尔举行自治政府选举；6 月，布干维尔自治政府正式成立。2016 年 5 月，巴布亚新几内亚中央政府和布干维尔自治政府决定将 2019 年 6 月 15 日确定为布干维尔公投"目标日期"，后推迟到 2019 年 10 月 12 日，之后又推迟到 2019 年 11 月 23 日。① 公投将持续两个星期，布干维尔人将投票选择"更大程度的自治"还是"独立"。就布干维尔人的情绪来看，多数布干维尔人——大约四分之三甚至更多——可能会选择独立，② 布干维尔自治政府主席约翰·莫米斯（John Momis）甚至认为，90% 以上的布干维尔人可能会选择独立，③ 其驱动因素包括：布干维尔人长期以来自我认可的不同于巴布亚新几内亚人的独立民族身份；内战期间形成的积久的敌对情绪；布干维尔人认为的自治模式的失败；布干维尔人对布干维尔作为巴布亚新几内亚一部分的未来持保留意见（reservation about its future as part of PNG）；等等。公投对于布干维尔人来说可能是一次很好的机会，但不可能是终点。根据《布干维尔和平协定》，公投结果只有得到巴布亚新几内亚议会的认可，巴布亚新几内亚中央政府与布干维尔自治政府才能达成"谈判结果"。④ 2017 年成立了独立机

---

① "Bougainveill Is Set and Ready to Roll," *PNG Post-Courier*, September 24, 2019, https://postcourier.com.pg/referendum-is-set-and-ready-to-roll/.
② Stefan Armbruster, "Australia Could Soon Have a New Pacific Nation Next Door," SBS News, July 16, 2019, https://www.sbs.com.au/news/australia-could-soon-have-a-new-pacific-nation-next-door.
③ "Bougainveill Is Set and Ready to Roll," *PNG Post-Courier*, September 24, 2019, https://postcourier.com.pg/referendum-is-set-and-ready-to-roll/.
④ "Bougainville Peace Agreement, Signed at Arawa 30 August 2001," http://www.abg.gov.pg/uploads/documents/BOUGAINVILLE_ PEACE_ AGREEMENT_ 2001.pdf.

构布干维尔公投委员会（Bougainville Referendum Commission），由一个联合监管机构（Joint Supervisory Body）进行监管。

布干维尔拥有丰富的矿产资源，如铜、金、银等，这些资源对当地的发展起着重要的作用。但是，有关矿权的纠纷和冲突真实存在，在公投问题上加剧了巴布亚新几内亚与布干维尔之间的紧张关系。

如果布干维尔人选择独立，巴布亚新几内亚议会能否根据布干维尔人能够接受的时间框架通过选举结果、是否会通过选举结果都是一个未知数。奥尼尔辞去总理职务之前，其政府已经撤回了许诺给布干维尔自治政府和公投的资金，这就增加了和平进程中的不确定因素，造成更加紧张的局面。但是，马拉佩上台后，早早释放出支持布干维尔公投的信号，在其任职的第一周就为布干维尔拨发了1000万巴布亚新几内亚基纳的公投资金。[1] 同时，马拉佩任命平民政治家普卡·特姆（Puka Temu）为布干维尔事务部长的做法也得到了多数布干维尔人的认可。同时，为了给选民提供更长的注册时间，为公投提供资金，公投日期先是从6月推迟到10月，后又推迟到11月。

布干维尔自治政府领导人与巴布亚新几内亚中央政府领导人对布干维尔的独立持不同态度。例如，布干维尔自治政府主席约翰·莫米斯曾经是布干维尔自治的支持者，但现在却支持布干维尔独立；大酋长迈克尔·索马雷（Michael Somare，原总理）希望布干维尔仍然是巴布亚新几内亚的一部分，但也承认巴布亚新几内亚与布干维尔之间不愉快的历史。[2] 巴布亚新几内亚中央政府前总理，如陈仲民（Sir Julius Chan）、帕阿斯·温提（Paias Wingti）和拉比·纳马柳（Rabbie Namaliu）等试图通过武力恢复对布干维尔的掌控，但是比尔·史凯特（Bill Skate）、梅克雷·莫劳塔（Mekere Morauta）和彼得·奥尼尔等则允许和平进程顺利发展，尽管在奥尼尔政府时期就因许诺的资金不到位出现争论。奥尼尔在担任总理期间，在对布干维尔政策方面发出的信

---

[1] "Referendum Funds Released, Maru Says," *The National*, June 7, 2019, https://www.thenational.com.pg/referendum-funds-released-maru-says/.

[2] "Somare Favours Bougainville to Stay with PNG," RNZ, April 13, 2017, https://www.rnz.co.nz/international/pacific-news/328768/somare-favours-bougainville-to-stay-with-png.

号非常复杂,内部人私下声称奥尼尔根本就不打算承认选举结果,希望尽可能地推迟进行公投日期,因此布干维尔自治政府主席约翰·莫米斯在2019年5月政府更迭前声称政府试图"刻意阻碍"公投。①

尽管媒体评论认为巴布亚新几内亚政府强烈希望布干维尔能够留在巴布亚新几内亚,②但巴布亚新几内亚议会议员意见并不统一。一些有影响力的政客声称巴布亚新几内亚应该"给予布干维尔政治独立"。③军队中甚至有人认为"摆脱了布干维尔(cutting Bougainville loose)巴布亚新几内亚会更好",因为那样军队的重点将会放在与印度尼西亚的边境地区,来集中精力处理该地区的冲突,而不必把精力花费在东部边境。与二三十年前相比,巴布亚新几内亚军队仍然不具备在布干维尔进行军事活动的能力。一些巴布亚新几内亚人认为,布干维尔公投可能会在巴布亚新几内亚其他省份引起多米诺骨牌效应,因为新爱尔兰省和东新不列颠省也一直在向中央政府要求更多的自治权。④ 2019年11月23日到12月7日,布干维尔举行公投,98%的布干维尔人投票选择独立。⑤但是,布干维尔人要求,在新的布干维尔主权国家正式成立之前,巴布亚新几内亚政府应该为布干维尔提供政治和经济上的支持。在当前的形势下,未来布干维尔将何去何从还无法确知。

---

① "Momis Claims Referendum Sabotaged," *PNG Post-Courier*, September 24, 2018, https://postcourier.com.pg/momis-claims-referendum-sabotaged/.
② McLeod, "James Marape Gets Clear Air to Establish New PNG Administration"; Kylie McKenna, "The Bougainville Referendum: James Marape's Biggest Challenge or Biggest Opportunity?", DevPolicy Blog, July 26, 2019, https://devpolicy.org/the-bougainville-referendum-james-marapes-biggest-challenge-or-biggest-opportunity-20190726/.
③ Powes Parkop and Gary Juffa, "'Don't Be Afraid'—Give Bougainville, West Papua Freedom, Says Parkop," Asia Pacific Report, February 1, 2019, https://asiapacificreport.nz/2019/02/01/dont-be-afraid-give-bougainville-west-papua-freedom-says-parkop/.
④ Annmaree O'Keeffe, "Deciding the Future for PNG's Provinces," *The Interpreter*, October 19, 2018, https://www.lowyinstitute.org/the-interpreter/deciding-future-png-provinces; Bindi Bryce, "New Ireland Governor Sir Julius Chan Hails New Autonomy Agreement for PNG Provinces," Pacific Beat, July 20, 2018, https://www.abc.net.au/radio-australia/programs/pacificbeat/new-island-a.
⑤ Ashley Westerman, "Trying to Form the World's Newest Country Bougainville Has A Road Ahead," National Public Radio, December 30, 2019, https://www.npr.org/2019/12/30/789697304/trying-to-form-the-worlds-newest-country-bougainville-has-a-road-ahead.

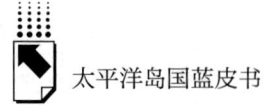

太平洋岛国蓝皮书

马拉佩政府在布干维尔公投方面取得了一些进展。新上任的布干维尔事务部长普卡·特姆的妻子是布干维尔人,他在上任短短的时间内已经做出了巨大的努力与布干维尔人进行接触。① 马拉佩总理对布干维尔公投进程进行了肯定,并在2019年9月对布干维尔议会代表发表讲话,宣布未来十年为布干维尔的基础设施建设提供10亿巴布亚新几内亚基纳的资金,帮助布干维尔实现经济独立。② 但是,马拉佩政府对公投结果的希望是清楚的。8月底,马拉佩表示,政府希望布干维尔获取"更大的自治权"而不是"独立",但同时声称"政府不会偏离2001年达成的《布干维尔和平协定》的精神"。③

二 APEC会议后巴布亚新几内亚外交变化

(一)"交友不结敌"的外交政策是否需要改变

自1975年独立以来,巴布亚新几内亚一直奉行"交友不结敌"(friends to all and enemies to none)的外交政策。但是,未来巴布亚新几内亚将面临变幻莫测的世界形势,如何重新审视这一外交政策就成为巴布亚新几内亚外交的一个重点。④ 对巴布亚新几内亚来说,地区和世界的和平与稳定都至关重要。但是,在有利益冲突的条件下如何实施这一奉行已久的外交政策?例如,与巴布亚新几内亚关系密切的国家如果在外交政策上与巴布亚新几内亚发生了利益冲突,巴布亚新几内亚将如何处理?在新的历史条件下,巴布亚新几内亚长期坚持的

---

① Don Wiseman, "Bougainville Referendum Prep Picks Up Pace," RNZ, July 5, 2019, https://www.rnz.co.nz/international/pacific-news/393729/bougainville-referendum-prep-picks-up-pace.
② Johnny Blades, "PNG Govt Pledges 1 Billion Kina to Bougainville Over a Decade," RNZ, September 12, 2019, https://www.rnz.co.nz/international/pacific-news/398636/png-govt-pledges-1-billion-kina-to-bougainville-over-a-decade.
③ "Referendum Is Way Forward—PM," PNG Post-Courier, August 29, 2019, https://postcourier.com.pg/referendum-way-forward-pm/.
④ https://postcourier.com.pg/pngs-foreign-policy-and-people-to-people-relations-2/.

"不承诺态度"(non committing attitude)很难为人理解,同时也会影响巴布亚新几内亚与那些希望与之建立密切联系国家之间的合作。因此,是否改变"交友不结敌"的外交政策成为巴布亚新几内亚外交面临的最大问题。

(二)澳大利亚与巴布亚新几内亚关系的发展与变化

莫里森政府上任以来,一直把"太平洋升级"(Pacific Step up)战略挂在嘴边,想维持澳大利亚对太平洋岛国的影响力。巴布亚新几内亚是太平洋岛国中最大的国家,被澳大利亚称为"最近的邻居,是对澳大利亚国家利益具有持久重要性的国家之一"。① 为了寻求巴布亚新几内亚在本地区对自己的支持,澳大利亚增加了对巴布亚新几内亚的官方开发援助,加强了与巴布亚新几内亚的交流。

2018年11月18日APEC会议召开期间,澳大利亚、日本、美国、新西兰与巴布亚新几内亚政府签署了一项有关巴布亚新几内亚电气化的合作协议,该协议的主要内容是:到2030年底,让70%的巴布亚新几内亚人用上电。② 2019年4月2日,澳大利亚政府宣布,澳大利亚向巴布亚新几内亚提供的官方发展援助总额将从2018~2019年度的5.722亿澳元增加到2019~2020年度的6.075亿澳元。③

虽然澳大利亚在拉近与巴布亚新几内亚的关系,但两国关系中还存在一些棘手的问题。

1. 马努斯岛难民及寻求庇护者问题

2001年,澳大利亚同巴布亚新几内亚签署谅解备忘录,在巴布亚新几内亚

---

① Shane McLeod, "James Marape Gets Clear Air to Establish New PNG Administration," *The Sydney Morning Herald*, June 2, 2019, www.smh.com.au/world/asia/james-marape-gets-clear-air-to-establish-new-png-administration-20190531-p51tbm.html.

② David James, "PM Signs Papua New Guinea Electrification Partnership with Australia, US, Japan and New Zealand," *Business Advantage PNG*, November 21, 2018, https://www.businessadvantagepng.com/pm-signs-papua-new-guinea-electrification-partnership-with-australia-us-japan-and-us/.

③ https://dfat.gov.au/geo/papua-new-guinea/development-assistance/Pages/papua-new-guinea.aspx.

马努斯岛建立了一个离岸移民收容所，实施离岸移民拘留政策。长期以来，巴布亚新几内亚政府希望澳大利亚设定一个最终截止日期，让马努斯岛上的难民及寻求庇护者离开巴布亚新几内亚。2017年11月24日，巴布亚新几内亚警方进入马努斯岛海外难民拘留中心，强制撤离转移了滞留岛上的数百名难民，所有滞留在此的难民及寻求庇护者已全部撤离到附近的劳伦高（Lorengau）镇的替代住所，近来又有一部分寻求庇护者被转移到莫尔兹比港的拘留中心。① 巴布亚新几内亚政府认为，离岸移民收容所问题抹黑了巴布亚新几内亚的国际形象，也给巴布亚新几内亚社会带来了不稳定因素。② 因此，马努斯岛难民问题成为横亘在巴布亚新几内亚与澳大利亚之间的一个棘手的问题。

2. 马努斯岛海军基地问题

马努斯岛是巴布亚新几内亚的属岛，位于西太平洋阿德默勒尔蒂群岛，也是该群岛中最大的岛屿。该岛地处澳大利亚北部、马里亚纳群岛南段，战争中既可以南下保卫澳大利亚，也可以北上支援美军，具有重要的战略价值。

2018年7月，澳大利亚总理特恩布尔与巴布亚新几内亚总理奥尼尔在澳大利亚布里斯班会晤，特恩布尔提出澳、巴双方合作，在马努斯岛建立联合军港，供澳、美两国军舰使用。2018年11月初，刚当选不久的澳大利亚总理斯科特·莫里森与巴布亚新几内亚领导人继续商讨在马努斯岛重新建立海军基地问题。2018年11月，在巴布亚新几内亚首都莫尔兹比港举行的亚太经合组织会议上，美国副总统彭斯也表示，美国将与澳大利亚密切合作，在马努斯岛联手开发、重建海军基地，以确保美澳同盟利益及其关键基础设施的安全。③

---

① Hannah Ryan, "Asylum Seekers in PNG Will Have to Give up Phones as They're Forced into New Bolding Cells," August 12, 2019, BuzzFeed News. https：//www.buzzfeed.com/hannahryan/png-manus-asylum-seekers-bomana.
② "Prime Minister will Need Tact to Discuss Thorny Issues with Australia," *PNG Post-Courier*, July 24, 2019, https：//postcourier.com.pg/prime-minister-marape-will-need-tact-discuss-thorny-issues-australia/.
③ 孙新苑、刘雄马：《马努斯岛：美澳有意打造的太平洋"桥头堡"》，《解放军报》2019年7月17日，第10版。

巴布亚新几内亚政府认为,由于高度机密性和敏感性,马努斯岛海军基地是否与美国和澳大利亚在其他盟国的军事基地一样,所有规划都由澳大利亚和美国决定?如果是这样,就会对巴布亚新几内亚的主权构成威胁。2018年12月7日,马努斯省政府批准成立"马努斯意见委员会"(MPC),在有关澳大利亚和美国在洛姆布鲁姆(Lombrum)部署海军事务上代表马努斯省政府。马努斯省省长查理·本杰明(Charlie Benjamin)则质疑中央政府并没有与当地沟通。① 同时,反对党已经在考虑寻求反对在马努斯岛建设海军基地的法律途径。

(三)美国对巴布亚新几内亚态度的转变

自从巴布亚新几内亚加入中国的"一带一路"倡议之后,美国开始加强对巴布亚新几内亚的关注,以增强其在巴布亚新几内亚的影响力,与中国在巴布亚新几内亚及太平洋岛国地区进行竞争。

2018年11月APEC会议期间,美国、澳大利亚、日本、新西兰与巴布亚新几内亚政府签署巴布亚新几内亚电气化合作协议,美国副总统彭斯在签约仪式上表示,该项目"表明,美国和美国企业在该地区的投资力度是前所未有的。相聚此地的盟友和这个地区的所有朋友,请相信,美国将继续以各种方式创造一个'更光明的未来'"。②

除了在巴布亚新几内亚进行电力工程建设外,美国还将和澳大利亚共享巴马努斯岛海军基地,从而在南海附近建立另一个关键"中转点"。正如美国副总统彭斯所讲,"美国将以巴布亚新几内亚和澳大利亚关于洛姆布鲁姆海军基地的联合倡议为基础,与这两国展开合作。我们将共同努力维护太平

---

① Theckla Gunga, "Manus Governor: We Must Be Consulted Before Any Bilateral Arrangements Are Made," EMTV, November 16, 2018, https://emtv.com.pg/manus-governor-we-must-be-consulted-before-any-bilateral-arrangements-are-made/.

② https://www.whitehouse.gov/briefings-statements/remarks-vice-president-pence-2018-apec-ceo-summit-port-moresby-papua-new-guinea/.

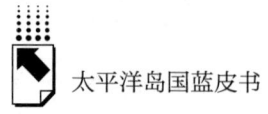

洋岛屿的主权和海洋权益"。①

美国拉拢巴布亚新几内亚的最主要手段是经济援助。2019年9月，美国国际开发署（United States Agency for International Development，USAID）为巴布亚新几内亚提供了47.6万巴布亚新几内亚基纳的资金，用于在生物多样化突出地区保持生物多样化及增强当地人对气候变化的应对能力。② 2019年9月27日，美国国务卿蓬佩奥在纽约宣布，除了8月在第50届太平洋岛国论坛上宣布援助各岛国3650万美元之外，还要为各岛国增加6500万美元的援助，其中对巴布亚新几内亚的电力项目援助2300万美元，③还有一部分援助资金用于改善自然资源管理和培养女性企业家等。④ 此外，美国国家地震局还为巴布亚新几内亚安装了新的火山监测装备。⑤

三 中国与巴布亚新几内亚关系发展新趋势

长期以来，巴布亚新几内亚政府坚定地支持一个中国原则，理解、赞同、支持中国在有关国际问题上的立场和主张，并支持中国在地区及国际事务中发挥更大的作用。⑥ 2018年6月，巴布亚新几内亚总理奥尼尔访问中国。其间，中巴双方签订了《中华人民共和国政府与巴布亚新几内亚独立国政府关于共同推进丝绸之路经济带和21世纪海上丝绸之路建设的谅解备

---

① https：//www.whitehouse.gov/briefings-statements/remarks-vice-president-pence-2018-apec-ceo-summit-port-moresby-papua-new-guinea/.
② "Over K 450,000 Aid Money from United States to Promote Conservation of Biodiversity," *PNG Post-Courier*, September 23, 2019, https：//postcourier.com.pg/over-k450000-aid-money-from-united-states-to-promote-conservation-of-biodiversity/.
③ "U.S. Engagement in the Pacific Islands：UN General Assembly Update," https：//www.state.gov/u-s-engagement-in-the-pacific-islands-un-general-assembly-update/.
④ "US Government Invests to Power 70% of PNG Homes," October 7, 2019, https：//postcourier.com.pg/us-government-invests-to-power-70-of-png-homes/.
⑤ "Pacific Islands Forum：U.S. Engagement in the Pacific Islands," https：//www.state.gov/pacific-islands-forum-u-s-engagement-in-the-pacific-islands/.
⑥ 李锋、曲翔宇：《推动巴新—中国关系迈上新台阶》，《人民日报》2018年11月16日，第6版。

忘录》，巴布亚新几内亚成为太平洋岛国地区首个加入"一带一路"倡议的国家，这也使中国倡导的"21世纪海上丝绸之路"在太平洋岛国地区迎来新的机遇。

（一）中国与巴布亚新几内亚关系现状

APEC会议结束后，伴随"一带一路"倡议跨越式推进，中国与巴布亚新几内亚的合作不断深化，两国关系处于历史最佳时期。目前，中国是巴布亚新几内亚第三大贸易伙伴，巴布亚新几内亚是中国在太平洋岛国地区的第一大贸易伙伴。① 巴布亚新几内亚还是中国在太平洋岛国地区最大的投资对象国。截至2018年10月，中国对巴布亚新几内亚直接投资存量约为30.4亿美元，有40家中资企业在巴布亚新几内亚开展业务，为巴布亚新几内亚经济增添了活力，有力地促进了巴布亚新几内亚经济的发展，并为当地创造了大量就业机会。②

2019年10月20日至21日，第三届中国—太平洋岛国经济发展合作论坛在萨摩亚首都阿皮亚召开，巴布亚新几内亚副总理戴维斯·斯蒂文（Davis Steven）率领由15人组成的巴布亚新几内亚政府代表团出席，巴布亚新几内亚商界人士也参加了论坛。论坛开幕之前，斯蒂文副总理与胡春华副总理举行双边会谈，双方签署了《巴布亚新几内亚独立国渔业和海洋资源部与中华人民共和国海关总署关于巴布亚新几内亚输华野生海捕水产品的检验检疫和兽医卫生要求议定书》《巴布亚新几内亚独立国渔业部与中华人民共和国农业农村部渔业合作谅解备忘录》。

2019年10月25日，商务部组织企业在巴布亚新几内亚开展贸易促进活动，以加强中巴经贸往来，推动两国企业务实合作。25日下午，中国—巴布亚新几内亚贸易项目签约仪式在巴布亚新几内亚首都莫尔兹比港举行，

---

① "Envoy: China-Papua New Guinea Ties to Grow Rapidly," https://www.chinadailyhk.com/articles/223/102/96/1542169536597.html? newsId=53616.
② "Envoy: China-Papua New Guinea Ties to Grow Rapidly," https://www.chinadailyhk.com/articles/223/102/96/1542169536597.html? newsId=53616.

中国保利集团、中国乡镇企业有限公司、中国新疆万达有限公司、中国五矿金属股份有限公司、中国中艺编织进出口有限公司、中国化纤有限公司、中国中纺原国际贸易有限公司、中国中化河北有限公司等一批大型中国企业参加。在对接会上，中国与巴布亚新几内亚企业共签署13项贸易协议，合计金额约为6亿美元，涉及包括木材、可可豆、海鲜等农产品和镍等矿产品。此次活动由中国商务部外贸发展事务局和巴布亚新几内亚投资促进局共同承办，两国100余名企业家、代表出席。①

（二）中国与巴布亚新几内亚关系面临的挑战

尽管中国与巴布亚新几内亚在经贸等方面有密切的合作，但两国关系也面临挑战和风险。

1. 政治挑战

巴布亚新几内亚政局不太稳定，中央政府对基层政府的控制力较弱，各党派之间矛盾重重，政府内部很难做到始终团结一致。同时，因利益分配组成的议会政治联盟不够稳定，中央政府与地方政府之间、执政党与反对党之间、土地主与普通村民之间存在很多复杂的矛盾。随着"一带一路"倡议在巴布亚新几内亚不断推进，由中国投资的一些项目不时成为各党派之间、不同政治利益集团之间夺利的手段或打击异己的工具，这给中国投资者带来了很大的政治风险和挑战。

同时，基于得天独厚的战略地理位置以及自身经济发展的需求，巴布亚新几内亚在本地区的重要性日益凸显。澳大利亚、美国、日本和新西兰等地区大国出于自身的利益考虑，纷纷调整在南太平洋地区的外交和防卫战略，逐步加强对巴布亚新几内亚的影响和渗透（详见本文第二部分）。中国在巴布亚新几内亚日益增强的"存在感"让这些大国感到受到威胁，这给中国与巴布亚新几内亚的关系带来了政治挑战。

---

① 中国驻巴布亚新几内亚经商处：《中国—巴布亚新几内亚商贸洽谈和签约仪式在莫尔斯比港举行》，中华人民共和国驻巴布亚新几内亚独立国大使馆网站，2019年10月30日，http://pg.mofcom.gov.cn/article/jmxw/201910/20191002908693.shtml。

2. 社会挑战

随着"一带一路"倡议在南太平洋地区的推进，中国在巴布亚新几内亚的投资越来越多，巴布亚新几内亚政府对中国投资持欢迎态度。但是，作为一个拥有600多个岛屿、820余种语言和1000多个部落的国家，巴布亚新几内亚的许多部落至今仍然过着原始的生活。虽然多数部落仍然保持着美拉尼西亚的文化传统，但各个部落之间的文化存在差异。同时，由于历史上被西方国家殖民，巴布亚新几内亚社会也深受西方文化的影响。由于中国和巴布亚新几内亚之间民间交流较少，巴布亚新几内亚民众对中国的了解十分有限，普通民众对中国最直观的了解可能就是华人在巴布亚新几内亚当地开设的杂货店、小型加工厂或餐馆，而这些小型华人企业经常会因为文化认同问题，给部分当地人留下了不好的印象。同时，有些中国企业由于在巴布亚新几内亚投资过程中没有充分尊重当地的文化传统、宗教信仰和风俗习惯，或者对当地法律不够熟悉，从而导致出现触犯当地法律法规或禁忌的情况，这让一些当地人对中国的投资产生了负面情绪，这种社会挑战势必影响中国在巴布亚新几内亚的形象，从而影响两国关系的发展。

（三）中国与巴布亚新几内亚合作展望

1. 进一步增强与巴布亚新几内亚之间的政治互信

目前，中巴关系处于历史最好时期，中国在巴布亚新几内亚的影响力空前提高，两国在双边领域互相依存度加深，在多边层面也有更广泛的多元共同利益和共同关切，两国在资源禀赋、经济结构和发展阶段上高度互补，互利合作潜力巨大。[①] 例如，巴布亚新几内亚有发展本国经济所需的能源、矿产、农业、林业和渔业资源，但是缺乏发展需要的技术、资金和经验，而中国的"一带一路"倡议能够为巴布亚新几内亚带来经济发展急需的技术、资金和经验。

---

① 刘林林：《中国与巴布亚新几内亚的经贸关系即将进入蓬勃发展期》，中华人民共和国驻巴布亚新几内亚独立国大使馆经济商务处网站，2019年11月2日，http://pg.mofcom.gov.cn/article/jmxw/201911/20191102911592.shtml。

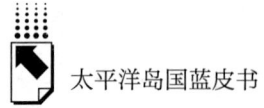

未来,两国在实施"一带一路"倡议的合作中应当加强交流,深入沟通,充分发挥多渠道、多层次的对话机制的作用,准确把握对方的发展需要和战略意图,减少外部环境和少数地区大国对两国关系的干扰,加强全面互动和政治互信,在更高层次开展务实合作,构建加强两国政治认同和增进政治共识的平台。

2. 加强教育人文领域的交流与合作

目前,中国与巴布亚新几内亚在教育人文领域的交流和合作非常有限,两国在未来应当进一步加强人文交流,涵盖教育、科技、医疗卫生等领域。通过孔子学院、孔子课堂等文化教育平台,在巴布亚新几内亚宣传中国传统文化和现代文明。通过加强与巴布亚新几内亚跨国人才交流,推动两国中小学教育、职业教育和高等教育的合作,在海洋生物多样性、气候变化、海洋资源开发及农业等领域开展学术合作与交流。为巴布亚新几内亚青年学生提供奖学金,让一批巴布亚新几内亚未来的领袖有机会到中国学习、交流,培养一批知华、友华、爱华的巴布亚新几内亚青年。加强对巴布亚新几内亚的医疗卫生援助与巴布亚新几内亚医务人员的培训,提升中国在巴布亚新几内亚民众中的形象。

B.10
2018年斐济大选及其影响*

吕桂霞**

摘　要： 作为2006年军事政变后举行的第二次大选，斐济及国际社会都十分重视，为保证大选顺利进行，斐济政府做了大量准备工作，在多国观察团的监督下大选顺利完成。与2014年大选相比，此次大选不仅选举方式更加多元化，而且突破了《斐济2013年宪法》框架，将候选人名额增加至51人，同时女性候选人及当选人数激增。由于执政的斐济优先党险胜，2018年大选对斐济国内政治及外交的影响具有两面性，对中斐关系的影响也需认真观察与应对。

关键词： 斐济大选　姆拜尼马拉马　中斐关系

2018年11月14日，斐济举行了2006年政变以来的第二次大选，弗兰克·姆拜尼马拉马（Frank Bainimarama）领导的执政党——斐济优先党（Fijifirst Party）获得50.02%的选票和议会中的多数席位（27席），继续组阁。[①] 此次大选与2014年第一次大选相比，呈现出鲜明的特点，对斐济政治也产生了重要的影响。

---

* 本文为国家社科基金一般项目"斐济独立后的对外关系研究"（18BSS027）的阶段性成果。
** 吕桂霞，历史学博士、博士后，中国社会科学院世界历史研究所研究员，聊城大学太平洋岛国研究中心特聘高级研究员，主要从事太平洋岛国政治、外交和斐济研究。
① https://www.feo.org.fj/final-national-results-tally/.

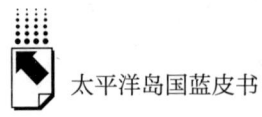

一 2018年斐济大选概况

2018年斐济大选是根据《斐济2013年宪法》举行的第二次大选,也是斐济政治现代化进程中极为重要的一环。无论选举前的准备还是选举进程,抑或是选举结果的发布等,斐济相关机构与组织都做出了极大的努力,也取得了良好的成效。

（一）选举前的准备

为保证2018年大选的顺利进行,斐济政府做了十分充分的准备,主要表现为：完善选举制度；成立专门的选举机构；提前启动选举工作；邀请多国观察团监督大选以保证选举的透明度与公正性。

1. 完善选举制度

2006年斐济军事政变后,上台执政的姆拜尼马拉马政府因宪政问题颇受西方国家指责,美国、英国、澳大利亚、新西兰等国更是对斐济进行制裁和打压。2013年9月6日,斐济总统奈拉蒂考在总统府批准《斐济2013年宪法》,从而结束了斐济长达6年的宪法真空期。根据《斐济2013年宪法》,斐济再次确立了议会制。与《斐济1970年宪法》《斐济1990年宪法》《斐济1999年宪法》不同,《斐济2013年宪法》规定议会实行一院制,共设50个议席；每四年举行一次议会选举,议员任期4年,届满全部改选；实行单一选区制,宣布全国为一个选区,凡年满18周岁的斐济公民皆有投票权；一人一票,对每一名选民登记造册,确保每名选民都列入国家选民登记册；无记名投票；在议会占最多席位的党派领导人出任政府总理；总统是国家元首并担任国家武装部队最高统帅；等等。① 该宪法一经通过,即成为斐济宪政的基础,为后来的2014年大选铺平了道路,也成为2018年斐济大选的法理依据。

随后,斐济相继公布了《2013年政党法》［Political Parties（Registration,

---

① http://www.feo.org.fj/wp-content/uploads/2017/03/Constitution-of-the-Republic-of-Fiji-2013.pdf.

Conduct, Funding and Disclosures) Act 2013]和《2014年选举法》(Electoral Act 2014),对政党注册、选举管理、选民注册等都做出详细规定。为保障残疾人的权利,斐济还通过了《残疾人法案》,① 设立了专门面向残疾人的全国委员会等。这些法案与此前通过的《2012年选举(选民登记)法》[Electoral (Registration of Voters) Act 2012],使斐济的选举制度日臻完善。

2. 成立专门的选举机构

根据《斐济2013年宪法》第75条,斐济设立了专门的选举机构——选举委员会。这是一个独立的、无党派的权力机构,主要负责选民登记、政党登记、选民教育和候选人登记,以及根据《斐济2013年宪法》第54条第2款确定议会议员人数、发放与收回选民册、监督政党遵守选举法、宣布选举结果和议会席位分配、解决与提名有关或由提名引起的争议,但不包括选举结果公布后的选举请愿和争议。② 选举委员会由六名委员和一名主席组成,六名委员分别是拉图·保拉·哈莱瓦卢(Ratu Paula Halaiwalu)、玛格特·玛丽·詹金斯(Margot Marie Jenkins)、格雷汉姆·布鲁斯·索斯维克(Graham Bruce Southwick)、瓦哈·拉尔(Jawahar Lal)、卡维塔·瑞尼格(Kavita Raniga)和西米恩·奈杜克(Simione Naiduki)。所有委员均由总统根据宪法办公室委员会的建议任命,任期三年。选举委员会秘书为选举监督人。③ 除选举监督人外,其他选举官员还包括选举监督人根据《斐济2013年宪法》第42条任命的所有官员。

在每次大选之前,斐济选举委员会都会成立一个选举办公室(the Fijian Elections Office),并通过其官方网站(https://www.feo.org.fj/)对该机构的职能、选民、政党、大选等予以宣介,使选民进一步熟知选举事宜。选举办公室是一个独立、专业、公正的机构,对任何独立候选人或政党都没有任何偏好。④

---

① http://www.feo.org.fj/wp-content/uploads/2018/08/Act-4-Rights-of-Persons-with-Disabilities.pdf.
② http://www.feo.org.fj/wp-content/uploads/2017/03/Electoral-Act-2014.pdf.
③ http://www.electoralcommission.org.fj.
④ "Core Rights, Principles and Values," Fijian Elections Office, https://www.feo.org.fj/.

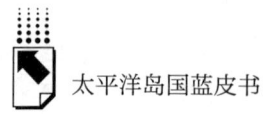

与选举委员会不同,选举办公室不是一个常设机构,仅为大选而设立,也仅存在于大选期间,选举结束即宣告解散。

3. 充分的选前准备

为保障2018年大选顺利进行,早在选举前的16个月,斐济政府已着手准备,包括选举资金筹措、选举人员培训、选民教育等。经选举委员会批准,2017年2月17日选举办公室开始准备2018年大选。根据选举监督人穆罕默德·萨内姆(Mohammed Saneem)所述,2017年选举办公室工作主要集中于大选材料的准备、指导方针的确立、投票地点的选择以及全国预选的推进等方面。此外,为确保选举顺利进行,选举办公室还要招募17000名选举工作人员,负责选举的培训、宣讲、教育等。同时,为保证选举顺利进行,2017年6月1日斐济政府预计投入400万美元,选派80名培训师用于2018年大选的工作人员的培训。①

为防止不符合法律规定的人进入选民册,选举委员会制定了《注册选民的反对或上诉规则》,明确规定凡未满18周岁、非斐济公民、曾被斐济或其他国家的法院判处12个月及以上监禁,或者根据斐济现行法律界定为精神疾病者不能列入选民册,也没有相应的选举权。② 为了表示对选民的尊重与重视,选举委员会甚至就选票设计都充分征求民意。2017年5月,选举委员会通过特巴特民调(Tebbutt-Times poll)对选票设计进行了民意测验,结果表明多数人认为选票上标明候选人的编号、姓名、政党并附有照片,能确保选民在投票时做出最明智、最符合实际的选择。③ 遗憾的是,由于各种原因斐济的选票并未采用这种方式,选票上仍然只有编号。为了弥补这一缺憾,选举办公室设计了专门的小册子,详细说明每位候选人的情况,通过摆放在投票站或在报纸中夹带等方式,让更多选民详细了解每一位候选

---

① Fijian Elections Office Commences Recruitment Process for 2018 General Elections, https://fijitimes.net.au/fijian-elections-office-commences-recruitment-process-for-2018-general-elections/.
② Tevita Vuibau, "Voter Rules," Jule 4, 2017, http://www.fijitimes.com/story.aspx?id=404517.
③ Nasik Swami, "Poll Backed", June 19, 2017.

人的具体情况特别是政治主张,以选出代表自己利益诉求、符合自己要求的议员,组建更具代表性的民选政府。

4. 成立多国观察团

在2014年斐济大选中,为打消澳大利亚、新西兰等国对大选公正性、透明度的疑虑,保证政变后的第一次大选顺利进行,斐济政府特别邀请澳大利亚、印度尼西亚和印度等国共同组成多国观察团(Multinational Observer Group),监督大选。多国观察团发表了《2014年斐济大选最终报告》,认为2014年斐济大选公正、透明,选举准备充分,人民能够自由行使投票权,政党尽力与选民沟通,选举过程和平有序等,[①] 2014年斐济大选获得了国际社会的一致认可,也使得斐济政权平稳交接。因此,在2018年大选中,斐济决定继续沿袭这一做法,邀请澳大利亚、新西兰、印度、印度尼西亚等13个国家以及太平洋岛国论坛和美拉尼西亚先锋集团的共计77名代表,组成多国观察团。与2014年大选一样,2018年斐济大选中多国观察团仍然由澳大利亚、印度和印度尼西亚三国代表共同领导,分别为澳大利亚国会议员简·普伦蒂斯(Hon Jane Prentice)、印度阿萨姆邦首席选举官穆克什·钱德拉·萨胡(Mukesh Chandra Sahu)、印度尼西亚外交部长管理事务特别顾问H. E. 瓦吉德·福齐(Wajid Fauzi)。

为了确保选民知道如何投票和何时投票,选举办公室还举行了3069次提高认识会议、107次记者发布会、43次新闻发布会,并有371个经认可的媒体随时发布大选有关消息。

(二)选举

1. 选举进程

2018年11月14日,斐济大选正式开始,选民陆续前往投票站进行投票。为保证选举顺利、有序进行,斐济警察部队前往所有投票站或投票场

[①] 2014 Fijian Elections Final Report of the Multinational Observer Group, http://www.parliament.gov.fj/wp-content/uploads/2017/02/2014-General-Elections-Final-Report-of-the-Multinational-Observer-Group-1.pdf.

所维持秩序。同时，斐济军方也密切关注选举局势，并承诺随时提供必要的支持。①

总体看来，2018年斐济大选进程顺利。正如新西兰广播电台2018年11月17日的报道，多国观察团认为，虽然反对党抱怨姆拜尼马拉马政府在选举前分发1000美元赠款等"免费赠品"，"政府部长和高级官员已开展了一系列高调活动，如在竞选期间签订商业合同、开放建筑物以及拨出政府补助金和相关资金"。但在总体上，选举办公室为选举做了充分准备，选民登记制度得到了很好的发展和维护，选民能够行使自由投票权，选举程序是透明和可信的。② 9月底抵达的多国观察团充分履行了职责，参与监督了从大选准备、投票、唱票等所有环节，确保了大选的透明度与公正性。

2. 投票结果统计与发布

为了便于民众及时了解选举结果，选举办公室还在选举之前推出了便于民众及时查看选举结果的APP（the Elections Office Results App）。同时，投票结果及时通过电视进行直播。不过，在投票结果统计环节，按照计划应该于11月17日发布统计结果，但因有的投票站较为偏远，17日当天并未完成所有选票的统计，直到2018年11月18日，斐济选举委员会才发布第9号决议，公布大选结果，宣布根据《2014年选举法》第106节，51位候选人当选下届议会议员。③ 此次大选中，执政的斐济优先党获得227241票，占全部选票的50.02%，获得议会中的27个席位；反对党社会民主自由党共获得181072张票，占全部选票的39.85%，获得21个席位；反对党民族联盟党获得33515票，占全部选票的7.38%，获得3个席位。根据《斐济2013年宪法》，斐济优先党将再次组建政府。④

---

① "Police Stand Ready During Today's Election Process," Fiji Police Media Cell, November 14, 2018.

② "Fiji Govt Handouts 'Noted' by International Observers," https://www.radionz.co.nz/international/pacific-news/376148/fiji-govt-handouts-noted-by-international-observers.

③ "Name's of Candidates Elected as Member of Parliament," http://www.electoralcommission.org.fj/wp-content/uploads/2018/11/20181120-Names-of-Candidate.pdf.

④ 2013 Constitution of the Republic of Fiji, Article 95.

二 2018年斐济大选的特点

与2014年第一次大选相比，2018年大选呈现出鲜明的特点，主要表现为以下几方面。

1. 议会席位有所增加

按照《斐济2013年宪法》，斐济议会实行一院制，由50名议员组成。2014年斐济按照此宪法进行的第一次大选严格执行了宪法规定，选举产生了50名议员。但2018年大选增加了一个额外名额，规定议会由51名议员组成。这是对《斐济2013年宪法》的一次突破，也反映了斐济政治形势的新变化。

2. 民众参与度高，女性候选人增多

虽然《斐济2013年宪法》并没有在议会中为女性保留席位，但是无论是2014年大选还是2018年大选，都有一定数量的女性候选人参选。据统计，2014年大选44名女性参选，占全部候选人（248人）的17.7%，① 最终有8名女性候选人（包括发言人）当选。与2014年大选相比，2018年大选中不仅女性参选人数大大增加，而且当选的女性人数也有所增加。据统计，2018年斐济大选共有235人参加，其中女性56人，占全部候选人的23.8%，比2014年上升5个百分点。就最终的选举结果而言，女性候选人当选议员人数也比2014年大选有所增加，有10名女性当选议员。与2014年大选相比，女性的参与度大大提高。

太平洋岛国的性别平等一直是国际社会关注的重点领域，太平洋岛国也采取了诸多措施予以推动和改善。如2018年11月16日，太平洋—欧盟海洋伙伴关系在新喀里多尼亚（法）启动，欧盟与瑞典宣布分别向太平洋岛国提供3500万欧元（3900万美元）与1000万欧元（1100万美元）用于五年计划，旨在改善15个太平洋岛国的渔业经济、社会和环

---

① https：//www.feo.org.fj/2014-general-election-candidate-statistics/.

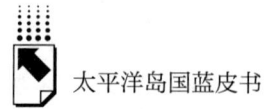

境。其中瑞典的项目明确表示太平洋岛国的渔业管理应基于性别平等，希望以融资手段为女性消除障碍，使其进入渔业拥有平等的基础，实现性别平衡。①

3. 投票站数量不断增加，方式更加多元化

据统计，2018年斐济大选共收到选票458532张（包括无效选票4197张），投票率为73%。② 投票站也从预计的1435个增加至2173个，比2014年的1361增加了738个。与此同时，邮政选票大幅增加。选举办公室为2018年大选派出邮政选票10816张，其中斐济国内9686张、海外1130张。截至2018年11月14日下午6时，共收回10272张邮政选票，经过对每个选民信息的核实，核准邮政选票总数为9180票。根据每个投票站不超过500票的规则，选举办公室特意为邮政选票设置19个投票站。③

4. 各大政党积极参与

根据《2013年政党法》，所有政党都必须重新注册。目前斐济经登记注册的合法政党共8个，分别为斐济优先党、社会民主自由党（Social Democratic Liberal Party）、斐济工党（Fiji Labour Party）、民族联盟党（National Federation Party）、人民民主党（People's Democratic Party）、统一斐济党（Unity Fiji）、自由联盟党（the Freedom Alliance Party）、希望党（Humanity Opportunity Prosperity Equality）。此次大选中，除人民民主党和自由联盟外，其余6个政党都派出了自己的候选人。其中，社会民主自由党和民族联盟党都足额派出51位候选人角逐议会席位；斐济工党、希望党和统一斐济党也分别派出了25名、28名和29名候选人。

需要指出的是，斐济其他两个政党——人民民主党和自由联盟党（也称斐济联合自由党，Fiji United Freedom Party）并非没有参选。其中，自由

---

① "Pacific European Union Marine Partnership Launched," November 16, 2018, https://www.fijitimes.com/pacific-european-union-marine-partnership-launched-2/.
② https://www.feo.org.fj/voters/voter-information/.
③ "9180 Postal Ballots Addimitted to Count," https://www.feo.org.fj/press-release-updated/.

联盟党虽然在 2014 年大选中获得 1072 张选票，但在 2018 年的预选中并没有获得正式参选所需要的选票数，因此它只能与其他政党合作参选。自由联盟与斐济工党于 10 月 9 日签订合作备忘录，宣称都会实施以人为本的政策，将确保人民的社会公正和经济正义，坚信包容、开放、诚实和负责任的政府和可持续发展政策将确保国家和人民长期繁荣。① 人民民主党也与社会民主自由党签署合作备忘录，共同参选。②

5. 没有独立候选人参选

根据《2014 年选举法》第 25 款和第 27 款，参加大选的候选人必须经由政党提名，或者是获得 1000 名登记选民支持的独立候选人。2014 年斐济大选中，有两名独立候选人德奥（Roshika Deo）和钱德（Umesh Chand）参选，最终德奥获得 1055 张选票，钱德获 226 张选票，二人均因得票数未达到法定比例未能当选议员。

在 2018 年大选中，截至 2018 年 10 月 15 日大选候选人提名关闭，只有 6 个政党提名了本党候选人，原本计划单独参选的人民民主党和自由联盟党因得票数未达到法定的 5%，不能独立参选。最终，人民民主党与社会民主自由党签订合作备忘录，共同参选；自由联盟党则与斐济工党合作共同参选。③ 没有独立候选人参选。

6. 未定投票人开始投票

2014 年斐济举行第一次大选，部分选民因为既不熟悉选举也不了解候选人，所以未投出他们的选票，这些选民被称为未定投票人（Undecided Voter）。在 2018 年大选中，由于各政党都比较注重对选民的争取，也加强了对本党及竞选主张的宣传，因此越来越多的选民更加清楚自己应该投票给谁，未定投票人也知道如何投出他们的选票。譬如，未定投票人瓦卡塔拉卡

---

① Fonua Talei, "Fiji Labour Party, Freedom Alliance Sign Partnership," http：//fijisun. com. fj/2018/10/09/fiji - labour - party - freedom - alliance - sign - partnership/.
② Reginald Chandar, "No Independent Candidates for 2018 Election," http：//fijilive. com/news/2018/10/no - independent - candidates - for - 2018 - election/64640. fijilive.
③ Reginald Chandar, "No Independent Candidates for 2018 Election," http：//fijilive. com/news/2018/10/no - independent - candidates - for - 2018 - election/64640. fijilive.

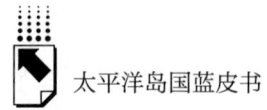

姬（Loata Vakatalacagi）女士就表示，因为已经看到很多关于选举的谈话节目，比较了解大选事宜，因此决定参加2018年大选投票。①

三 2018年斐济大选的影响

2018年大选是斐济政治现代化进程的重要一环，它在进一步推动斐济走向民主化、影响斐济国内政治的同时，也深刻影响了斐济的对外关系，同时对中斐关系也产生了一定影响。

第一，2018年大选进一步改善了斐济与澳、新、美等国的关系，提升了斐济的国际形象。对于斐济，澳、新、美等国一直希望它成为亲西方的国家，走宪政民主化的道路，所以斐济发生军事政变后它们才对政变予以谴责，对斐济实施制裁，并以各种方式推动斐济进行大选，且在2014年大选后结束了对斐济的制裁，改善了与斐济的关系，因此它们十分欢迎斐济2018年大选。在大选之前，澳大利亚外交部长办公室即于2018年10月3日发表声明，表示澳大利亚支持斐济举行大选，除派出两党议员及专家和官员参加多国观察团外，还通过两位长期顾问为斐济选举委员会和斐济选举办公室提供持续支持，澳大利亚选举委员会也会提供持续的技术援助。② 大选结束后，澳大利亚、新西兰、美国等国都纷纷向姆拜尼马拉马表示祝贺，并期待与斐济进一步加强合作。③ 联合国秘书长安东尼奥·古特雷斯祝贺姆拜尼马拉马再次当选总理，并高度赞扬斐济对联合国维和行动、气候变化和海洋治理等做出的巨大贡献。

---

① Wati Talebula, NAITASIRI, "Fiji Votes: Undecided Voter Makes Vote Count," http://fijisun.com.fj/2018/11/07/fiji-votes-undecided-voter-makes-vote-count/.

② "Australian Support to Fiji's 2018 Election," https://foreignminister.gov.au/releases/Pages/2018/mp_mr_181003b.aspx?w=E6pq%2FUhzOs%2BE7V9FFYi1xQ%3D%3D.

③ Semi Turaga, "US Secretary of State Sends Congratulations on Fiji's Successful Elections to PM and all Fijians," December 4, 2018, http://fijivillage.com/news/US-Secretary-of-State-sends-congratulations-on-Fijis-successful-elections-to-PM-and-all-Fijians-sk9r25/.

第二，斐济执政党的执政能力将面临严峻考验。根据2018年大选结果，斐济优先党仅以微弱多数（50.02%）险胜，这意味着当斐济优先党提出一项提案时将不得不与反对党进行磋商并达成共识，否则将面临被否决的危险。可以预料，在未来4年，斐济议会的争执将十分激烈。同样，险胜的政党组阁也会使政府可能会因失去信任或支持面临崩溃的威胁，从而影响社会稳定和经济发展。不过，执政党领导人姆拜尼马拉马的执政能力与支持率远超其他政党领导人，获得167732张选票，占总选票的36.92%；而社会民主自由党领导人兰布卡获得77040张选票，占16.96%；民族联盟党领导人比曼·普拉萨德获得12137张选票，占2.67%。这对姆拜尼马拉马政府的施政而言，无疑是一个强有力的保障。

第三，各政党将提高议员出席率，并设法确保议员对本党的忠诚。因为执政党与反对党的议员人数相差无几，所以无论是执政的斐济优先党还是反对党社会民主自由党都必须确保每次都有最大数量的议员参会，以避免出现意外。不仅如此，斐济优先党还要确保本党党员的忠诚，以免出现意想不到的结果。这种情况并非没有先例，美国历史上第一位遭到弹劾的总统安德鲁·约翰逊就是因为共和党议员埃德蒙·路斯的背叛，才以一票之差被判无罪。在当时共和党人掌控国会的情况下都能出现这种情况，险胜的斐济优先党更应引起重视。

第四，促使斐济各政党反思。对斐济优先党而言，2018年大选虽然获胜，但是50.02%的得票率让它也不得不进行反思，正如其执行董事奈尔什·拉（Nilesh Lal）所言，斐济优先党应该反思其运作方式。① 同时，斐济优先党主要候选人姆拜尼马拉马的搭档、副总统也备受诟病，被认为是拖了本党后腿。对社会民主自由党来说，调整与同为反对党的民族联盟党的关系、加强两党在议会的合作迫在眉睫。大选结束后，社会民主自由党领袖、前总理西蒂维尼·兰布卡（Sitiveni Rabuka）于2018年11月21日下午召开

---

① Felix Chaudhary, "Rethink Modus Operandi," *Fiji Times*, November 21, 2018, https://www.fijitimes.com/rethink-modus-operandi/.

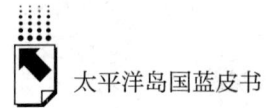

新闻发布会,宣布根据党章将辞去党领袖职务,社会民主自由党则提名兰布卡担任议会反对党领袖。① 同时,兰布卡表示将起草谅解备忘录,改善与民族联盟党的关系。② 比曼·普拉萨德认为,该党在竞选中提出的"改变即将到来"的口号十分成功,使该党获得议会中的3个席位,但因选举规则也错失了新增的一个额外席位。③

第五,对中斐关系产生一定影响。就中斐关系而言,首先我们能够判断姆拜尼马拉马政府对华政策不会发生根本性变化,斐济参与"一带一路"建设的趋势不会变。一个典型的例子就是在大选前两天即2014年11月12日,斐济总理府常务秘书卡兰与中国驻斐济大使钱波在苏瓦正式签署《中华人民共和国政府与斐济共和国政府关于共同推进丝绸之路经济带和21世纪海上丝绸之路建设的谅解备忘录》,双方将按照"共商、共建、共享"原则,共同推进"一带一路"建设,推动人类命运共同体的构建。但变数也在增加,比如代表土著斐济人利益的社会民主自由党在竞选中提出的口号——"斐济的建筑物最高不能超过椰子树",针对的就是中国在苏瓦建设的标志性大楼。另外,新政府中印度裔比重的上升及其对印度母国的倚重也会对中斐关系产生一定影响。

---

① Litia Cava, "Rabuka Resigns as SODELPA Party Leader," *Fiji Times*, November 21, 2018, https://www.fijitimes.com/rabuka-resigns-as-sodelpa-party-leader/.
② Apenisa Waqaidrovu and Semi Turaga, "Rabuka Hands in His Resignation as SODELPA Leader But the Party Has Not Accepted It," November 22, 2018, http://fijivillage.com/news-feature/Rabuka-hands-in-his-resignation-as-SODELPA-Leader-but-the-party-has-not-accepted-it-r5s92k.
③ Apenisa Waqairadovu, "NFP Does Not Accept Official Results of 2018 General Elections However They Respect It's Outcome," November 21, 2018, http://fijivillage.com/news/NFP-does-not-accept-official-results-of-2018-General-Elections-however-they-respect-its-outcome--r925ks/.

中国—太平洋岛国关系篇

Relations of China-Pacific Island Countries

B.11
扬帆向南：中国与太平洋岛国共建"一带一路"的机遇与挑战

陈晓晨　关照宇　张婷婷 等*

摘　要： 本文立足太平洋岛国的基本"区情"与全球整体局势，介绍了中国同太平洋岛国合作的缘起和已经取得的合作成果，展示了这种合作的价值和重要性，分析了太平洋岛国发展中存在的基础设施、制度构建、生态环境、认知误区、发展意识

---

* 陈晓晨，中国人民大学重阳金融研究院国际研究部主任、研究员；关照宇，中国人民大学重阳金融研究院国际研究部副研究员；张婷婷，中国人民大学重阳金融研究院国际研究部助理研究员。同名研究报告已于 2019 年 11 月 14 日在人大重阳发布，系由人大重阳执行院长王文教授担任课题负责人的推进"一带一路"建设工作领导小组办公室"一带一路"建设 2016 年专项课题"21 世纪海上丝绸之路南太平洋方向建设路径研究"等重大课题完成后另行撰写的后续成果，也是人大重阳在数年来从事"一带一路"南太平洋方向研究基础上向社会公众的一次汇报。人大重阳实习研究员李洁若，实习生崔悦音、利雨樵亦有贡献。感谢陈德正、郭春梅等学者以及匿名审稿人对报告初稿提出的建议，感谢王立勇、张颖、王华、郭春梅、周戎、贾晋京等专家参加研讨。本文在报告基础上进一步修改完成，文中错误概由笔者负责。

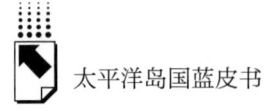

"五大瓶颈"和在经济发展、社会生态和文化认知三大领域面临的挑战,提出了中国与太平洋岛国共建"一带一路"的三大路径——蓝色创新型发展之路、绿色可持续发展之路和治理多边化发展之路。

关键词: "一带一路" 太平洋岛国 丝路精神 蓝色经济 可持续发展

由太平洋岛国(Pacific Island Countries,PICs)组成的南太平洋地区(South Pacific Region,SPR)属于我国外交"大周边",中国与太平洋岛国交往源远流长。[①] 2014年11月,国家主席习近平对斐济进行国事访问并同建交岛国领导人集体会晤,为中国与太平洋岛国关系翻开了新篇章。2015年3月,国家发展改革委、商务部和外交部联合发布《推动共建丝绸之路经济带和21世纪海上丝绸之路的愿景与行动》,正式将南太平洋纳入21世纪海上丝绸之路的主要方向之一。[②] 2017年5月,推进"一带一路"建设工作领导小组办公室发布《共建"一带一路":理念、实践与中国的贡献》白皮书,明确大洋洲是"21世纪海上丝绸之路"的南向延伸地区,太平洋岛国是重要组成部分。[③]

在"一带一路"诸多走向中,南太平洋独具前瞻性与创新性,是我国应对国际形势新变化和全方位对外开放的新举措。通过21世纪海上丝绸之

[①] 祁怀高等:《中国崛起背景下的周边安全与周边外交》,中华书局,2014,第335页。
[②] 国家发展改革委、商务部、外交部:《推动共建丝绸之路经济带和21世纪海上丝绸之路的愿景与行动》,新华社,2015年3月28日,http://news.xinhuanet.com/world/2015-03/28/c_1114793986.htm。
[③] 推进"一带一路"建设工作领导小组办公室:《共建"一带一路":理念、实践与中国的贡献》,新华社,2017年5月10日,http://news.xinhuanet.com/politics/2017-05/10/c_1120951928.htm。人大重阳在初稿写作与研究中贡献了中国智库的力量,参见刘伟主编《读懂"一带一路"蓝图:〈共建"一带一路":理念、实践与中国的贡献〉详解》,商务印书馆,2017。

路南太平洋方向的顶层设计，中国与太平洋岛国之间的外交、贸易、投资、旅游、人文交流等越来越密切，① 中国业已成为南太平洋地区秩序的重要域外因素。②

五年来，中国与太平洋岛国共建"21世纪海上丝绸之路"，共享发展，成果斐然。③ 2018年11月，中国国家主席习近平在访问巴布亚新几内亚并同建交太平洋岛国领导人举行集体会晤时表示，"双方应以签署共建'一带一路'合作文件为契机，深化各领域务实合作"，④ 这更是标志着中国与太平洋岛国高质量共建"一带一路"进入走深走实的新阶段。2018年11月5日，首届中国国际进口博览会开幕，库克群岛总理亨利·普纳（Henry Puna）应邀出席开幕式，其中国家展中特别设立太平洋岛国馆，旨在力促中国从太平洋岛国增加进口。2019年4月1日，中国—太平洋岛国旅游年在萨摩亚首都阿皮亚正式启动，习近平主席致贺信。4月27日，巴布亚新几内亚总理彼得·奥尼尔（Peter O'Neill）参加第二届"一带一路"国际合作高峰论坛。10月21日，第三届中国—太平洋岛国经济发展合作论坛在萨摩亚首都阿皮亚举行，国务院副总理胡春华出席开幕式，宣读习近平主席贺信并致辞。这些都标志着中国与太平洋岛国高质量共建"一带一路"得到了进一步充实。

---

① 陈晓晨、池颖：《中国自太平洋岛国的进口：现状概述与建议》，喻常森主编《大洋洲发展报告（2017~2018）："印太战略"构想与澳大利亚》，社会科学文献出版社，2018，第133~151页。

② Dame Meg Taylor, "China's Growing Impact on the Regional Political Order"; Terence Wesley-Smith, "Reordering Oceania: China's Rise, Geopolitics, and Security in the Pacific Islands," in Michael Powles, ed., *China and the Pacific: The View from Oceania* (Wellington, New Zealand: Victoria University Press, 2016), pp. 41-45, 98-111; Zhang Denghua and Stephanie Lawson, "China in Pacific Regional Politics," *The Round Table*, Vol. 106, No. 2, 2017, pp. 197-206.

③ Chen Xiaochen, Chang Yudi and Wang Liangying, "Practical Measure to Push forward China-SPC BRI Cooperation," in Yu Changsen, ed., *Regionalism in South Pacific* (Beijing: Social Sciences Academic Press, 2018), pp. 69-90.

④ 《习近平同建交太平洋岛国领导人举行集体会晤并发表主旨讲话》，新华社，2018年11月16日，http://www.xinhuanet.com//world/2018-11/16/c_1123726560.htm。

当前国际秩序进入大调整时期，中国与太平洋岛国共建"一带一路"在政治、经济、科技与全球治理等方面都具有突出的重大价值，有利于中国延长战略机遇期，加快建设海洋强国，有助于打造全方位对外开放的新格局，促进发展中国家之间的南南合作，是站在全球治理视角下安邦富邻、发展自身的全局性方案。

一 合作背景：缘起与现状

（一）小岛屿、大海洋

本文研究的南太平洋地区包括14个岛国，分别是巴布亚新几内亚、所罗门群岛、瓦努阿图、斐济、帕劳、瑙鲁、密克罗尼西亚联邦（密联邦）、马绍尔群岛、基里巴斯、图瓦卢、汤加、萨摩亚、纽埃和库克群岛。这些岛国陆地面积很小，有的还是"超小型国家"[①]（microstates）或"迷你国家"[②]（mini-states），在不少世界地图或地球仪上仅仅是几个点甚至没有标注。这些岛国面积占全球陆地总面积的0.4%，总人口占全球人口的0.15%，是名副其实的"小国寡民"。

但是，这些陆地小国却是"海洋大国"，海域广大，岛国和岛屿领地的专属经济区（EEZ）总和据笔者测算约2800万平方公里，是其陆地面积的50倍（见表1），大约相当于欧亚大陆面积的一半，约占全球海洋面积的7.8%、地表总面积的5.5%。

---

① Zbigniew Dumienski, "Microstates as Modern Protected States: Towards a New Definition of Micro-Statehood," *Occasional Paper*, Center for Small States Studies, Institute of International Affairs, University of Iceland, 2014, p. 1.
② Zbigniew Dumienski, "Microstates as Modern Protected States: Towards a New Definition of Micro-Statehood," *Occasional Paper*, Center for Small States Studies, Institute of International Affairs, University of Iceland, 2014, p. 17.

表 1　太平洋岛国基本国情与陆海面积匡算

国家	陆地面积（平方公里）	专属经济区面积匡算(平方公里)	陆海面积之比	人口（人）	人均GDP（美元）
基里巴斯	811	3500000	1∶4316	113400	1685
巴布亚新几内亚	462000	3100000	1∶6.7	约8100000	2556
密克罗尼西亚联邦	702	2980000	1∶4245	102800	3188
马绍尔群岛	181	2130000	1∶11768	54800	3753
库克群岛	240	1830000	1∶7625	14730	15644
所罗门群岛	28000	1600000	1∶57	642000	2132
斐济	18300	1290000	1∶70	867000	5589
图瓦卢	26	750000	1∶28846	11010	3550
汤加	747	700000	1∶937	103300	3944
瓦努阿图	12000	680000	1∶57	277500	3124
帕劳	459	630000	1∶1373	17950	13417
纽埃	260	390000	1∶1500	1470	10286
瑙鲁	21	320000	1∶15238	10840	8344
萨摩亚	2934	120000	1∶41	187300	4361
太平洋岛国总计	527000	20020000	1∶38	约10500000	2889

资料来源：根据中国外交部网站资料整理12个联合国成员国陆海面积数据；两个非联合国成员国（纽埃和库克群岛）数据来自《太平洋计划审查（2013）》①；人口与经济数据根据国际货币基金组织（IMF）相关数据推算得到。

"小岛屿、大海洋"是南太平洋地区的突出特征。以2019年9月27日与我国恢复外交关系的基里巴斯为例，基里巴斯陆地国土面积甚至不及北京市通州区②，但专属经济区面积却有350万平方公里，比中国的"300万平方公里'蓝色国土'面积"③还要大。图瓦卢、瑙鲁和马绍尔群岛的海域

---

① Mekere Morauta, et al., *Pacific Plan Review 2013*: *Report to Pacific Leaders*, Suva, Fiji: Pacific Islands Forum Secretariat, October, 2013, p. 141.

② 基里巴斯陆地国土面积为811平方公里（见表1）；通州区面积为907平方公里，参见"自然地理"，北京市通州区人民政府网站，http://www.bjtzh.gov.cn/bjtz/fzx/zjtz/index.shtml。

③ 长期以来，"我国拥有300万平方公里'蓝色国土'"是一个约定俗成的习惯用法。2017年，中国国务院国发〔2017〕3号文件明确了我国"管辖海域面积约300万平方公里"。参见《国务院关于印发全国国土规划纲要（2016~2030年）的通知》，中华人民共和国中央人民政府网站，2017年1月3日，http://www.gov.cn/zhengce/content/2017-02/04/content_5165309.htm。

面积甚至是陆地面积的上万倍。

小国寡民的另一面是与其人口完全不相称的在国际社会中的地位。陆地面积最小的瑙鲁仅有21平方公里，全国人口刚满1万人，还不足中国人民大学全日制在校学生的一半，① 但在许多国际场合拥有与人口约14亿人的中国一样的投票权。这是进入全球治理时代后太平洋岛国在国际舞台上拥有的优势。

（二）拒边缘、求发展

长期以来，太平洋岛国都有一个"自主发展梦"。战后，随着世界范围内民族独立与去殖民化浪潮的兴起，太平洋岛国逐渐实现了政治与法律意义上的独立，其中12个岛国已加入联合国。不过，政治独立并没有完全带来经济上的独立和自主发展。由于狭小而遥远、人口少、自然资源有限、经济结构单一、远离世界市场以及易受市场波动的冲击等，太平洋岛国的经济发展远比其他地区脆弱，发展进程缓慢、滞后，且高度依赖外援。②

但是，西方主导的外部援助并没有从根本上改变南太平洋地区发展不足的困境。世界银行曾在1993年将这种现象称为"太平洋悖论"（Pacific Paradox），指的是太平洋岛国接受的人均援助远超其他地区，但发展却非常缓慢，效果不佳。③ 但是，"太平洋悖论"虽然诊对了症状，却开错了药方。此后多年里，西方国家和国际金融机构脱离太平洋岛国的实际情况，盲目推行贸易与经济一体化，在太平洋岛国面临财政困难时推行紧缩政策，实际上是号错了脉，反而加剧了公共部门长期投资不足问题。④ 特别是援助此时被大国尤其

---

① 瑙鲁全国人口为10840人；2018年底中国人民大学全日制在校学生为26757人，参见《大学简介》，中国人民大学网站，https://www.ruc.edu.cn/intro。
② "The World Bank in Pacific Islands," http://www.worldbank.org/en/country/pacificislands/overview.
③ World Bank, *Pacific Island Economies: Towards Efficient and Sustainable Growth* (Volume 1), Report No. 11351 - EAP, Washington, D.C., 1993, pp. 1 - 2.
④ 对"太平洋悖论"的批判，参见 Langi Kavaliku, "Culture and Sustainable Development in the Pacific," in Antony Hooper, ed, *Culture and Sustainable Development in the Pacific* (Canberra: Asia Pacific Press at The Australian National University, 2005), pp. 22 - 31。

是澳大利亚用作接受其外交政策（包括对地区主义的政策）的工具。① 而在太平洋岛国最关切的问题如应对气候变化上，却经常口惠而实不至，并没有从根本上消除岛国长期面临的发展赤字。直到 2009 年，"国小民寡"的太平洋岛国在国际舞台上还被描述为"处在边缘地位"。②

不过，自此之后，太平洋岛国加快了联合自强、寻求自主发展的进程。太平洋岛国发展论坛（PIDF）的成立、《瑙鲁协定》缔约国（PNA）的机制化、美拉尼西亚先锋集团（MSG）的组织化、太平洋小岛屿发展中国家（PSIDS）作为联合国一个非正式集团的建立、《太平洋区域主义框架》（FPR）的实施及太平洋岛国论坛（PIF）的全面改革等共同构成了以太平洋岛国为主体的南太平洋地区主义的新发展，太平洋岛国在国际舞台上的"能见度"不断提高，对地区秩序产生了深远影响。③ 其中，太平洋岛国发展论坛聚焦发展议题，以"蓝色/绿色经济"为主旨，尤有代表性。④

近年来，中国提出了"21 世纪海上丝绸之路"倡议，加强了与太平洋岛国的经济发展合作，给太平洋岛国带来了新的选择，更重要的是给太平洋岛国的"自主发展梦"带来了新的希望、新的路径、新的动力。

（三）老伙伴、新篇章

中华民族自古以来就没有放弃对海洋的探索，海上丝绸之路承载了中华民族渴望走向蓝色海洋的梦想与使命。中华文明与南太平洋岛屿的历史联系至少可以追溯到数千年前。近来越来越多的考古学和人类学研究倾向认为，南太平洋岛屿的原始居民起源于中国东南部沿海地带，与分布广泛

---

① Richard Herr, "The Pacific Islands Region in the Post-Cold War Order: Some Thoughts from a Decade Later," *Revue Juridique Polynesienne* (*RJP*), Vol. 2, Special Series, 2002, p. 52.
② 汪诗明、王艳芬：《太平洋英联邦国家：处在现代化的边缘》，四川人民出版社，2004，第 335 页；Karen McNamara, "Voices from the Margins: Pacific Ambassadors and the Geopolitics of Marginality at the United Nations," *Asia Pacific Viewpoint*, Vol. 50, No. 1 (April, 2009), p. 1。
③ 陈晓晨：《南太平洋地区主义的新发展：地区机制与影响评估》，《国际关系研究》2019 年第 3 期，第 79 页。
④ 陈晓晨：《全球治理背景下的太平洋岛国发展论坛：成因、过程与影响》，《区域与全球发展》2019 年第 4 期，第 5~22 页。

的"百越先民"同属一个土著文化体系，以福建为中心的地带可能是他们离开大陆的出发地。早在西方殖民者抵达南太平洋地区之前，中国与这个地区就已经产生了密切的商贸联系。在中国史料中，这个地区曾被称为"东南洋"。19世纪下半叶以后，华人移民开始大规模进入这个地区并对当地产生影响，这波移民潮直到抗日战争爆发特别是太平洋战争爆发后才暂时告一段落。①

当时澳大利亚主流媒体的社论和后来美国学者的研究认为，中国革命的胜利与新中国的建立对南太平洋岛屿自治与独立进程产生了直接或间接的激励效应。② 不过，彼时中国与太平洋岛国联系较为间接。直到20世纪60~80年代南太平洋岛屿逐渐走向自治乃至独立建国，中国才开始与太平洋岛国建立官方关系，并逐渐成为该地区事务的积极参与者。1989年，中国成为南太平洋论坛（SPF，今太平洋岛国论坛）对话伙伴国。此后，双方的交流与合作不断深化。例如，1999年中国政府设立中国－南太平洋论坛合作基金（今中国—太平洋岛国论坛合作基金），2002年太平洋岛国论坛驻华贸易代表处挂牌，2006年举办首届中国—太平洋岛国经济发展合作论坛等。③

近十年来，中太之间的交往日益深入。2009年2月，时任国家副主席习近平在前往拉美访问途中过境顺访斐济。当时斐济正面临各种困难，包括特大暴风雨与洪灾等，是中国给了斐济以坚定支持。2014年11月，国家主席习近平对斐济进行国事访问并同建交岛国领导人举行集体会晤。这是中国国家元首首次正式访问太平洋岛国，具有重大意义。习近平表示，中方提出了"21世纪海上丝绸之路"倡议，我们真诚希望同太平洋岛国分享发展经验和成果，真诚欢迎太平洋岛国搭乘中国发展"快车"。通过此次会晤，中

---

① 费晟：《南太平洋岛国华人社会的发展：历史与现实的认知》，《太平洋学报》2014年第11期，第56~57页。
② "Leadership in South Seas: Australian Failure," *Sydney Morning Post*, May 8, 1950; "Editorial," *Sydney Morning Post*, May 13, 1950; Michael Haas, *The Pacific Way: Regional Cooperation in the South Pacific* (New York: Praeger Publishers, 1989), pp. 6-7.
③ 徐秀军：《中国发展南太平洋地区关系的外交战略》，《太平洋学报》2014年第11期，第18~19页。

国与太平洋岛国共同决定建立相互尊重、共同发展的战略伙伴关系,标志着中国与太平洋岛国关系翻开了新篇章。①

二 合作机遇:重点与价值

(一)太平洋岛国的发展优势

地理位置方面,作为海上通航的"十字路口",太平洋岛国所在区域"西北与东南亚相邻,西连澳大利亚,东靠美洲,向南越过新西兰与南极大陆相望……连接着太平洋和印度洋,扼守美洲至亚洲的太平洋运输线,占据北半球通往南半球乃至南极的国际海运航线,是东西、南北两大战略通道的交汇处"。②优越的地理位置使太平洋岛国有发展海空运输的天然优势,因而也使该地区成为国际贸易网络中的一个关键节点。

资源价值方面,太平洋岛国具有岛屿国家"海洋国土"广袤的独特优势,因此蕴含巨大的资源总量与开发潜力。南太平洋地区的传统和可持续能源资源富集。值得一提的是,南太平洋地区因海洋微生物多样性资源,海洋药用物质、生物信息物质、海洋生物毒素产生物、海洋微生物功能材料等也具有独特性,资源研究与利用前景广阔。

经济结构方面,太平洋岛国独特的资源禀赋为优化经济结构提供了自然基础。由于独特的自然地理特征,太平洋岛国在经济结构上呈现出非常鲜明的海洋特色,渔业和旅游业最为突出。渔业是南太平洋地区的一大特色产业,同时也是许多太平洋岛国经济的支柱和出口创汇的主要来源之一。南太平洋地区年均生物生产量则为18.2吨/平方千米,金枪鱼资源占全球的一半以上。

---

① 王玮、韩锋、陈须隆、金灿荣:《中国外交全球战略新布局:习近平主席出访太平洋岛国的重大意义》,《太平洋学报》2015年第1期,第1~10页;汪诗明、王艳芬:《论习近平访问太平洋岛国的重要历史意义》,《人民论坛·学术前沿》2015年第12期,第54~67页。

② 于洪君:《序》,吕桂霞编著《斐济》,社会科学文献出版社,2015,第1页。

此外，南太平洋地区的自然资源十分适合发展特色旅游，依托热带海岛和海岸打造特色旅游产业，是南太平洋地区的一个经济亮点。在一些太平洋岛国，如斐济、图瓦卢、帕劳、库克群岛等，旅游业甚至占据主导地位。而且旅游业的发展也会带动餐饮住宿、观光零售等相关产业发展，对有效利用南太平洋资源禀赋、实现经济创新发展有重要作用。①

（二）国际环境复杂多变

当前国际秩序进入大调整时期，世界政治经济重心东移亚太，"太平洋世纪"正在到来。对具有主权的太平洋岛国来说，"一国一票"能给太平洋岛国带来巨大的外交资源，使其有机会通过地区集体外交的方式在国际舞台上发挥与其硬实力远远不相称的软性影响力。

从国内形势看，中国已成为世界第二大经济体、第一大货物贸易国、对外投资净流出国，正在向现代化强国迈进。中国作为面积第三、经济总量第二、人口第一的太平洋沿岸大国，正在成为拉动亚太与世界经济增长、推进亚太与全球经济治理的重要力量，同时也将承担更多责任。在这个背景下，南太平洋地区越来越成为中国参与全球治理的重要地域。

在当前形势下，南太平洋地区在全球治理、大国关系与两岸关系中扮演的角色值得重点研究。

1. 全球治理"新空间"

在全球治理层面，太平洋岛国以"气候外交"重地成为全球治理的"南太票仓"。虽然长期被国际社会边缘化，但作为独立主权国，太平洋岛国在全球治理的议题设置、议程安排及谈判中拥有"数量优势"与政治杠杆效益，是域外大国争夺的焦点。

海平面上升、岛屿国家城市被淹没、淡水资源减少、热带风暴等自然灾害增加等气候变化的危害是悬在太平洋岛国头上共同的"安全利刃"，甚至

---

① 于镭、赵少峰：《"21世纪海上丝绸之路"开启中国同太平洋岛国关系新时代》，《当代世界》2019年第2期，第29~34页。

是一些低海拔小岛屿发展中国家首要的国家生存与安全威胁。凭借地理上的邻近与文化背景的相似性，基于在气候变化、环境、渔业与可持续发展等方面的共同利益，太平洋岛国以"气候外交"为主题，逐步整合其政治资源，通过团结互助增强岛国间的凝聚力。"抱团取暖、联合自强"成为太平洋岛国参与全球治理的新路径。例如，由太平洋岛国联合组成的太平洋小岛屿发展中国家集团已经成为联合国机制下的一个投票集团，发挥着越来越重要的作用。① 地区治理逐渐成为全球治理的重要组成部分；而中国在全球治理中发挥着越来越大的作用。在此背景下，与太平洋岛国开展全球治理合作与协调成为当前中国参与全球治理的重要课题。

2. 大国竞争"新舞台"

在大国竞争层面，南太平洋地区是大国角力的中心地带与博弈的舞台。美国日益成为多边主义的主要反对力量，对其全球霸权的基石——南太平洋地区更加重视。近年来，南太平洋地区"已经成为世界各大国和新兴国家战略博弈的竞技场"。② 例如，作为"印太"战略的重要组成部分，美国通过与澳大利亚和新西兰的军事同盟维持霸权优势，同时对太平洋岛国社会和经济发展进行援助。

随中国与南太平洋岛国经贸往来日益密切、投资与援助力度加大和政治交往增多，中国的影响力迅速提升。2011~2015年，在全球贸易增长放缓的形势下，中国与太平洋岛国贸易实现了逆势快速增长，进出口贸易总额由43亿美元增加到75亿美元，增幅达73%，年均增长约15%。③

在此背景下，以美国为首的域外大国不时以防范和竞争的心态看待中国对太平洋岛国的外交战略，并力图削弱中国在南太平洋地区日益上升的影响力。以所罗门群岛成为大国地缘战略竞争前沿为例，2019年下半年以来，

---

① Fulori Manoa, "The New Pacific Diplomacy at the United Nations: The Rise of the PSIDS," in Greg Fry and Sandra Tarte, eds., *The New Pacific Diplomacy* (Canberra, Australia: Australian National University Press, 2015), pp. 89-100.
② 于洪君：《序》，赵少峰编著《图瓦卢》，社会科学文献出版社，2017，第1页。
③ 陈晓晨、池颖：《中国自太平洋岛国的进口：现状概述与建议》，喻常森主编《大洋洲发展报告（2017~2018）："印太战略"构想与澳大利亚》，第133~151页。

美国和澳大利亚均对所罗门群岛可能与中国建交非常关切。作为"印太"战略的重要组成部分，2018年12月美国将所罗门群岛纳入对外援助"千年挑战公司"（MCC）入门计划，试图借此强调所罗门群岛同区域内其他"民主国家"（澳大利亚、新西兰、日本）的伙伴关系。在所罗门群岛宣布与台湾"断交"后，美国无理施压所罗门群岛，在联合国大会期间副总统彭斯拒绝与所罗门群岛总理索加瓦雷会面。美国对南太平洋地区的态度由此可见一斑。

中国与太平洋岛国的合作，也引起了南太平洋地区大国澳大利亚国内的恐慌。长期以来，澳大利亚一直在维护其在南太平洋地区的特殊地位，将太平洋岛国视为其外交战略重心。澳大利亚2013年发表的首个《国家战略报告》明确指出："太平洋岛国地区的安全、稳定和经济繁荣对澳大利亚具有持久的重要性。"澳大利亚近三分之一的对外援助预算拨给了太平洋岛国。不过，对太平洋岛国来说，澳大利亚的援助并非"免费的午餐"，"以援助为武器"一直是澳大利亚对太平洋岛国内外政策施加影响力的重要方式。有专门对澳大利亚对太平洋岛国援助的研究认为，澳大利亚力图"通过在援助中使太平洋岛国经济进一步融入澳大利亚经济的方法来输出经济自由主义"，援助手段包括太平洋私营部门发展倡议（PSDI）等。① 而在一些人看来，中国与太平洋岛国合作的日益深化影响了澳大利亚利用援助对太平洋岛国施加影响力的渠道。2018年初，时任澳大利亚国际发展部部长费尔拉范蒂-韦尔斯无端指责中国，说中国用贷款"诱惑"太平洋岛国，到处建设"无用的"设施，使太平洋岛国陷入"债务陷阱"，甚至威胁到其主权。这些指责完全是无稽之谈。然而，它从一个侧面展现了澳大利亚的这种焦虑。

3. 两岸关系"新前沿"

尽管连续遭受"外交失败"的打击，但台湾当局在南太平洋地区经营多年的政治影响力仍然不容忽视。

---

① 姜芸：《澳大利亚对太平洋岛屿国家的援助研究》，博士学位论文，华东师范大学，2018，第69页。

蔡英文当局的"新南向"政策增加了台湾当局在南太平洋地区的政治经济投入，企图诱使个别岛国逆潮流而动，制造敌视中国的外交事件。[①] 不过，台湾当局在南太平洋地区的外交行动日益不得人心。9月16日，曾是台湾当局在南太平洋6个"邦交国"中最大的岛国——所罗门群岛宣布承认一个中国原则并与台湾当局"断交"，由此引发"多米诺骨牌"效应；20日，基里巴斯也宣布与台湾当局"断交"，成为蔡英文当局上台以来的第7个"断交国"。

（三）对外开放的创新领域

作为全方位对外开放与应对国际形势变化的新举措，中国与太平洋岛国共建"21世纪海上丝绸之路"在地缘、资源、大国关系、两岸关系、全球治理等方面具有突出价值，有助于打造全方位对外开放的新格局。

1. 经济合作"新平台"

中国与太平洋岛国共建"一带一路"，有助于推动建设"绿色经济"创新领域的新平台。前文提及，南太平洋地区因其独特的海洋微生物多样性资源，使海洋生物毒素产生物、海洋微生物功能材料等发展高新科技的资源研究与利用前景广阔。而可持续能源如风能、太阳能、地热能、水电、海洋能和生物质能发展潜力巨大。此外，太平洋岛国与中国在海洋生态环境保护、海洋微生物资源开发、渔业资源可持续发展、海洋环境监测等方面优势互补明显，合作前景光明。

2. 人文交流"新课题"

随着中太关系的发展，双方人文交流也迈上了新台阶。其中，孔子学院在促进中太人文交流、民心相通上发挥了重要作用。2012年，由孔子学院总部（中国国家汉办）与南太平洋大学合作建设、北京邮电大学作为中方合作院校的太平洋岛国首家孔子学院在斐济揭牌。2014年，南太平洋大学孔子学院在瓦努阿图设立教学点。2016年，该院被评为"示范孔子学院"，

---

① 李侑珊：《一味南向断绝两岸文化连结》，《中时电子报》2017年11月11日，https：//www.chinatimes.com/newspapers/20171111000326 – 260118？chdtv。

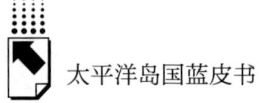

2017年进一步扩建。斐济总统乔治·孔罗特（Jioji Konrote）表示，孔子学院是增进中国与斐济以及与南太平洋地区友谊的有效平台。① 2018年，由国家汉办与萨摩亚国立大学共建、聊城大学作为中方合作院校的萨摩亚孔子学院正式成立。②

学者与智库的交流日益广泛，对中太关系及中太关系对南太平洋地区的影响进行了更多探讨，形成了新的课题。2015年2月，"中国与太平洋：来自大洋洲的观点"研讨会在萨摩亚国立大学举办，第一次将来自中国、太平洋岛国和澳、新、美等地的学者和外交官聚在一起集中探讨中国在南太平洋地区日益增长的影响。太平洋岛国论坛秘书长达梅·梅格·泰勒（Dame Meg Taylor）、副秘书长安迪·冯泰（Andie Fong Toy）、太平洋共同体副秘书长费基塔·乌托伊卡马努（Fekita Utoikamanu）等重要的地区组织负责人参加了会议。③ 会后出版了《中国与太平洋：来自大洋洲的观点》论文集，较为系统地收录了对这一问题的研究成果。④ 2017年4月，中山大学大洋洲研究中心举办了"全球治理框架下的大洋洲区域合作"国际工作坊，邀请了新西兰资深外交官、前驻华大使托尼·布朗（Tony Brown，中文名"包逸凡"）、杨杰生、张剑等大洋洲学者与会。⑤ 2018年8月，聊城大学与萨摩亚国立大学在萨摩亚首都阿皮亚举办了第三届"太平洋岛国研究高层论坛"，这是该论坛首次在太平洋岛国举办，重点讨论了中太关系问题。⑥

---

① 张永兴：《斐济南太平洋大学孔子学院扩建》，新华社，2017年10月13日，http：//www.xinhuanet.com/world/2017-10/13/c_1121801235.htm。
② 《萨摩亚国立大学孔子学院正式揭牌成立》，聊城大学网站，2018年9月14日，http：//www.lcu.edu.cn/ztzx/ldyw/244301.htm。
③ Tony Browne, "China and the Pacific: The View from Oceania," https://www.victoria.ac.nz/chinaresearchcentre/programmes-and-projects/china-symposiums/china-and-the-pacific-the-view-from-oceania/3-Tony-Browne-Keynote-Address.pdf.
④ "Preface," in Michael Powles, ed., *China and the Pacific: The View from Oceania*, pp. 11–14.
⑤ 李永杰、于镭：《"全球治理框架下的大洋洲区域合作"国际工作坊在中大举行》，中国社会科学网，2017年4月15日，http：//www.cssn.cn/gd/gd_rwhn/gd_zxjl/201704/t20170415_3487216.shtml。
⑥ 《第三届太平洋岛国研究高层论坛在萨摩亚成功举办》，聊城大学网站，2018年8月31日，http：//www.lcu.edu.cn/ztzx/ldyw/238170.htm。

人大重阳秉持"脚底板下做学问"的精神，身体力行促进中太人文交流。2016~2019年，人大重阳及课题组成员在太平洋岛国与澳、新参加了一系列会议与访问交流活动，重点就共建"一带一路"南太平洋方向阐述看法，与该地区内外的有关学者与机构进行深入交流。此外，人大重阳还参与了联合国开发计划署（UNDP）举办的中国—太平洋岛国合作研讨会等活动，并为联合国报告《中国与太平洋岛国在可持续发展2030议程背景下的南南合作》做出了贡献。①

3.丝路精神"新成果"

与太平洋岛国共建"一带一路"体现了开放包容的丝路精神，中国与太平洋岛国的合作最能体现中国一贯坚持的国家不分大小、强弱、贫富一律平等的外交政策。作为发展中国家南南合作的重要组成部分，共建"一带一路"为太平洋岛国加快自身发展提供了新的机遇。

中国与太平洋岛国加强合作还有利于太平洋岛国进一步联合自强。长期担任中国-太平洋岛国论坛对话会特使的杜起文通过一线交流得出结论："岛国朋友对我们说，中国对岛国的重要性不仅在于中国为岛国提供了大量真诚的援助，更重要的是为岛国提供了另外一种选择（an alternative）。这有助于增强岛国自主发展的信心和能力，也在客观上调动了其他各方（势力）发展同岛国关系的积极性，使岛国地区不再是'被爱情遗忘的角落'。"②

三 合作挑战：痛点与瓶颈

然而，尽管中国与太平洋岛国的合作具有重要价值，但合作的开展也面临若干困难与瓶颈。

---

① 《人大重阳受邀参加中国—太平洋岛国合作研讨会》，人大重阳网，2016年11月18日，http://rdcy-sf.ruc.edu.cn/index.php?s=/Index/news_cont/id/27354；陈晓晨：《中国新西兰要成为"海洋绿色金融"伙伴——在新西兰国际展望峰会的演讲》，人大重阳网，2017年12月12日，http://rdcy.org/index.php?s=/Index/news_cont/id/41976。

② 杜起文：《关于太平洋岛国地区形势和中太关系的几点看法》，陈德正主编《太平洋岛国研究》（第一辑），社会科学文献出版社，2017，第6页。

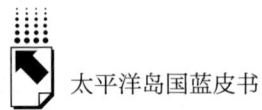

困难首先来源于南太平洋的地理特征。"小岛屿、大海洋"既是太平洋岛国的独特优势,但同时也是一把"双刃剑":"小岛屿"实力(尤其是硬实力)弱小,博弈能力差,成为南太平洋地区发展面临的根本桎梏。目前,该地区所有主权国家都是发展中国家,有的还是最不发达国家(LDCs)。而"大海洋"虽然为南太平洋地区提供了发展的资源与潜力,构成南太平洋地区的共同利益、权力来源和文化认同,但也是南太平洋地区面临的最大挑战。气候变化带来的生态危机已经成为迫在眉睫的生存威胁。

南太平洋地区的自然和人文条件以及南太平洋岛国的国内治理问题,使得中国与太平洋岛国合作共建"一带一路"面临"碎片化"合作的瓶颈:辽阔的海洋在带给南太平洋岛国丰富自然资源的同时,也使整个南太平洋地区的资源呈现出碎片化、分散化的特征:虽然具有多元异质特色,却难以对域内资源进行有效的整合与集成。例如,由于各岛国之间均无陆路相连,地区基础设施建设与互联互通水平很低,[①]给地区内外交流带来很大阻碍,使得地区经济一体化面临困难;而各岛国狭小的国内市场增加了经济合作项目的收益预期风险。太平洋岛国相对弱小的实力、相对分散的政治资源与相对低效的整合能力也导致其无力应对各种安全问题。

简而言之,中国与太平洋岛国共建"一带一路"在经济发展、社会生态、文化认知领域面临的挑战,表现为基础设施、制度构建、生态环境、认知误区、发展意识等"五大瓶颈",这些挑战需要我们共同克服。

(一)经济发展领域

"基础设施瓶颈"体现为:过于碎片化的岛屿分布增加了建设互联互通网络的难度与成本。许多太平洋岛国至今仍以小农经济和传统渔业为主,根

---

① 北京大学与太和智库2018年底联合发布的《"一带一路"五通指数研究报告》表明,参评的南太平洋地区国家在互联互通水平上除斐济属"潜力型国家"(第四档)外均属"薄弱型国家"(第五档),互联互通水平较低。参见《太和智库与北京大学联合发布"一带一路"五通指数研究报告》,太和智库网站,2018年12月24日,http://www.taiheinstitute.org/Content/2018/12-24/0913043250.html。

本原因就是基础设施瓶颈限制了经济集约的发展速度。太平洋岛国基础设施严重不足且分布不均，造成区域内缺乏有效的经济合作机制促进资源整合，导致资源利用率较低。比如许多岛屿有成为世界顶级休闲度假海岛的潜质，极具旅游开发潜力，但基础设施的落后使旅游资源无法得到有效利用。

在能源开发方面，太平洋岛国当地能源开发能力与利用率均处于低水平。① 太平洋岛国虽然交通不便，但很多岛国国内小水电资源丰富，开发条件优越，不少太平洋岛国的小水电建设刚起步。目前南太平洋地区小水电开发主要是由联合国组织的南太平洋地区岛国的小水电开发项目，是国际小水电合作的重要案例，但目前来看，成效并没有达到预期。在能源运输方面，还面临多头领导的管理架构、内部航运竞争问题。目前在南太平洋地区开发能源的公司来自各个国家，安全和防护标准不一，这加剧了制度之间的竞争。

以斐济为例，作为联合国太平洋地区能源开发署、南太平洋地区经济合作局等国际组织总部的所在地，从20世纪70年代中期开始，政府就开展资助小水电建设。在既有建设过程中形成工程费用实行地方集资、中央政府资助和外国援助结合的方式，隧道开挖、管道设计接受海外技术援助与咨询，以期用小水电替换柴油发电站，但目前一些项目由于各种原因搁浅。

"制度建构瓶颈"体现为：南太平洋区域制度规划重叠分散，致使区域治理成本高，合作与发展效率低。以贸易制度为例，作为亚太贸易圈内的主要板块，南太平洋地区既有整体区域贸易制度安排，也存在次一级的贸易制度安排。这种叠床架屋的结构存在潜在的风险，即整体区域贸易制度与次一级贸易制度安排之间可能存在摩擦。例如，太平洋岛国中最大的两个经济体斐济与巴布亚新几内亚坚决反对澳、新力推的旨在推行澳、新与太平洋岛国贸易与经济一体化的《太平洋紧密经济关系协定》升级版（PACER+），并于2017年退出谈判（2018年正式退出）。巴、斐两国协同推动的《美拉尼

---

① 周西蒙：《大洋洲为何成为"21世纪海上丝绸之路"的南向延伸地区?》，中国网，2017年5月12日，http://opinion.china.com.cn/opinion_73_165173.html。

西亚先锋集团自由贸易协定》(Melanesian Speahead Group Trade Agreement, MSGTA)是一个次区域的自由贸易协定,但其签订与扩展给了太平洋岛国自行创建自由贸易区的自信心。从更大的方面看,由于岛国除了巴布亚新几内亚以外都不是 APEC 成员,这给了南太平洋地区融入更大范围的亚太自贸安排(如 RCEP、FTAAP 等)带来了阻碍。澳、新是《全面与进步跨太平洋伙伴关系协定》(CPTPP)成员,同时又与部分岛国同在"PACER+"机制下,这有助于部分澳、新企业在岛国拓展业务,但 CPTPP 中不利于发展中国家尤其是小岛屿发展中国家的一些贸易安排可能通过"PACER+"机制给岛国带来不利影响,二者之间也存在潜在的制度摩擦。这种摩擦在一定程度上不利于南太平洋地区的贸易畅通。

(二)社会生态领域

总体看来,"生态环境瓶颈"可分为自然生态环境与社会生态环境两个方面。

自然生态环境方面,太平洋岛国位于太平洋腹地,地震等自然灾害频发。全球气候变化导致厄尔尼诺现象加剧诱发的飓风、海啸,不仅造成海岸侵蚀影响渔业发展,还使中小岛屿国家的生存威胁日益严峻。如波利尼西亚许多岛屿是珊瑚礁,但随着全球气候变暖,珊瑚大面积死亡导致陆地国土资源流失,沉入海底的风险增加,引发"气候难民"问题与粮食供应危机。

气候变化是一些太平洋岛国面临的最大的安全威胁。海平面上升、岛屿国家城市被淹没、淡水资源减少、热带风暴等气候变化带来的危害在南太平洋地区体现得更为明显。海洋气候变化增加了南太平洋地区的飓风,而超过一半的太平洋岛国人口居住在距离海岸线 1.5 公里的范围内,极易遭受自然灾害的影响。由于蒸发效应加剧,一些小型岛屿内部河流干涸,海水倒灌,土地盐碱化。淡水资源减少直接影响农业和林业发展,从而引发严重的粮食安全与健康问题。由于耕地急剧减少,加之淡水短缺,岛上新鲜蔬菜水果供应不足,瑙鲁人糖尿病与肥胖症发病率位居全球前列,目前全国肥胖人口比例高达 99%,连带造成了严重的社会问题与人类发展(human development

问题。①

社会生态环境方面,随着当地人口高速增长、城市化进程快速推进,太平洋岛国在国家法制建设、社会管理和居民教育均处于较低水平的情况下面临严重的社会发展停滞乃至倒退难题。例如,2019年9月21日刚刚与中国建立外交关系的所罗门群岛,经济发展水平长年滞后,目前人均GDP仅2000美元左右,只有50%的人口有电可用,是南太平洋地区最为贫困的国家。基里巴斯人均GDP仅为2200美元,而且人类生存与健康问题突出。瑙鲁曾经以开采磷矿为主要经济活动,但在资源枯竭后长期依赖外部援助,负债率(债务/GDP之比)高达62%,且缺乏有效摆脱困境的政策。许多严重依赖外援的太平洋岛国对开展合作采取机会主义态度,渴望共同获利,但是对共同承担风险缺乏心理准备。

此外,部分太平洋岛国法制建设滞后,法律法规不健全、实施不到位。概括而言,就是有法不依、执法效率低下、司法腐败、行政干预和久拖不决问题严重。许多太平洋岛国还处于国家独立建设阶段,并且经常受到前宗主国的干预。

粗放式发展带来污染问题则体现了自然与社会生态双重困境以及"发展悖论"。当前南太平洋地区大中型岛屿国家在内陆城市的扩张及矿业、林业、农业及沿海渔业开发中暴露的一大问题就是水资源污染与水资源短缺。以斐济为例,其岛内沿河地带农业、林业开发程度很高,许多地方被开发成甘蔗产区,森林砍伐、开荒造田、气候变化带来的降雨量减少都使岛内水土流失情况非常严重,岛内河流则由于城市化的发展普遍出现水源被严重污染的问题。在一些岛国,如瑙鲁,由于粗放增长的人口和住房建设和总量有限且利用效率低下的土地资源之间的矛盾,城市化率几乎达到100%。小岛屿发展中国家的城市化及其带来的诸多环境问题是太平洋岛国面临的新困难之一。

---

① John Connell, "Vulnerable Islands: Climate Change, Tectonic Change, and Changing Livelihoods in the Western Pacific," *The Contemporary Pacific*, Vol. 27, No. 1, 2015, pp. 1 – 36.

（三）文化认知领域

"认知误区瓶颈"体现为对"中国印象"的认知误区。历史上长期的殖民经历，使许多太平洋岛国在独立后仍与前宗主国存在较强的"联系纽带"，这种"联系纽带"主要借助经济援助、文化认同等"软性联系"方式将岛屿国家与域外大国进行利益捆绑。除此之外，前宗主国与太平洋岛国之间因为残留的"特殊安排"及"过渡条件"长久以来形成一种默契与共识，进而生出许多隐形的"潜规则"，这也成为阻止或抵挡新兴域外大国介入南太平洋地区的"玻璃天花板"。因此，美国等西方大国在南太平洋地区重要事务上仍具有很强的话语权。

深受西方"软性抵制"思想影响，加之长期以来被中国忽视，一些涉华事件很容易被炒作为针对中国的反华舆论，而中方的解释说明与辟谣往往得不到充分报道。在知识界，太平洋岛国对中国存在误解。① 这使得部分太平洋岛国人民对中国的崛起存在疑虑，在与中国合作时采取谨慎保留态度，担心"重蹈覆辙"，丧失发展的自主性。

目前，多数太平洋岛国仍以经济自给自足为追求，发展热带农业，以出产资源类产品为主，缺乏与外界互动的动力。除基础设施互联互通程度较低的客观原因外，主观原因是"发展意识瓶颈"。

太平洋岛国部分人士缺乏自我规划的现代化与发展意识，"等靠要"思想严重。在普通民众中具体表现为对工作、投资教育不感兴趣，不愿意服从管理，办事效率低，缺乏精细化语言等。造成这种情况的原因是多方面的。高温高湿气候以及极为丰富且易得的食物资源是自然原因。如萨摩亚当地谚语所言，"花1小时种10棵面包树就可以吃一辈子"。意思是说"凡事都不用担心"。不过，最根本的原因还是长期以来西方国家与国际机构在援助过程中在援助事项与使用方式上占据主导权，"手伸得过长"乃至指手画脚，

---

① Tony Browne, "China and the Pacific: The View from Oceania," https://www.victoria.ac.nz/chinaresearchcentre/programmes–and–projects/china–symposiums/china–and–the–pacific–the–view–from–oceania/3–Tony–Browne–Keynote–Address.pdf.

岛国在自身发展的问题上缺乏发言权，太平洋岛国部分人士逐渐习惯了由他人掌控议事权，形成了"等靠要"的习惯。①

四 合作前景：建议与结论

辩证看来，太平洋岛国"小岛屿、大海洋"劣势与优势并存，基础设施碎片化的现状给中国在南太平洋地区推进"一带一路"互联互通建设提供了机会。"一带一路"南太平洋方向建设的一大重要内容，就是针对前述的"五大瓶颈"，以"五通"理念帮助太平洋岛国整合南太平洋地区"碎片化"的资源，借助互联互通网络推进南太平洋地区的资源利用与集成共享，推动中国与太平洋岛国共建"一带一路"。

对中太共建"一带一路"的路径，一些学者提出了若干最新建议。② 本文试图强调，能否把"小岛屿"的劣势转化为"大海洋"的优势，从而利用"五通"克服"五大瓶颈"，是中国与太平洋岛国共建"一带一路"的关键所在。据此，中国与太平洋岛国应在进一步深化务实合作的前提下共建"蓝色创新型发展之路"，共走"绿色可持续发展之路"，共享"治理多边化发展之路"。

（一）蓝色创新型发展之路

中国应与太平洋岛国共建"蓝色创新发展之路"，依托南太平洋地区独具海洋特色的经济结构发展"蓝色经济"。

在"设施联通"方面，应积极落实"亚太互联互通蓝图"，推进海运便利化与跨海信息联通，不仅重视传统道路与港口，更以空中交通为先导，辅

---

① 姜芸：《澳大利亚对太平洋岛屿国家的援助研究》，博士学位论文，华东师范大学，2018，第63~67页。
② 汪诗明：《开放的区域主义与中澳在南太平洋岛屿地区的合作》，《国际问题研究》2019年第1期，第54~74页；张颖：《试论"一带一路"倡议在南太平洋岛国的实施路径》，《太平洋学报》2019年第1期，第93~104页；于镭、赵少峰：《"21世纪海上丝绸之路"开启中国同太平洋岛国关系新时代》，《当代世界》2019年第2期，第29~34页。

以网络、减灾等新型基础设施互联互通建设,从而打破太平洋岛国发展面临的基础设施瓶颈,以促进岛国间的沟通合作,形成规模经济。

南太平洋地区是目前世界上唯一完全由岛屿和海洋构成的地区。正是由于广阔海洋的存在,各岛屿之间及其与外界的交流受到阻隔,"孤立"成为这个地区的自然地理特征,也是"基本区情"。正因为如此,互联互通是太平洋岛国最亟须加强的领域。基础设施建设有利于太平洋岛国形成自我"造血"机制,实现自主发展。例如,萨摩亚首都阿皮亚的法雷奥勒国际机场新航站楼由中国公司承建,将萨摩亚传统建筑样式与现代化设施有机结合,不仅发挥了吸引游客、留住回头客的作用,还成为萨摩亚的"国门"与国家形象。互联互通不仅包括硬件,也包括移动互联网等着眼未来的领域。这将在物理上,而且更重要的,在心理上打破太平洋岛国的"孤岛"状态,让"没有人是一座孤岛"的梦想真正变为现实。

此外,在全球化时代,要更多把整个南太平洋乃至太平洋视作一个整体。南太平洋东岸的拉美国家资源丰富,亟须调整经济结构,寻找新的经济增长点,渴望与环太平洋区域的国际伙伴加强发展合作。如太平洋岛国论坛秘书处(PIFS)发布的《太平洋地区主义状况报告(2017)》特别提到中国的"一带一路"倡议给南太平洋作为一个地区整体发展带来机遇,南太平洋的"大洋中央"区位有助于中国将"一带一路"延伸到拉美地区。①

在"贸易畅通"方面,积极扩大中国从太平洋岛国的进口是一个重要抓手。对总人口仅1000多万人的太平洋岛国来说,拥有14亿人口的中国是一个巨大的市场。2018年中国与当时8个建交岛国贸易额达43亿美元,同比增长25.5%。不过,尽管增速很快,但贸易规模仍然较小,且国家与行业分布不平衡。例如,从巴布亚新几内亚进口的矿物类和木材类货物占了货物贸易的大头;服务贸易进口目前主要还只是旅游,而斐济和帕劳占了大

---

① Pacific Islands Forum Secretariat, State of Pacific Regionalism: Report 2017, Suva: Pacific Islands Forum Secretariat, 2017, p. 14.

头。增加中国从太平洋岛国进口的瓶颈是信息与平台。这需要中太双方利用好中国国际进口博览会这一平台。此外，还可以鼓励企业通过以海洋资源合作开发为切入点探索岛屿经济的通用模式，提升海洋产业合作水平。这不仅为太平洋岛国提供了发展经济的机遇，还有助于中国更好地整体布局蓝色海洋经济。

现阶段，渔业和旅游是太平洋岛国共同的资源禀赋，也是中国与太平洋岛国"蓝色经济"合作的切入点。例如，斐济与中国关系友好，海岛自然风光出众，旅游基础设施较为便利，吸引着越来越多的中国游客。赴斐济旅游的游客人数近十年来增长了十多倍，斐济已成为中国游客赴南太平洋地区旅游的首选。刚刚与中国复交的基里巴斯专属经济区面积多达350万平方公里，金枪鱼资源富集，已经是中国渔船前往南太平洋的主要目的地和途经地。巴布亚新几内亚是该地区最大的国家，渔业与能源资源丰富，经济发展已经显露出起步迹象，未来发展潜力大。其他岛国也各具优势，合作潜力巨大。

高质量推动中太共建"蓝色经济"，还可以拓宽思路，积极开拓高附加值产品、服务与投资项目。例如，运用高科技手段调研与开发海洋生物资源，开拓海洋生物医药等合作新领域。在此基础上，将中国的资金和技术优势与当地的资源和区位优势能动有机结合，向海底与地球物理、海洋微生物与生命科学、网络与数字经济等21世纪"新疆域"进军，共建"未来丝绸之路"。

（二）绿色可持续发展之路

中国应与太平洋岛国共走"绿色可持续发展之路"，破解资源高效开发与生态环境危机之间的悖论。

气候变化以及海平面上升、海水侵蚀、海洋环境恶化、资源退化与枯竭、人类健康状况恶化等是太平洋岛国普遍面临的现实问题，甚至是不少低海拔岛国最大的国家安全威胁。以综合手段帮助太平洋岛国应对气候变化、实现绿色发展，应当成为中国与太平洋岛国共建"一带一路"的重点合作领域。要高度重视气候变化议题的优先性，落实好有关援助资金，将气候变化与保护环境纳入"一带一路"南太平洋方向建设的整体考量之中。

在"资金融通"方面，可以用创新思维，将绿色发展与蓝色海洋结合起来，利用好南太平洋地区丰富的海洋生物资源。在太平洋岛国，红树林、盐沼湿地、海草床等很常见。这些看起来不起眼的海洋生物，却能发挥应对气候变化的作用，同时也给太平洋岛国带来收入。途径就是通过种植培育红树林等海岸植物，开发"蓝色碳汇"，创造"海洋绿色金融"①。

进一步推动有资质的企业赴南太平洋地区进行绿色产业投资。以海洋微生物资源开发为例，南太平洋地区拥有多样化的海洋药用物质、生物信息物质、海洋生物毒素产生物、海洋微生物功能材料等资源，具备开发利用海洋生物原蛋白多肽的优质条件，可开展海洋活性物质资源研究与利用。在此过程中，中资企业不仅要"资金到位"，更要"意识到位"，注意避免"先开发、后治理"问题，严格控制"走出去"企业的环保标准，督促企业在"走出去"过程中履行社会责任，提高可再生的清洁能源项目在海洋经济合作中的地位。

（三）治理多边化发展之路

中国应与太平洋岛国共享多边化的全球治理之路，尊重和支持太平洋岛国独立自主、联合自强的努力，在既有的南太平洋地区制度网络基础上，加大双方在地区与全球事务上的协作力度，将以和平合作、开放包容、互学互鉴、互利共赢为特征的丝路精神与强调参与广泛性、包容性的"泛太平洋精神"（Pan-Pacific Spirit）相结合，将中国主张的"蓝色伙伴关系"与太平

---

① 之所以说植物有潜力成为"金融"，原因有四。首先，这是一种"储蓄"行为。这些植物吸收二氧化碳并储存——这就好比是我们往银行里存款。其次，这些植物生长，产生"利息"。这也正是"碳汇"的核心：可计量的增加植物以固碳的机制。最为关键的是，和一般意义上的金融一样，这是可以交易的。增加海洋碳汇，就好比是增加信用额度，反之就是使用信用额度，而且额度可以在不同主体之间交易。再次，这种交易还可以衍生出不同种类的金融产品。最后，整个过程和各种主体共同构成一个体系，我们可以称之为"海洋绿色金融体系"。

洋岛国提出的"蓝色太平洋"概念对接。

在"政策沟通"方面，广泛利用中国—太平洋岛国论坛对话会、中国—太平洋岛国经济发展合作论坛、亚洲基础设施投资银行等多边机制或机构，建立完善以伙伴关系网络为核心的常态化合作对话与区域论坛机制。通过高层互访增强战略互信，开展政策规划对接，在全球治理合作与协调上相互支持。应以太平洋岛国论坛改革与"太平洋地区主义"的推行为契机，继续支持太平洋岛国自创的地区合作机制，在强调气候变化与"绿色发展"和"蓝色经济"等南太平洋地区集体外交机制下展开合作。

中国与太平洋岛国共建"全球治理之路"，应聚焦全球治理议题，弥补既有的地区公共产品（Regional Public Goods）不足的部分。这意味着在支持太平洋岛国发出"太平洋声音"（Pacific Voice）、尊重它们寻求独立自主、联合自强、获得"太平洋所有权"（Pacific Ownership）的努力，以"议题政治"的设置争取更多"发展外交"的权益。这不仅有助于促进太平洋岛国政治经济发展，更能从根本上增强其发展意识与信心，即"自助"（helping ourselves）的观念得到加强，"岛民所有、岛民所享"（for Pacific Islanders, by Pacific Islanders）成为"太平洋地区主义"新的认同。

在"民心相通"方面，中国须强化公共外交、"二轨外交"，多层次联动，配合推进。要高度重视华侨华人的桥梁作用，积极支持太平洋岛国的两岸统一组织，重点做好侨领工作，动员新老华侨一道参与"一带一路"建设。要总结南太平洋大学孔子学院已有的成果与经验，进一步加大在南太的工作力度。智库在促进中太公共外交上大有可为，可以进一步为中太智库交流创造平台。

中国与太平洋岛国共建"一带一路"是南南合作，是发展中国家之间的相互支持和相互帮助。部分西方国家指手画脚的殖民心态和为自己国家的利益不顾太平洋岛国面临气候变化、海平面上升等生存威胁的做法，与中国的不干涉内政、真诚相待、互惠合作、支持岛国应对气候变化的做法形成鲜明对比，高下立判。

总之，中国和太平洋岛国完全可以优势互补，开放合作，共享发展。

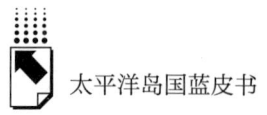

结 语

本文在国际格局发生巨大变化背景下,就中国与太平洋岛国高质量共建"一带一路"南太平洋方向的机遇与挑战进行了研究。在充分肯定中太合作价值与成果的同时,也指出了推动合作发展面临的挑战,尤其是南太平洋地区"小岛屿"和"碎片化"的特征衍生出的若干突出问题。本文认为,中太双方可以沿"蓝色创新型发展之路""绿色可持续发展之路""多边全球治理之路"三条建设路径,化解"小岛屿"和"碎片化"带来的挑战,切实有效地推动太平洋岛国经济社会发展,为"一带一路"合作走向蓝色海洋,为中国与太平洋岛国构建人类命运共同体打下坚实基础。

B.12
2019年中国与太平洋岛国关系回顾与展望

赵少峰*

摘　要： 2019年，中国与太平洋岛国关系处于历史最好时期，政府高层互动不断，来访频繁。中国在南太平洋地区取得外交新突破，先后与所罗门群岛、基里巴斯建（复）交。中国—太平洋岛国旅游年、第三届中国—太平洋岛国经济发展合作论坛等活动成功举办，搭建了对话平台，有力地促进了双方经贸往来和人员交流。中国向建交太平洋岛国提供的资金、技术、医疗、教育等方面援助，为改善当地生活、促进当地发展、应对气候变化提供了重要力量和支撑。"一带一路"框架下的合作项目不断增加，逐步实现发展战略对接，有力地带动了当地经济发展。未来一段时间，中国智慧和中国方案将为太平洋岛国发展提供更多支持和帮助，与建交太平洋岛国的互动、交往与合作将日益加深，参与南太平洋地区事务的能力将不断增强。

关键词： 太平洋岛国　"一带一路"倡议　中太关系

2019年，世界快速发生的变化依然超出人们的预期，美国的单边主义

---

* 赵少峰，历史学博士（后），聊城大学太平洋岛国研究中心信息咨询部主任，聊城大学历史文化与旅游学院副教授、硕士生导师，主要研究方向为太平洋岛国问题、中国对外关系。

倾向日益加强，构成对全人类和平与发展的新挑战。在机遇和挑战并存的情形之下，"多边主义对应对全球挑战至关重要"。① 建设开放、包容、联动、可持续和以人民为中心的世界经济，有利于促进各国共同繁荣，有利于发展落后的国家共享世界发展成果。2019年，中国和太平洋岛国的关系取得重大进展，处于历史最好时期，在多个方面都取得了新突破，中国人民和太平洋岛国人民在合作中实现了共赢。

一 中国在南太平洋地区实现外交新突破

中国主张国家不分大小，一律平等，中国重视发展与太平洋岛国的关系。习近平主席于2014年11月和2018年11月分别在斐济楠迪和巴布亚新几内亚莫尔兹比港同建交太平洋岛国领导人举行会晤，在"一带一路"框架下与太平洋岛国领导人确定了一系列合作项目，有力地推动了中国与南太平洋地区岛屿国家关系的发展。尚未与中国建立外交关系的部分太平洋岛国，认识到了与中国建立外交关系的重要性。所罗门群岛派出代表团专程到与中国建立外交关系的巴布亚新几内亚、斐济、萨摩亚等国家考察。

2019年9月，中国同所罗门群岛建立外交关系，同基里巴斯恢复外交关系，在南太平洋地区实现了外交新突破。9月21日，中国国务委员兼外交部长王毅与所罗门群岛外长马内莱在北京举行会谈，签署了《中华人民共和国和所罗门群岛关于建立外交关系的联合公报》，② 两国正式建立外交关系。美国当地时间9月27日，中国国务委员兼外交部部长王毅与基里巴斯总统兼外长马茂在中国常驻联合国代表团签署联合公报，恢复外交关系。③ 至此，中国与14个太平洋岛国中的10个建立了外交关系。

---

① 关晋勇：《二〇一九年世界经济增速预测下调至3%》，《经济日报》2019年10月17日，第12版。
② 《中华人民共和国和所罗门群岛建立外交关系》，新华网，2019年9月21日，http://www.xinhuanet.com/2019-09/21/c_1125023197.htm。
③ 《王毅会见基里巴斯总统兼外长马茂》，新华网，2019年9月26日，http://www.xinhuanet.com/2019-09/26/c_1125043116.htm。

长期以来，美国一直将台湾问题作为牵制中国的一个"砝码"。同样，与台湾保持"邦交国"关系的太平洋岛国，也成为美国维护自身战略利益的对象。在所罗门群岛议会表露出"断交"意向时，美国驻巴布亚新几内亚、所罗门群岛和瓦努阿图三国大使葛雷拜访索加瓦雷总理，强调美国支持所罗门群岛与台湾"维持现状"。在所罗门群岛宣布与台湾"断交"后，美国副总统彭斯拒绝与在联合国大会期间索加瓦雷总理会面。美国副总统彭斯的游说计划化为泡影，只能以此挽回自己的颜面。① 美国在所罗门群岛与台湾"断交"并和中国建交这件事上，延续了一贯的强硬政策，采取了一系列手段来干涉所罗门群岛的内政，这和中国对待大小国家一律平等、尊重别国内政形成了鲜明的对比。②

在"一带一路"倡议赢得世界广泛响应的背景下，太平洋岛国非常渴望搭乘中国经济发展的"快车"。③ 正如国务委员兼外交部长王毅同基里巴斯共和国总统兼外长马茂共同会见记者时说的，遇到过曲折，才更清楚正确的方向；经历过风雨，才能迎来更灿烂的彩虹。站在中所关系、中基关系新的历史起点上，在一个中国原则基础上，中国与两国关系一定会迎来快速发展的新局面，并为所罗门群岛、基里巴斯的振兴注入新动力。

二 政府高层互动频繁，政治互信不断增强

2019年，中国与太平洋岛国高层领导互动不断，双边访问、多边会议

---

① "US cancels Solomon Islands Meeting After 'Disappointment' at It Switching Ties From Taipei to Beijing," *South China Morning Post*, September 18, 2019, https://www.scmp.com/news/china/diplomacy/article/3027827/us-cancels-solomon-islands-meeting-after-disappointment-it.
② 美国在布干维尔公投问题上采取了同样的政策。"U.S. Edges China Out of Race to Fund Bougainville Independence Vote," *The Reuters*, https://www.reuters.com/article/us-papua-bougainville-china/u-s-edges-china-out-of-race-to-fund-bougainville-independence-vote-idUSKBN1WV085.
③ 2024年所罗门群岛将"脱离"世界不发达国家名单，需要在气候变化、教育、医疗、社会治理等多个层面有所改进。"Solomon Islands Set to Graduate From LDC in 2024," One PNG News Online, October 27, 2019, https://www.onepng.com/2019/10/solomon-islands-set-to-graduate-from.html.

增多，特别是中国太平洋岛国旅游年、第二届"一带一路"国际合作高峰论坛、第三届中国—太平洋岛国经济发展合作论坛以及第二届中国国际进出口博览会的成功举办，促进了中国与太平洋岛国关系的发展。到2019年11月，中国国家元首（主席/总理）与太平洋岛国领导人互访会谈7次，互致贺电1次，发贺电2次，回信1次。①

2019年4月1日，中国—太平洋岛国旅游年在萨摩亚举办，萨摩亚代总理菲亚梅、库克群岛总理普纳等领导人出席活动，中国国家主席习近平、斐济总理姆拜尼马拉马向开幕式发贺电。4月25日，习近平主席在人民大会堂会见巴布亚新几内亚总理奥尼尔，高度赞赏巴布亚新几内亚政府在开展共建"一带一路"合作方面做出的贡献，成为在太平洋岛国地区共建"一带一路"的示范。② 4月26日，李克强总理会见巴布亚新几内亚总理奥尼尔。4月27日，王毅外长会见巴布亚新几内亚外长帕托。5月28日，习近平主席与瓦努阿图总理萨尔维举行了会晤。习近平指出，"两国政治互信持续深化，各领域交流合作不断扩大，中瓦关系已经成为中国同太平洋岛国关系的典范"；③ 萨尔维总理表示感谢中国政府对瓦努阿图的支持和援助，认同中国政府的主张，"致力于推动瓦中全面战略伙伴关系不断向前发展"。④

2019年是中国与密克罗尼西亚联邦建交30周年。9月11日，习近平主席同密克罗尼西亚联邦总统帕努埃洛互致贺电。习近平主席认为30年来中国同密克罗尼西亚联邦的关系保持了良好发展态势，提出"以两国建交30周年为新起点，增进政治互信，深化务实合作和友好交流，推动两国全面战略伙伴关系迈上新台阶"。⑤ 帕努埃洛总统认同习近平主席的主张，表示

---

① 《习近平给巴布亚新几内亚乒乓球运动员复信》，中华人民共和国中央人民政府网，2019年9月29日，http://www.gov.cn/xinwen/2019-09/29/content_5434933.htm。
② 《习近平会见巴布亚新几内亚总理奥尼尔》，中华人民共和国外交部网站，2019年4月25日，https://www.fmprc.gov.cn/web/gjhdq_676201/gj_676203/dyz_681240/1206_681266/xgxw_681272/t1657982.shtml。
③ 《习近平会见瓦努阿图总理》，《新华每日电讯》2019年5月29日，第1版。
④ 《习近平会见瓦努阿图总理》，《新华每日电讯》2019年5月29日，第1版。
⑤ 《习近平同密克罗尼西亚联邦总统帕努埃洛互致贺电 庆祝中密建交30周年》，新华网，2019年9月11日，http://www.xinhuanet.com/2019-09/11/c_1124987383.htm。

"坚定奉行一个中国政策,支持一带一路伟大倡议"。① 10月8日至13日,所罗门群岛总理索加瓦雷开启了建交后对中国的首次正式访问,同习近平主席、李克强总理分别进行了会谈,取得了一系列建设性成果。② 访问期间,索加瓦雷总理在北京出席了一些重要活动。③

访华期间,太平洋岛国领导人不仅与习近平主席、李克强总理举行会谈,还到北京、上海、海南等地参观访问,进一步了解和认识中国。太平洋岛国领导人赞叹在中国共产党领导下中华人民共和国建立70年来取得的伟大成就。此外,甘肃、山东等省派出代表团前往斐济、汤加等国访问,洽谈合作。政治互访的加深,不仅增进了政治互信,更为经济、技术、人员合作提供了平台和机会。瓦努阿图总理萨尔维在海南考察时表示,希望为同属岛屿型经济体的瓦努阿图寻找更多学习借鉴、深化合作的机会。他认为,海南在生态环境保护、土地规划利用、旅游开发等方面经验丰富、成效显著,给人留下深刻印象;希望瓦努阿图与海南在旅游、农业、海洋、教育、科研、环保、航空等多领域广泛开展合作,发挥各自优势,加强往来,实现互利共赢,也欢迎更多投资者到瓦努阿图投资兴业。《所罗门群岛星报》以《所罗门群岛与中国签订合作协议》为题进行了专题报道,表达了所罗门群岛的商业组织和私营部门期盼利用与中国建交机会发展和扩大与中国企业合作交流的愿望。④ 同样,高层对话为中国与太平洋岛国开展军事合作交流提供了平台。10月15日,正在执行远航实习和出访任务的中国海军戚继光舰抵达巴布亚新几内亚首都莫尔兹比港,开始对巴布亚新几内亚进行为期4天的友

---

① 《习近平同密克罗尼西亚联邦总统帕努埃洛互致贺电 庆祝中密建交30周年》,新华网,2019年9月11日,http://www.xinhuanet.com/2019-09/11/c_1124987383.htm。
② "PM Confident After China Visit," *The Solomon Star News*, October 16, 2019, https://www.solomonstarnews.com/index.php/news/national/item/22153-pm-confident-after-china-visit.
③ 《所罗门群岛总理索加瓦雷将访华》,中华人民共和国中央人民政府网,2019年10月7日,http://www.gov.cn/guowuyuan/2019-10/07/content_5436718.htm。
④ "Solomon Islands and China Sign Agreements," *The Solomon Star News*, October 10, 2019, https://www.solomontimes.com/news/solomon-islands-and-china-sign-agreements/9401.

好访问，① 巴布亚新几内亚政治家、观察员、社区领袖、媒体等登上舰艇，近距离接触中国军事设施，深入感受中国先进的军事技术。巴布亚新几内亚外交部副秘书长瓦罗（Joseph Var）认为："作为海洋大国，我们与中国共享太平洋，因此，我们将本着促进地区的友好、繁荣与稳定的精神，继续欢迎中国海军舰船来到我们的海岸。"②

三 "一带一路"建设带动太平洋岛国经济发展

共建"一带一路"是中国对世界经济发展的巨大贡献，它不仅促进了人员、技术、资本的流动，而且通过多边渠道推动了太平洋岛国的互联互通、经济的快速发展。中国与建交太平洋岛国签署了"一带一路"合作备忘录，进一步促进了双方合作交流。

太平洋岛国独立的时间主要集中在 20 世纪 70 年代前后。由于经济总量和市场小，自然资源有限，加之交通不便，它们远离国际市场，长期被忽略。21 世纪以来，随着各国之间合作与交流的加强，任何一个国家都不可能封闭起来独立发展，太平洋岛国亦是如此。尽管受制于各种因素，太平洋岛国人民期盼自主、富裕和绿色发展的呼声一直没有减弱，但是"直至今日，相当一些太平洋岛国政府仍然没有制定出令人满意的社会与经济发展规划，无论是当地政府、政治家、政府官员，还是企业家、媒体、社区领袖和普通民众都对现代化充满渴望，希望国际社会，特别是发达国家和新兴国家能够帮助他们实现国家的综合、平衡和可持续发展"。③ 太平洋岛国在与西方国家打了多年交道后发现，西方国家根本没有将岛国自身的发展视为一项重要任务，而且将需求重点放在国防战略、军事部署和资源掠夺上。因此，

---

① 林飞：《戚继光舰访问巴布亚新几内亚》，《解放军报》2019 年 10 月 16 日。
② "Foreign Affairs Welcome Chinese Naval Training Ship," The National, October 17, 2019, https://www.thenational.com.pg/foreign-affairs-welcome-chinese-naval-training-ship/.
③ 赵少峰、于镭：《一带一路带动太平洋岛国经济发展》，《中国社会科学报》2019 年 7 月 11 日，第 3 版。

斐济和巴布亚新几内亚等国家提出了"北望"政策，将目光聚焦于亚洲国家。

当今世界国家间政治经济联系日益密切，新兴国家群体性涌现，发展中国家希望在新的全球治理体系下受益，共享人类发展成果。然而，一些发达国家出现了"反全球化""去全球化"的错误思潮，让发展中国家失去了跨越式发展的机遇。"一带一路"倡议是构建人类命运共同体的具体体现，符合多数国家经济发展的需求，顺应了全球治理体系变革的内在要求，是完善全球治理体系视域下的新方案。① 太平洋岛国的"蓝色太平洋"目的是促进太平洋岛国经济可持续发展，应对气候变化，提升经济复原力。"一带一路"建设带动了太平洋岛国经济发展主要体现在以下几个方面。

一是提升了太平洋岛国基础设施建设水平。太平洋岛国属于岛屿国家，承建项目不仅要考虑岛国的特殊需要，还要考虑到飓风和暴雨对建筑物、港口、道路带来的影响。笔者在2019年调研了5个太平洋岛国，都可以看到中国建筑公司承担的建设项目。中国建筑公司克服了建筑原料缺乏等困难，高质量完成了一批招标项目。中国的工程建设速度和质量，获得了岛国政府和人民的一致好评。所罗门群岛总理访华期间，两国签署了"一带一路"合作备忘录，并同中国签署了五项合作协议，表示将尽快在北京设立大使馆。②

二是促进了太平洋岛国旅游业快速发展。太平洋岛国以原生态的岛屿风情吸引了来自世界各地的游客，同样也吸引了大批来自中国的游客。近年来，中国赴南太平洋地区的游客不断增多。2019年，中国赴太平洋岛国旅游的总人数为15万人。旅游业是太平洋岛国的重要产业，对国民生产总值

---

① 萨摩亚总理图伊拉埃帕告诉法新社记者：他不会允许对地缘政治的恐惧扼杀急需的基础设施的发展，并表示将"遵循我们自己的思路"，而不是美国及其盟国。Jonathan Barrett, "Sink or Swim: Chinese Port Plans Put Pacific Back in Play," *The Reuters*, August 7, 2019, https://www.reuters.com/article/us-pacific-samoa-china-insight/sink-or-swim-chinese-port-plans-put-pacific-back-in-play-idUSKCN1UX01I.

② "Solomon's PM Returns From China Trip With Praise," *The Radio New Zealand*, October 15, 2019, https://www.rnz.co.nz/international/pacific-news/401057/solomons-pm-returns-from-china-trip-with-praise.

贡献率在30%~50%。为进一步推动太平洋岛国旅游业的发展，2019年4月1日，中国—太平洋岛国旅游年在萨摩亚阿皮亚开幕。① 中国—太平洋岛国旅游年是在"一带一路"框架下开展的具体合作项目，它不仅能够带动酒店、旅游、餐饮等行业的发展，还能够帮助解决岛国青年就业问题，进一步扩大双方文化交流和人员往来，助推太平洋岛国经济发展。

三是推动了太平洋岛国国际贸易和经济稳定发展。经济基础决定上层建筑，太平洋岛国历届政府都面临经济发展和失业问题。太平洋岛国领导人和政治观察家将如何进一步扩大与国际市场的联通、将资源转化为资金、推动经济发展、维护社会稳定视为要解决的重要问题。笔者认为，"尽管太平洋岛国远离世界贸易中心，但是受世界金融危机和全球经济变动的影响依然很大。通过与南太平洋区域内外大国的接触和联系，是太平洋岛国融入世界经济发展的重要渠道"。② 中国的"一带一路"倡议为太平洋岛国提供了融入国际市场的平台和渠道。2019年10月，在中国政府的支持和倡导下，第三届中国-太平洋岛国经济发展合作论坛顺利举办。该论坛不仅为中国、太平洋岛国提供了对话交流平台，而且也为太平洋岛国参与其他国际合作提供了更多的机遇和更广阔的舞台。③

四是太平洋岛国获得了资金支持。作为发展中的海洋国家，由于基础设施薄弱和交通不便，太平洋岛国面临的困难比其他发展中国家要多，尤其是发展资金匮乏。中国履行国际义务，向太平洋岛国提供了多层次、多方面的援助。中国向太平洋岛国提供的援助仅次于澳大利亚，居第二位。中国提供的资金支持助推了太平洋岛国经济发展，有利于解决太平洋岛国在基础设施建设、教育、医疗等方面的难题。2019年4月，在北京外国语大学举行的

---

① 张永兴：《2019"中国—太平洋岛国旅游年"在萨摩亚开幕》，人民网，2019年4月2日，http://travel.people.com.cn/n1/2019/0402/c41570-31008125.html。
② 赵少峰、丁镭：《一带一路带动太平洋岛国经济发展》，《中国社会科学报》2019年7月11日，第3版。
③ 《"第三届中国—太平洋岛国经济发展合作论坛"于2019年10月在萨摩亚成功召开》，中华人民共和国商务部网站，2019年11月11日，http://www.mofcom.gov.cn/article/i/jyjl/l/201911/20191102911702.shtml。

"一带一路"建设与太平洋岛国新机遇学术研讨会上,斐济、密克罗尼西亚联邦、萨摩亚等驻华大使馆官员高度赞赏中国在推动太平洋岛国发展计划落实方面发挥的作用。

参与共建"一带一路"的各国也逐渐认识到,中国是真正帮助它们发展的"好朋友"、"好伙伴",是在协商民主机制下实现合作共赢。巴布亚新几内亚总理奥尼尔在参加第二届"一带一路"国际合作高峰论坛时说:"'一带一路'是全球性的伟大倡议,让许多国家受益,特别是对于巴布亚新几内亚这样的发展中国家。"[①] 在一些跨国公司撤出巴布亚新几内亚时,中国企业在巴布亚新几内亚基础设施、电力、电信等领域发挥了重要作用,为其发展提供了强大的动力。随着"中国—太平洋岛国旅游年"正式开幕,中国文化和旅游部将与太平洋岛国及南太平洋旅游组织合作,开展旅游调研、旅游人力资源培训、在线旅游推广等一系列合作。浙江、广东、广西等地方文化和旅游部门及中国旅游集团等旅游企业,已经与30多家太平洋岛国旅游企业洽谈业务。

中国企业在太平洋岛国进行投资,不仅满足了当地人的生活需要,而且促进了进出口贸易,带动了当地就业。2019年,中国土木工程集团南太平洋有限公司完成各类建设项目3775万元,[②] 涉及道路、办公大楼。公司雇用了大量当地人加入工程建设,不仅提升了当地工人技术水平,而且带动了当地年轻人就业。

四 对外援助促进民心相通

太平洋岛国经济基础薄弱,除渔业资源外,其他资源相对匮乏,对外交

---

① 刘天亮:《"一带一路"是全球性的伟大倡议——访巴布亚新几内亚总理奥尼尔》,《人民日报》2019年5月21日,第3版。
② 此数据由中国土木工程集团南太平洋有限公司罗经理2019年10月27日提供,特此感谢。中国建设速度和建设质量获得国际高度认可。2017年8月,中国土木工程集团南太平洋有限公司中标图瓦卢纳诺梅阿港口建设和航道疏浚项目,合同金额为1331万澳元。

通不便，实现联合国 2030 年可持续发展目标有巨大压力。2019 年，中国继续履行大国责任，向建交太平洋岛国提供了教育、医疗、农业、基础设施等方面的援助。

教育是切断贫穷代际传递、改变人的思想观念的重要渠道。中国对太平洋岛国的教育援助主要包括三个方面：派遣援外教师、提供留学奖学金（太平洋岛国论坛奖学金、中国政府奖学金、中国政府海洋奖学金）以及开设孔子学院。8 月 7 日，斐济 23 名学生获得 2019 年中国政府奖学金。自 20 世纪 80 年代以来，中国已为 200 名斐济学生提供了中国政府奖学金。自 2016 年以来中国已经向萨摩亚派遣四批教育援助团，2019 年启动了向汤加派遣援外教师的计划。

作为小岛屿发展中国家，环境和气候变化是太平洋岛国最为关心的话题。10 月 24 日，密克罗尼西亚联邦总统戴维·帕努埃洛呼吁加强环境保护，从一个环礁、一个岛屿开始。[①] 传统上，作为太平洋岛国最大的捐助国，澳大利亚在该地区具有最大的影响力。但是，近年来中国通过基础设施建设和贷款，使对太平洋岛国的支持多样化。在应对气候变化上，其他大国在该地区的做法令它们感到失望。8 月 15 日，第 50 届太平洋岛国论坛及对话会在图瓦卢召开。论坛召开期间，岛国领导人在气候变化问题上展开了紧张的讨论，并产生了严重分歧。鉴于气候变化对太平洋地区小岛屿发展中国家的严重影响，许多岛国领导人希望他们能够聚在一起编写联合公报，呼吁采取多国行动应对气候变化。然而，莫里森政府领导下的澳大利亚最近对其煤炭行业进行了投资，而且澳大利亚对该公报应包含的内容有所保留。[②] 太平洋岛国领导人对中国的绿色环保产业寄予厚望，希望中国继续支持太平洋岛国的可持续发展。

---

① David W. Panuelo, "Saving Our Oceans: A Plea for Action," *The Diplomat*, October 24, 2019, https://thediplomat.com/2019/10/saving-our-oceans-a-plea-for-action/.
② Naima Green-Riley, "Pacific Island Nations Want Partners That Will Help Them Fight Climate Change," *The Diplomat*, https://thediplomat.com/2019/10/pacific-island-nations-want-partners-that-will-help-them-fight-climate-change/.

尽管绝大多数太平洋岛国对国民提供了免费医疗服务，但是相对落后的医疗设施和医疗水平依然无法满足当地民众的医疗需要。中国在巴布亚新几内亚第十批医疗队、汤加第三批医疗队、萨摩亚第三批医疗队以及在密克罗尼西亚联邦、斐济等医疗队正在执行医疗援助任务。医疗队派出了心内科、心血管科、神经科、妇科、儿科医师以及 B 超、CT 技术人员等，以解太平洋岛国燃眉之急。2019 年，第九批中国医疗队帮助巴布亚新几内亚莫尔兹比港总医院建立了泌尿外科微创中心，在巴布亚新几内亚完成了首例泌尿外科微创创新手术，肿瘤医生助力巴布亚新几内亚筹办癌症治疗中心，为巴布亚新几内亚卫生事业进步做出了贡献。吉林省在对外医疗援助中提出，"援外医疗是大国外交的重要组成部分，使命光荣，意义重大"，"医疗队员以认真的态度、饱满的热情做好援外医疗工作，将我国先进的医疗技术带向南太平洋，发挥中国特色大国外交作用，树立中国医生光辉形象"。[①]

基础设施建设是中国对外援助的重要组成部分。2019 年，中国完成了萨摩亚、瓦努阿图、汤加、斐济等国的道路升级工程和桥梁建设、学校建设工程，以及萨摩亚、瓦努阿图等国家体育馆、办公大楼的维护项目。2019 年 7 月，中国国家国际发展合作署副署长周柳军率团访问萨摩亚，双方签署了《援萨瓦伊乌苏港口建设和阿绍港巷道疏浚项目可行性研究换文》和《援萨国立大学海洋学院教学科研设备项目立项换文》。

为进一步推动太平洋岛国农业发展，中国向斐济、汤加、萨摩亚等国家派出了农业援助团，在农业技术推广、农技人员培训、作物品种培育等方面取得了新成绩。2019 年 3 月 29 日，中国—太平洋岛国农业部长会议召开，与会部长就如何加强合作、助推太平洋岛国农业发展进行了探讨，会议通过了《中国—太平洋岛国农业部长会议楠迪宣言》。[②] 根据双方需求，中国与

[①] 《中国（吉林）第二、三批援萨摩亚医疗队结业暨欢送会在长春市举行》，吉林省卫生健康委员会网站，2019 年 1 月 11 日，http：//wsjkw.jl.gov.cn/xwzx/xwfb/201901/t20190111_5470298.html。

[②] 《中国—太平洋岛国农业部长会议成功召开》，中华人民共和国农业农村部网站，2019 年 3 月 29 日，http：//www.moa.gov.cn/xw/zwdt/201903/t20190329_6177497.htm。

太平洋岛国未来将深化在农业领域的全面合作，加强农业发展战略与规划对接；开展农业领域人员交流和能力建设合作，为太平洋岛国举办农业技术培训班；加强农业科技合作；推进渔业可持续发展领域合作；促进农业投资贸易合作。[1]经过协商，定于2022年在中国举办第二届中国—太平洋岛国农业部长会议。

以上所论，仅仅涉及中国对太平洋岛国援助的一小部分，中国部分省市与太平洋岛国城市结为了友好城市或姐妹城市，向太平洋岛国提供了资金、技术、人员、设备等多方面的援助。

五　中国与太平洋岛国将在机遇与挑战并存的情况下继续携手前行

当前，中国与建交太平洋岛国关系处于历史最好时期，中国支持太平洋岛国选择独立自主的发展道路，中国为太平洋岛国经济社会发展提供多层次、多领域的帮助。随着全球化日益加剧，世界各国之间的联系日益密切，中国与太平洋岛国的关系会在现有基础上再度深化。

中国与太平洋岛国关系发展面临前所未有的新机遇。2014年、2018年，习近平主席两次出访太平洋岛国，充分显示了中国对发展与太平洋岛国关系的重视。中国向汤加、斐济、巴布亚新几内亚、萨摩亚、库克群岛等国提供了多方面的援助。据HIS全球世界市场贸易分析，中国与太平洋岛国贸易额超过80亿美元，远超澳大利亚的50亿美元以及美国的15亿美元。中国作为全球第二大经济体，蕴含巨大的投资和贸易机遇。所罗门群岛与中国建交、基里巴斯与中国复交也充分说明了这一点。

当然，在看到巨大的发展机遇的同时，我们也不应当忽略现已存在或者未来可能出现的挑战，主要体现在两个方面。

---

[1]《中国—太平洋岛国农业部长会议聚焦合作机遇》，新华网，2019年3月29日，http://www.xinhuanet.com/2019-03/29/c_1124303216.htm。

一是南太平洋地区域内外大国依然将中国视为"威胁"。尽管中国国家领导人与太平洋岛国领导人会面时，多次提出中国不会划分"势力范围"，更不会干涉他国内政，包括澳大利亚、美国等国家，依然通过各种方式渲染中国援助将带来"债务危机"。① 所罗门群岛和基里巴斯2019年9月采取"外交"转向行动，与台湾"断交"，与中国建立外交关系，加剧了一些大国对中国的担忧，他们担心太平洋国家将不再支持澳大利亚和美国等西方国家的军事和外交努力。② 2019年8月，在访问悉尼期间，美国国防部长马克·埃斯珀将中国在南太平洋地区的行为描述为"侵略性的"和"破坏稳定的"。美国国务卿蓬佩奥警告参与会谈的帕劳、马绍尔群岛、密克罗尼西亚联邦三国领导人，中国正在试图"以其专制形象重绘太平洋"。③ 美国在南太平洋地区的活动具有"排他性"，威胁并压制太平洋岛国与其他国家的交往与合作。澳大利亚继续以地区"副警长"的身份，维护地区稳定和自身利益。④

二是太平洋岛国经济基础薄弱，面临不可预测的风险。2019年10月，国际货币基金组织（IMF）发布信息，称"全球经济风险正在不断加剧，贸易和地缘政治紧张局势的加剧……关税的提高和持续的贸易政策不确定性损

---

① 2019年10月23日，澳大利亚罗伊研究所发布的一项报告显示："中国在太平洋地区的借贷行为还没有充分的证据足以证明造成债务陷阱，至少现在还没有。……根据国际货币基金组织（IMF）的定期评估，太平洋地区债务的可持续性风险确实在上升，但这反映了多种因素的综合，并且与该地区遭受灾害的高风险密切相关，而不是与中国过度借贷有关。" "China, the Pacific, and the 'Debt Trap' Question", http：//www.lowyinterpreter.org/the-interpreter/china-pacific-and-debt-trap-question.
② 2019年11月布干维尔公投前，澳大利亚外交部长佩恩（Marise Payne）访问布干维尔，表示担心中国"介入"。Fears Bougainville Independence will Open Pacific Door for China, The Australian, https：//www.theaustralian.com.au/nation/politics/fears-bougainville-independence-will-open-pacific-door-for-china/news-story/4f4f0d00293adfd4e9da65621ab73d8d.
③ "U.S. Seeks to Renew Pacific Islands Security Pact to Foil China," PINA, http：//www.pina.com.fj/index.php?p=pacnews&m=read&o=3050176335d49fdc5e1ac608ccd96e.
④ 为进一步扩大地区影响，莫里森总理成为2008年以来首位访问所罗门群岛的澳大利亚总理，并且提出了2.5亿澳元的赠款计划。"Australia Pledges $250m to Solomon Islands as China's Influence in Pacific Grows," The Guardian, https：//www.theguardian.com/world/2019/jun/03/australia-pledges-250m-to-solomon-islands-as-chinas-influence-in-pacific-grows.

害了投资和对资本品的需求"。① 这对货物出口有限的太平洋岛国而言,也是不小的冲击。再者,太平洋岛国经济增速较低,有些岛国受自然灾害影响较大,有些岛国经济出现负增长。旅游业是太平洋岛国重视发展的产业,除斐济、萨摩亚等配套设施较为完善,其他国家旅游资源开发有限,受交通不便的影响,旅游人员受到一定程度的限制。巴布亚新几内亚社会治安较差,犯罪率不断上升。有些大国虽然口头声称支持太平洋岛国发展,实际上一切从自己的海外战略出发,扰乱了太平洋岛国的发展计划。② 潜在的风险会影响海外投资计划。

回顾2019年,巴布亚新几内亚、密克罗尼西亚联邦、所罗门群岛、瑙鲁、图瓦卢等国经历了大选,新上任的领导人加强了与区域内外大国的联系,以扭转经济下滑趋势,缓解人口就业压力。2020年,瓦努阿图、基里巴斯等国也将进行大选,稳定形势、发展经济、实现经济可持续发展是它们的主要目标和追求。展望未来,中国与建交太平洋岛国的关系将会迈上一个新台阶,在共赢的基础上实现新发展。

---

① 《IMF报告显示2019年世界经济增速预测下调至3%》,中国经济网,2019年10月17日,http://www.ce.cn/xwzx/gnsz/gdxw/201910/17/t20191017_33364690.shtml。

② 所罗门群岛与中国建交后,中国森田公司计划开发该国一个岛的旅游业,但是美国等国家不断指责"协议无效"。Jonathan Barrett, "Solomon Government Says Chinese Company's Lease of Island 'Unlawful'," The Reuters, October 25, 2019, https://www.reuters.com/article/us-pacific-samoa-china-insight/sink-or-swim-chinese-port-plans-put-pacific-back-in-play-idUSKCN1UX01I。美国重新向所罗门群岛派出了和平队,首批人员将于2021年到达。"US Peace Corps Volunteers Return to Solomon Islands," The Solomon Times, October 24, 2019, https://www.solomontimes.com/news/us-peace-corps-volunteers-return-to-solomon-islands/9420。

B.13
中密关系30年：回顾与展望

李德芳*

摘　要： 中密建交30年，双边关系行稳致远，从建交初期的良性互动逐渐发展到"战略伙伴关系""全面战略伙伴关系"。自建交以来，两国关系发展比较顺利，双方合作从小到大，在政治互信、经贸往来和人文交流等领域都取得了较大进步。进入21世纪后，两国务实合作持续深化，在共建"一带一路"进程中相互协作，成为南南合作的典范。本文通过回顾中密关系的历史，梳理双边务实合作取得的成果及两国关系发展的影响因素，进而展望未来双边关系发展前景。

关键词： 中国　密克罗尼西亚联邦　中密关系　全面战略伙伴关系

2019年是中华人民共和国与密克罗尼西亚联邦（The Federated States of Micronesia，简称"密联邦"）建交30周年。30年来，双边关系持续向好，政治互信不断增强，务实合作持续深化，人文交流日益密切，建立起了密切的战略伙伴关系。回顾中密关系发展的历程，可以得到一些重要启示，中密合作既是南南合作的典范，也是大国与小国合作的典范。随着"一带一路"倡议的实施，中密在经济合作、环境治理、人文交流等方面有着巨大的空间。今后两国必将在共建"一带一路"进程中共同

---

* 李德芳，法学博士，聊城大学太平洋岛国研究中心研究员，聊城大学政治与公共管理学院副教授，主要研究方向为公共外交、太平洋岛国外交与国际政治理论。

推动可持续发展和人类命运共同体建设,将两国关系打造为"全面战略伙伴关系"的典范。

一 中密关系历史回顾

中国同密联邦之间的文化交流与经贸往来由来已久。早在15世纪初,来自中国的船队在航海家郑和的带领下就到达过密克罗尼西亚地区,比欧洲国家"发现"密克罗尼西亚早了半个多世纪。到18世纪晚期,西方商人沿着古代"海上丝绸之路"将产自密联邦波纳佩岛的海产品如玳瑁、鱼翅等出口到中国,用于换取中国的丝绸和茶叶。① 1986年11月,密联邦从美国的托管下独立,成为一个独立的国家。② 密联邦独立后,中国很快承认了密联邦的主权独立地位,并成为最早与密联邦建交的国家之一。1989年9月11日,中密两国正式建立了大使级外交关系。中密两国建交后,双方合作交流不断加深,形成了长期稳定的友好合作关系。

(一)第一阶段(1989~2005):双边关系平稳向好

1989年8月29日,中密两国发表了《中华人民共和国和密克罗尼西亚联邦关于建立外交关系的联合公报》;9月11日,两国正式建立大使级外交关系。1990年2月,中国在密联邦设立大使馆。1991年7月,中国派驻密联邦首任常驻大使李钦平向密联邦总统奥尔特递交了国书。

建交后,两国关系发展顺利,合作领域不断扩大。1990年11月2日至10日,应中国国家主席杨尚昆邀请,密联邦总统约翰·哈格莱尔加姆对中

---

① 《驻密克罗尼西亚联邦大使黄峥在波纳佩州农产品展示中心启用仪式上的讲话》,中国驻密联邦大使馆网站,2018年8月21日,https://www.fmprc.gov.cn/web/dszlsjt_ 673036/t1586855.shtml。
② 1986年11月3日,密联邦与美国签订的《自由联系条约》正式生效,密联邦获得了内政、外交自主权,成为一个独立国家,但密联邦的安全防务仍由美国负责。1990年12月,联合国安理会召开会议,通过了终止部分太平洋托管领土协定的决议,正式结束了密联邦的托管地位。

国进行了友好访问,这是密联邦总统首次访问中国。哈格莱尔加姆总统访华期间,国家主席杨尚昆和国务院总理李鹏分别同哈格莱尔加姆总统举行了会谈。其间,两国政府还签署了《中密经济技术合作原则协定》《中国政府向密克罗尼西亚政府提供无偿援助的换文》等文件。1992年7月,中国全国人大常委会副委员长彭冲率代表团访问密联邦,受到密联邦人民的热烈欢迎。此后,双边高层互访频繁,密联邦新总统就职后都会在合适的时机访问中国,双边政治互信不断增强。

随着两国关系的不断加强,双边经贸往来日渐增多。由于密联邦经济发展水平较为落后,其出口产品多为鱼类、槟榔等农业初级产品,且以日本、美国等为主要出口市场。因此,20世纪90年代,中密经贸往来主要是中国向密联邦出口,双边贸易额较低。到2000年,中密两国贸易额仅为182万美元,且以中国出口为主。① 随着《中华人民共和国政府和密克罗尼西亚联邦政府贸易协定》的实施,进入21世纪后,中密贸易额开始增加。到2003年中密贸易总额增加到274万美元,2004年更是达到744万美元,但仍然以中国出口为主。② 中密建交后,双边人文交流也不断增多。20世纪90年代,中国杂技魔术小组、文艺演出小组、河北沧州杂技团等文艺演出团队相继访问密联邦,富有中国传统特色的文化艺术展演受到密联邦人民极大的喜爱。

(二)第二阶段(2006~2013):双边友好关系持续深化

2006年4月4日,温家宝总理抵达太平洋岛国斐济并出席首届"中国-太平洋岛国经济发展合作论坛"。温家宝在斐济期间,与斐济、密联邦等太平洋岛国领导人举行了会谈,强调中国将致力于"以合作谋和平、以合作促发展",加强与太平洋岛国的合作,更好地造福于岛国人民,并建议"中国和太平洋岛国进一步密切政府、议会、政党、民间交往",增进互信,

---

① 陈文林:《中国与密克贸易统计》,中国驻密联邦大使馆经商处网站,2005年10月2日,http://fm.mofcom.gov.cn/article/zxhz/tjsj/200510/20051000498560.shtml。
② 陈文林:《中国与密克贸易统计》,中国驻密联邦大使馆经商处网站,2005年10月2日,http://fm.mofcom.gov.cn/article/zxhz/tjsj/200510/20051000498560.shtml。

建立新型经贸互利合作关系。① 2006年4月5日，温家宝总理和密联邦总统乌鲁塞马尔还共同出席了两国经济技术合作协定签字仪式。2006年4月26日，乌鲁塞马尔总统应邀访华，在会见温家宝总理时指出，密联邦愿同中方密切交往，继续"推进经贸、旅游、教育等各领域的友好合作，加强在国际事务中的协调配合"。② 以2006年4月两国领导人两度会晤为契机，中密关系进入持续深化时期。

2007年4月，密联邦在华设立大使馆。2007年9月，全国人大常委会副委员长蒋正华率领全国人大代表团访问密联邦，并与密联邦议会议长菲吉尔共同签署了联合新闻公报，双方表示进一步加强在经贸、文化、教育等领域的合作。2007年12月，密联邦总统莫里应邀访华并与温家宝总理举行会晤。2008年5月，中密两国签署了《中华人民共和国国家旅游局和密克罗尼西亚联邦资源发展部关于中国旅游团队赴密克罗尼西亚联邦旅游实施方案的谅解备忘录》。2009年7月，中国国家副主席习近平会见来华访问的密联邦副总统阿利克，并与阿利克共同出席了两国政府有关经济技术合作协定的签字仪式。2010年5月，密联邦总统莫里出席上海世博会开幕式并对中国进行国事访问，两国还于5月26日签署了中密经济技术合作协定。两国高层频繁互访，双方在交通、农业、渔业、贸易、旅游等方面的合作不断深入，标志着"长期稳定、互利共赢"的中密友好合作关系日益深化。

（三）第三阶段（2014年至今）：走向全面战略伙伴关系

2014年11月，中国国家主席习近平出访太平洋岛国期间，在斐济楠迪与密联邦总统莫里会晤，双方决定建立相互尊重、共同发展的"战略伙伴关系"，从而掀开了中密友好关系新的一页。同年11月，两国签署了《关于在密联邦运行中国制造航空器的型号合格证认可和持续适航谅解备忘

---

① 《温家宝出席"中国—太平洋岛国经济发展合作论坛"开幕式并发表主旨讲话》，《人民日报》2006年4月6日，第1版。
② 《温家宝在人民大会堂与密克罗尼西亚联邦总统会谈》，中央政府门户网站，2006年4月26日，http://www.gov.cn/ldhd/2006-04/26/content_266988.htm。

录》。2015年5月,两国签署了《中华人民共和国政府和密克罗尼西亚联邦政府航空运输协定》。2016年1月,首届"中国—密克罗尼西亚联邦经贸联委会"在密联邦召开,双方签署关于设立中密经贸联委会的谅解备忘录。①2017年3月,密联邦总统克里斯琴访华,习近平主席同克里斯琴总统就推进中密"战略伙伴关系"达成重要共识,进一步推动两国关系朝着"战略伙伴关系"的目标迈进。

2018年11月,中国国家主席习近平访问太平洋岛国,中密两国元首再次举行会晤,决定将中密关系从"战略伙伴关系"提升为相互尊重、共同发展的"全面战略伙伴关系"。同年11月7日,中密两国还签署了《中华人民共和国政府与密克罗尼西亚联邦政府关于共同推进丝绸之路经济带和21世纪海上丝绸之路建设的谅解备忘录》,正式启动共建"一带一路"进程,掀开了中密合作共赢、共同发展新的一页。2019年6月,中国—太平洋岛国论坛对话会特使王雪峰访问密联邦,与帕努埃洛总统、乔治副总统等举行了会谈。双方表示继续推动中密全面战略伙伴关系迈上新台阶,共建"一带一路"和人类命运共同体,使中密友好切实惠及两国人民。②

二 中密合作领域及成就

建交30年来,中密关系"行稳致远、不断向前发展",正如密联邦副总统乔治所言,"密中建交30年来,政治互信不断深化,各领域合作蓬勃发展,人文交流日益密切",③两国重要双边交往和各领域交流合作取得丰硕成果。

---

① 《首届中国—密克罗尼西亚联邦经贸联委会在密召开》,中国驻密联邦大使馆经商参处网站,2016年1月27日,http://fm.mofcom.gov.cn/article/jmxw/201601/20160101245098.shtml。
② 《中国—太平洋岛国论坛对话会特使王雪峰访问密联邦》,中国驻密联邦大使馆网站,2019年6月29日,http://fm.chineseembassy.org/chn/xwdt/t1676850.htm。
③ 《驻密克罗尼西亚联邦大使黄峥举办庆祝中密建交30周年新春招待会》,中国驻密联邦大使馆网站,2019年2月3日,https://www.fmprc.gov.cn/web/zwbd_673032/gzhd_673042/t1635450.shtml。

（一）政治领域：政治互信不断深化

密联邦是南太平洋地区重要的国家，也是共建"一带一路"的重要国家。自两国建交以来，双边高层往来日益增多，政治互信不断深化。

中密建交以来，密联邦国家元首都会到中国访问，有的在任期内还多次访华。乌鲁塞马尔总统、莫里总统和克里斯琴总统都曾数次访问中国，与中国人民结下了深厚的友谊。从2007年开始，莫里总统先后5次到访中国。尤其引人注目的是，莫里总统先后出席2008年北京奥运会开幕式、2010年上海世博会开幕式、2012年银川宁洽会暨第三届中阿经贸论坛、2013年第二届中国—太平洋岛国经济发展合作论坛。莫里总统的"峰会外交"不仅为密联邦加强与中国的友好关系赢得了民心，也成为密联邦在国际社会展示国家形象的重要举措。

中密建交30年来，中国非常珍视同密联邦人民的友谊，始终"从战略高度看待中密关系，视密克罗尼西亚为太平洋岛国地区的好朋友、好伙伴"。① 两国建交后，全国政协、全国人大常委会、卫计委、外交部等国家主要机构的领导人都曾到访密联邦，中国政府特使和习近平主席特使还数度出席密联邦领导人就职典礼，积极推动中密友好关系和双边政治互信。2014年11月和2018年11月，习近平主席在访问太平洋岛国期间，两度与密联邦总统举行会晤，并将中密两国关系从"战略伙伴关系"提升为"全面战略伙伴关系"，彰显了中密两国日益加深的政治互信和友好。

建交以来，双方相继签署了贸易协定、经济技术合作协定、航空运输协定、中国旅游团队赴密联邦旅游实施方案谅解备忘录、共建"一带一路"谅解备忘录等文件，为两国经贸往来、人文交流提供了法律保障，进一步推动中密关系向"全面战略伙伴关系"迈进。尤其是2018年11月两国签署的共建"一带一路"谅解备忘录，为中密两国实现"五通"，继续

---

① 《李克强在宁夏银川会见密克罗尼西亚联邦总统莫里》，中央政府门户网站，2012年9月12日，http://www.gov.cn/ldhd/2012-09/12/content_2222519.htm。

推进中密在经贸、渔业、农业等领域的合作提供了机制保障,搭建了发展平台。

(二)经济领域:务实合作成果丰硕

中密建交30年来,经济领域务实合作成果丰硕,中国已经成为密联邦重要的经济援助国家和贸易合作伙伴。

中密两国在经济领域优势互补,双边贸易规模不断扩大。密联邦尽管陆地面积狭小,却有着广袤的海洋面积,海洋专属经济区面积达到298万平方公里,是名副其实的"海洋大国"。密联邦海域是世界著名的金枪鱼产地,渔业是密联邦经济的"三大支柱"之一。密联邦的海洋水产品不仅品种丰富,而且质量上乘,在中国市场广受欢迎,供不应求;中国的电子产品、服装等也深受密联邦消费者的喜爱。建交初期,中密贸易额比较低,到2001年,双边贸易额仅有187万美元,其中中国出口186万美元,进口1万美元。[1] 随着中国经济的迅速发展及两国经济互补能力的增强,到2017年双边贸易额已经达到2106.6万美元,其中中国出口1417.4万美元,从密联邦进口689.2万美元。[2] 到2018年,中密双边贸易额更是达到4040.3万美元。值得关注的是,中国从密联邦进口额达到2186.2万美元,比2017年有了大幅度的增长。[3] 究其原因,一方面是密联邦自身产业发展能力不断提升,另一方面也得益于中国在密联邦直接投资的不断增长。据统计,截至2017年底,中国对密联邦直接投资存量达到1954万美元。2017年,中国企业在密联邦新签承包工程合同额达到917万美元,完成营业额425万美元,对密联

---

[1] 陈文林:《中国与密克贸易统计》,中国驻密联邦大使馆经商处网站,2005年10月2日,http://fm.mofcom.gov.cn/article/zxhz/tjsj/200510/20051000498560.shtml。

[2] 《驻密克罗尼西亚联邦大使黄峥在中国—太平洋岛国海洋经济合作研讨会上的讲话》,中国驻密联邦大使馆网站,2018年10月2日,http://fm.chineseembassy.org/chn/zmgx/xwdt/t1602693.htm。

[3] 《中国同密克罗尼西亚的关系》(更新时间:2019年3月),中国外交部网站,2019年9月9日,https://www.fmprc.gov.cn/web/gjhdq_676201/gj_676203/dyz_681240/1206_681568/sbgx_681572/。

邦非金融类直接投资达到 12 万美元。①

经济援助是促进密联邦经济社会发展的重要途径，自两国建交以来，中国共向密联邦提供了超过 8000 万美元的经济援助。② 中国对密联邦的援助主要集中在基础设施建设和农业技术方面。中国对密联邦基础设施建设的援助主要投入到关乎密联邦国计民生的重大项目上，为推动密联邦经济社会发展发挥了关键作用。2019 年 7 月，中国政府援助密联邦波纳佩州二级公路项目、卡哈玛斯危桥改造项目正式开工。该项目是密联邦重要的基础设施项目，项目建成后"将进一步打破密联邦发展的瓶颈，显著改善道路状况，改善交通环境，带动国家经济发展"。③

密联邦是一个农业国家，中国的农业技术援助不仅极大地促进了密联邦农业的可持续发展。两国建交后，中国就开始为密联邦提供农业技术援助。其中，中密农业技术合作项目已连续开展了 20 年，不仅极大地增强了密联邦农业发展的能力，其推广的"猪—沼—菜"生态循环清洁农业生产模式在帮助密联邦人民改善饮食结构、加强环境保护以及应对气候变化方面也做出了卓越贡献。正如密联邦波州农协主席佩鲁兹所言，"猪—沼—菜"生态循环清洁农业生产模式是应对全球气候变化问题的优秀方案。到 2019 年，先后有 11 批援密农业专家进驻密联邦，中国援密示范农场已经成为中国援助的"金字招牌"。20 年来，中国援密示范农场积极开展培训，拓展农业培训和合作的新方式，让更多当地民众在掌握农业技术的同时不断提升获得感。中国援密示范农场成为"讲好中国援助故事"的典范，中国援助在密联邦已经深入人心，成为增进中密两国人民友谊的重要渠道。2019 年 9 月 2 日，密联邦学院中密友好示范农场正式开园，该示范农场将成为学校农学实

---

① 《中国同密克罗尼西亚的关系》（更新时间：2019 年 3 月），中国外交部网站，2019 年 9 月 9 日，https：//www.fmprc.gov.cn/web/gjhdq_676201/gj_676203/dyz_681240/1206_681568/sbgx_681572/。
② 《中国强化对太平洋岛国援助 引发美日等国警惕》，新华网，2013 年 2 月 19 日，http：//www.chinanews.com/gj/2013/02-19/4575462.shtml。
③ 《中国政府援密克罗波纳佩州公路项目开工建设》，中国铁建股份有限公司网站，2019 年 7 月 2 日，http：//www.crcc.cn/art/2019/7/2/art_205_2929814.html。

践研究中心。中心建成后,将进一步深入研究和推广绿色能源——沼气,向密联邦农民传授可复制的小规模生态循环农业模式,以推动密联邦可持续发展和应对气候变化,进一步改善当地民生、造福当地人民。

(三)人文领域:文化交流促民心相通

以文化艺术展演为主要载体的文化交流活动,是增进两国人民相互了解、促进文明交流互鉴的重要方式。"以心相交,成其久远",中密建交以来,两国之间的文化交流日益增多,承载着中华优秀文化和中国人民喜闻乐见的文艺形式和文化产品,成为增进中密两国人民相互了解和增进友谊的重要"使者"。两国建交后,中国杂技魔术小组、文艺演出小组、中国武术代表团及来自河北、重庆、宁夏、广东等地的杂技团、艺术团、文化代表团等文艺演出团体曾分别赴密联邦访演,富有中国传统文化彩色的精彩节目深受密联邦人民的喜爱,增进了密联邦人民对中国文化的了解。

21世纪以来,中密文化艺术交流日渐频繁,密联邦文化艺术团体也不断到访中国,在中国刮起了"太平洋岛国风",拉近了两国民众的感情。2007年9月,在深圳举办的首届亚洲青年艺术节上,观众们领略了来自密联邦雅浦州歌舞团的岛国风韵。2010年上海世博会期间,密联邦与其他太平洋岛国组成"太平洋联合馆"参展,让中国观众和来自世界各地的游客再次感受到太平洋岛国特有的文化和民俗风情。参观的游客无不被密联邦馆外形如飘曳"单帆"的形状所吸引,为展馆前一人多高的"石头币"①所吸引,赞叹密联邦独特的自然风貌和特有的传统习俗文化。2010年8月29日举办的"密克罗尼西亚联邦国家馆日",更是让人们领略了密联邦人民的质朴与热忱,来自密联邦的艺术家给游客带来了精彩的富有岛国风情的民族歌舞表演。刚劲有力的"竹竿舞",演绎了密联邦人民战斗、航海的故事,展示了密联邦热情奔放的民俗风情和人民搏击海洋的豪迈气概,博

---

① 密联邦圆孔"石头币"是密联邦土著曾经使用的一种流通货币,最小的直径仅有几十厘米,最大的可达3.5米。

得了现场观众的阵阵喝彩。广袤的海洋给予了密联邦人民丰富的资源，也提高了密联邦人民捕鱼、航海的技能，这些实践劳作成为他们艺术创作的源泉。

近年来，中密人文交流进一步深化。2015年10月16日，"雅浦州—中国经济文化交流协会"在密联邦雅浦州成立。① 2017年7月，密联邦雅浦州传统舞蹈艺术团赴广东、四川、福建等地演出，深受当地民众的喜爱。② 2019年中国北京世界园艺博览会举办期间，密联邦与其他太平洋岛国组成"太平洋岛国联合展园"亮相北京世园会，让中国观众在感受太平洋岛国"绿色植被、蓝色海洋、白色沙滩、光泽珍珠"海洋风情的同时，也体会了"海洋、岛屿与人类和谐发展"理念。在中密建交30周年纪念日（2019年9月11日），"密克罗尼西亚国家日"活动在北京世园会园区举行，来自密联邦的演员为中国观众带来富有密克罗尼西亚风情的文艺表演，"草裙"摇曳岛国风，"竹竿"击起海洋情，吸引了大量中国观众驻足观看，拉近了密联邦人民与中国人民之间的关系。在中密建交30周年之际，中国驻密联邦大使馆与密方有关部门协作，策划举办贯穿全年的一系列庆祝活动。2019年2月3日，中国驻密联邦大使馆举办庆祝中密建交30周年新春招待会，揭开了中密建交30年系列庆祝活动的序幕。招待会上，波纳佩州高中学生乐团为来宾表演了《治愈世界》等精彩节目，表现出对习近平主席提出的人类命运共同体理念的强烈认同与支持。③ 宾主在观看文艺演出的同时共话友好交流和互利合作大计，为增进中密友好关系奠定了民意基础。

---

① 《中国同密克罗尼西亚的关系》（更新时间：2019年3月），中国外交部网站，2019年9月9日，https://www.fmprc.gov.cn/web/gjhdq_676201/gj_676203/dyz_681240/1206_681568/sbgx_681572/。

② 《中国同密克罗尼西亚的关系》（更新时间：2019年3月），中国外交部网站，2019年9月9日，https://www.fmprc.gov.cn/web/gjhdq_676201/gj_676203/dyz_681240/1206_681568/sbgx_681572/。

③ 《驻密克罗尼西亚联邦大使黄峥举办庆祝中密建交30周年新春招待会》，中国驻密联邦大使馆网站，2019年2月3日，https://www.fmprc.gov.cn/web/zwbd_673032/gzhd_673042/t1635450.shtml。

三 中密关系展望

回顾中密建交30年的历史，可以看到中密关系总体发展顺利，双边友好合作关系不断深化。展望新时代的中密关系，在双方的共同努力下，中密"全面战略伙伴关系"必将迈上新的台阶。不过，我们也应该看到，中密关系也面临一些制约因素和不利局面。在推进中密共建"一带一路"的进程中，中密双方需要携起手来克服这些不利因素，秉承共同发展、合作共赢的理念，推动两国关系进一步发展。

（一）中密两国未来合作的重点领域

中密建交30年来，双方高层互访频繁，两国合作从小到大，不仅合作形式多样，合作成果更是硕果累累。随着中密共建"一带一路"进程的推进，中密两国在经贸往来、设施融通、海洋开发、环境治理、人文交流等领域必将取得更大的成绩。

1. 拓展经济合作

中密在经济领域优势互补，农业、渔业是密联邦的经济支柱，而中国的轻工业产品和电子产品畅销密联邦，两国间的贸易额不断增长。不过，相对于中密战略伙伴关系而言，中密间的贸易规模仍然偏小，尤其是中国进口自密联邦的产品数量仍然偏低。因此，未来中国一方面要增加对密联邦优质农业和渔业产品的进口，另一方面也要通过直接投资的方式增强密联邦的产品生产和出口能力。推动密联邦等太平洋岛国企业来华参加中国国际进口博览会、中国进出口商品交易会等经贸交流展会，是扩大密联邦等太平洋岛国优质特色渔业产品、农产品对华出口的重要途径。未来可以继续扩大来华企业的规模，增强密联邦产品在中国市场的吸引力，扩大密联邦对华出口。当前，中密企业相互投资不多，而且主要集中在中国国企与密方合作层面，双方投资合作前景广阔，应积极鼓励中国企业尤其是私营企业积极到密联邦投资，提高当地的产业加工能力，扩大当地消费市场。

"一带一路"建设的推进,也必将为中密双方企业参与基础设施建设、资源开发和产业合作提供更广阔的平台。

2. 加强设施联通

设施联通是促进经济社会发展和双边经贸往来的重要保障。当前,密联邦港口、公路、机场等基础设施仍然较为落后,在一定程度上制约了密联邦经济社会发展和中密经济合作的能力。中密两国在"一带一路"合作框架下已经达成了海上互联互通的合作协商机制。今后,中密两国在公路、港口建设等方面都有着广阔的合作前景。未来可以推动中国企业积极参与密联邦公路、港口、机场等相关合作项目的建设,共同为海上互联互通大通道建设做出贡献。

3. 推动海洋合作开发

习近平主席指出,"纵观世界经济发展的历史,一个明显的轨迹,就是由内陆走向海洋,由海洋走向世界,走向强盛"。[①] 近年来,海洋开发、海洋经济已经成为许多国家重要的发展战略。中密两国都拥有广袤的海洋国土,这为海洋经济的发展提供了丰富的资源。密联邦具有发展海洋经济和海洋产业得天独厚的条件,金枪鱼产量占世界金枪鱼产量的70%。[②] 不过,由于密联邦捕捞技术落后,大部分金枪鱼捕捞、加工由美国、日本等国进行。近年来,中密两国海洋经济发展迅速,但海洋合作尚处于起步阶段,未来中密两国区域海洋经济发展与合作有着广阔的前景。中国与密联邦结成友好省州的山东、广东、海南、浙江都是海洋经济大省,拥有各自的海洋产业优势,可以通过与密联邦地方在海洋渔业、海洋运输、海洋旅游、海洋科研及海洋保护等领域展开合作,共同促进中密海洋产业发展。

4. 深化民心相通

"国之交在于民相亲,民相亲在于心相通。""民心相通"是"一带一

---

① 《驻密克罗尼西亚联邦大使黄峥在中国—太平洋岛国海洋经济合作研讨会上的讲话》,中国驻密联邦大使馆网站,2018年10月2日,http://fm.chineseembassy.org/chn/zmgx/xwdt/t1602693.htm。

② 孙洁:《海上原始森林密克罗尼西亚联邦 金枪鱼产量居首位》,《海洋世界》2014年第2期。

路""五通"最关键、最基础的一环,是"一带一路"建设的社会根基。中密关系行稳致远和"一带一路"建设的顺利进行都离不开中密两国"民心相通"这个基础。中密建交后,两国之间的人文交流呈不断上升的趋势,为两国关系的发展提供重要的支撑。从2019年初到9月相继到达密联邦的"科学号""向阳红10号""向阳红03号""海洋六号"科考船开展的"甲板招待会",不仅成为密联邦民众了解中国先进科考技术的重要机会,"科考船"外交也成为拉近中密关系的重要举措。① 今后,在共建"一带一路"进程中,仍然需要大力推动中密两国人民的交流与沟通。可以借助中密人力资源开发合作平台,加强双方人员沟通交流,推动互学互鉴。同时,继续增加各类为密联邦等岛国政府官员、专家、企业家等人员举办的短期多边、双边培训班及学历学位培训项目,邀请密联邦地方政府人员及企业家来华参加各类展会、论坛等,推动中密人员交流。② 此外,还可以在密联邦设立孔子学院和文化中心,推广汉语教学和促进中国文化传播,让密联邦人民在学习和感受中华文化的过程中实现"民心相通"。

(二)中密关系未来发展的制约因素

鉴于密联邦重要的战略位置,未来中密两国关系的发展必然会受到一些不确定性因素的影响。密联邦位于西太平洋夏威夷西南约2500英里处,雅浦州东北距关岛仅858公里(约463海里),地理位置十分重要。第二次世界大战期间,密联邦曾经是日本在太平洋重要的海军基地,也是太平洋战争的主战场之一。因此,尽管密联邦是一个经济比较落后、人口稀少的太平洋岛国,却是大国博弈的重要场所。

二战后密联邦被划为美国太平洋岛屿托管地,此后40年间一直处于美

---

① 《庆祝中密建交30周年首场招待会在"科学号"科考船上举办》,中国驻密联邦大使馆网站,2019年1月5日,http://fm.chineseembassy.org/chn/zmgx/xwdt/t1627233.htm。
② 《驻密克罗尼西亚联邦大使黄峥在中国—太平洋岛国海洋经济合作研讨会上的讲话》,中国驻密联邦大使馆网站,2018年10月2日,http://fm.chineseembassy.org/chn/zmgx/xwdt/t1602693.htm。

国托管下。独立后，密联邦仍然与美国保持着"特殊"关系，密联邦是美国的"自由联系国"，防务仍然由美国负责。此外，美国也是密联邦最大的援助国和最大的进口来源国，密联邦从美国的进口额占密联邦进口总额的2/3。① 随着中国在密联邦影响力的扩大，有些美国政客担心中国会把美国人"踢出去"，因此，21世纪以来，"重返"南太平洋的美国正在通过增加对密联邦的经济援助、扩大其在密联邦的军事存在等方式来遏制中国在太平洋地区的发展。

日本与密联邦也有着特殊的历史渊源。一战后，密联邦作为日本在太平洋的委任统治地，曾经是日本在南太平洋地区重要的经济中心，砂糖、椰干、淀粉等生产都具有一定的规模。二战后，日本因战败退出密联邦。密联邦独立后，日本于1988年与密联邦建立外交关系，并通过积极的经济援助政策很快成为密联邦第二大援助国。同时，日本也是密联邦最大的进口国，密联邦60%的出口商品输往日本。② 20世纪90年代以来，日本通过"日本与太平洋岛国首脑峰会"和援助外交，不断增强在太平洋岛国地区的影响力，排挤其他大国。近年来，随着中国在太平洋岛国影响力的增强，日本还通过与美国联合的方式遏制中国在这一地区的发展。

此外，澳大利亚作为太平洋岛国地区最大的国家，一直视太平洋岛国地区为自己的"后院"。因此，澳大利亚政府一直比较注重通过双边和多边援助增强在太平洋岛国地区的影响力。目前，澳大利亚也是密联邦的第三大援助国和重要的出口国。近年来，随着域外大国在太平洋岛国地区竞争的加剧，澳大利亚政府也开始重新评估其在太平洋岛国的地位和影响力。尤其是出于澳美同盟的战略需要，澳大利亚对密联邦等美国在太平洋的"自由联系国"更加关注。2018～2019年度，澳大利亚为密

---

① 《密克罗尼西亚联邦国家概况》（更新时间：2019年7月），中国外交部网站，2019年9月20日，https：//www.fmprc.gov.cn/web/gjhdq_676201/gj_676203/dyz_681240/1206_681568/1206x0_681570/。

② 《密克罗尼西亚联邦国家概况》（更新时间：2019年7月），中国外交部网站，2019年9月20日，https：//www.fmprc.gov.cn/web/gjhdq_676201/gj_676203/dyz_681240/1206_681568/1206x0_681570/。

联邦、帕劳和马绍尔群岛提供了 790 万美元的政府开发援助和 500 万美元的双边援助。①

太平洋岛国地区大国竞争带来的一些不利影响,在一定程度上也会影响到中密双边关系的发展。因此,中国在推进与密联邦等太平洋岛国关系的进程中,不仅要继续深化双边关系,更要处理好与该地区域外大国的关系。事实上,"太平洋对于所有国家而言都足够大了"。② 大国在太平洋岛国地区不仅存在竞争关系,也存在许多合作的机遇,尤其是在应对气候变化、环境治理、海洋治理等方面,不仅太平洋岛国需要更多国家的帮助,而且大国之间也唯有合作才能取得良好的治理成效,才能促进太平洋岛国和平和谐发展。

结 语

概言之,中密自建交以来,两国双边关系持续深化,不仅为两国的发展和福祉提供了重要保障,也为新型国家关系尤其是南南关系的发展树立了榜样,成为发展中国家相互尊重、共同发展的典范。尽管两国关系也受到诸如大国竞争等不利因素的影响,但在两国的共同努力下,相信两国关系能够持续深化。2018 年 11 月,习近平主席与密联邦总统克里斯琴在巴布亚新几内亚举行会晤,双方共同宣布将中密关系提升为"全面战略伙伴关系",为两国关系未来发展指明了方向,也促使两国在携手共建"一带一路"和人类命运共同体的道路上更进一步。

---

① "Overview of Australia's Aid Program to Palau," Australian Department of Foreign Affairs and Trade, October 1, 2018, https: //dfat. gov. au/geo/palau/development – assistance/Pages/development – assistance – in – palau. aspx.
② 《中国强化对太平洋岛国援助 引发美日等国警惕》,新华网,2013 年 2 月 19 日,http: //www. chinanews. com/gj/2013/02 – 19/4575462. shtml。

B.14
中国对萨摩亚的教育援助*

石莹丽**

摘　要： 中国对萨摩亚的教育援助始于1984年。迄今，中国共派出14位汉语教师、21位理科教师在萨摩亚国立大学和中小学任教。2018年，萨摩亚国立大学孔子学院成立，中国对萨摩亚的教育援助更加完善、系统。目前来看，萨摩亚教育主要存在投入少、普通家庭不够重视、教师待遇低、教师学历低、课堂效率低、师资力量不均衡、教育评价不健全等问题。在今后的援助工作中，中国可以进一步与萨摩亚教育体育文化部沟通，通过提升萨摩亚教师学历、结成更多友好学校以及建立援助基地、远程教育基地、职业教育专区等措施，帮助萨摩亚提高教育教学质量。

关键词： 中国　萨摩亚　教育援助

中国与萨摩亚于1975年11月6日建立外交关系。1976年10月，中国在萨摩亚设立大使馆。建交以来，两国领导人互访频繁，在经济、文化、教育、卫生、海洋渔业等领域达成多方面共识，实现了各级各领域充

---

* 本文为山东省社会科学规划研究项目"促进山东省与南太建交岛国的文化举措研究"（19CZKJ03）、山东省外事研究与发展智库研究课题"太平洋岛国与山东省'海洋强省'战略关系研究"的阶段性成果。

** 石莹丽，博士，聊城大学历史文化与旅游学院教授，聊城大学太平洋岛国研究中心研究员，主要研究方向为中国史学理论、中国近现代学术思想、太平洋岛国文化教育。

分合作,为萨摩亚提供了有力帮助。人力资源援助方面,主要有中国政府向萨摩亚派遣医疗队、农业技术专家、汉语、理科教师等。中国政府对萨摩亚教育援助始于20世纪80年代,迄今已经35年,对萨摩亚产生了较为深远的影响。

一 萨摩亚教育概况

萨摩亚学制主要受到本土传统文化、19世纪基督教、20世纪新西兰殖民主义以及独立以来各届教育行政长官影响。[①] 目前萨摩亚共有公办小学143所,加上教会小学和私立小学,总数近200所;有公办中学23所,加上教会中学11所和私立中学10所,共计44所。[②] 萨摩亚小学教育共计8年,中学教育共计5年。2011年萨摩亚人口普查结果显示,5岁儿童入学率仅有60%,6岁儿童入学率达到96%。

目前直属萨摩亚教育体育文化部管理的小学教师有1100人左右,许多偏远农村小学教师人数不足10人;中学教师550人,且中学教师中获得学士学位者不足200人。[③] 自2016年开始,中学新进教师必须获得学士学位。对于在职教师,萨摩亚教育部通过各种奖励措施鼓励教师进修,力争到2018年底使获得学士学位教师人数达到200人。[④] 针对理科教师短缺的问题,萨摩亚教育部自2012年起有计划地安排教师进入南太平洋大学学习,2016年第一批52位教师获得理学学士学位。

萨摩亚有两所大学——萨摩亚国立大学和南太平洋大学分校,可提供专科、本科和研究生教育,也可招收攻读博士学位的研究生。萨摩亚国立大学成立于1984年,目前有艺术、教育、商科、理工、健康医学和应用科学六

[①] Department of Education, A Document on the Educational Policy Decisions for the Next Five Years, Apia: Government of Western Samoa, 1986, p.4.
[②] 本数据通过萨摩亚教育体育文化部2018年1月发布的学校名录统计形成。
[③] 本数据系2018年9月与萨摩亚教育体育文化部官员座谈获悉。
[④] 此数据通过2017年12月与萨摩亚教育体育文化部官员访谈获知。

个学院,一个萨摩亚研究中心和一个继续教育中心,主要专业有艺术、护理、外语、财会、教育、医学等。现有在校学生3200~3500人、教职员工370多人,教职员工中8%为非萨摩亚籍员工,其目标为非萨摩亚籍教师占比达到40%。① 南太平洋大学成立于1968年,总校区设在斐济首都苏瓦,为12个成员国共同所有,其萨摩亚分校阿拉富阿农学院主要设有农学专业。

21世纪以来,萨摩亚一直致力于教育改革,先后提出了"公平教育"、"全民教育"、"教育优先发展"和"可持续发展教育"等现代教育理念。② 受此影响,萨摩亚教育体育文化部相应实施了一系列短期和中长期教育规划及多项教育改革措施,提出了"公平、质量、恰当、效率、持续"等教育目标,在硬件设施建设、教师专业水平提升等方面取得一定成效。这主要表现在三个方面:一是学校建设规范有序,基本设施能够得到保障,能够满足全体适龄青少年的入学要求;二是教师培训系统化,教师整体学历有所提高;三是小学入学率较之前大有提高,远远超过了南太平洋地区平均水平(70%)。

二 萨摩亚中小学教育存在的问题

总体而言,萨摩亚中小学教育依然存在观念保守、管理模式落后、失学辍学情况严重、教育资源匮乏、教师学历结构不合理、课堂教学质量低等问题,与政府管理者提倡的现代教育理念和管理模式明显错位。

---

① 上述关于萨摩亚国立大学内容来源于2017年11月聊城大学代表团访问与萨摩亚国立大学时时任萨摩亚国立大学校长福伊·阿索福·索奥(Fui Asofou So'o)的讲话。
② Department of Education, Corporate Plan July 2000 – June 2003, Apia: Government of Samoa, p. 8; Corporate Plan July 2006 – June 2009, p. 6; Strategic Policies and Plan July 2006 – June2015, p. 8; Corporate Plan July 2015 – June 2018, p. 4; Samoa Education Sector Plan July 2012 – June2016, p. 51; Samoa Education Sector Plan July 2013 – June 2017, p. 7.

（一）国家经济基础薄弱，对教育投入少

目前萨摩亚教育支出占财政支出的 13%～15%，与医疗支出比例相当，但与萨摩亚青少年人口比例相比，远远不能满足教育需求。萨摩亚中小学所有学生没有课本，每个学生仅有两支笔、一把尺子，每门课程一个练习本。中学普遍缺乏理化实验设备，计算机机房部分计算机不能运转。学校图书馆藏书大部分依靠捐赠，过于陈旧，相当长时间没有更新。

（二）国民整体受教育水平低，普通家庭对教育重视不够

尽管统计数据显示萨摩亚小学入学率高达 96%，15～24 岁人口文盲率仅为 2.1%，[1] 但实际情况是入学率统计的仅仅是开学之初的登记人数，而中途辍学人数没有统计，但萨摩亚中学生中途退学、休学现象普遍，严重影响了教育质量。一个令人吃惊的现象是，高中毕业生不会两位数乘法，不会正负数加减法，没有做过理化实验，不会基本的计算机操作。究其原因，主要是教育投入少，家长对孩子的教育没有及时跟进，没有升学压力等。正如日本国际协力机构在一项调研中所说，许多萨摩亚家庭"并不把教育看作家庭第一要务"。[2]

（三）对教师重视不够，教师待遇有待提高

萨摩亚教师工资与职称、年龄无关，与学历有关。据了解，取得专科学历者，月工资 1300 塔拉；取得萨摩亚国立大学学士学位者，月工资 2000 塔拉；取得南太平洋大学学士学位者，月工资 2200 塔拉；[3] 取得理科学位者

---

[1] Bureau of Statistics, Population and Housing Census 2011 Analytical Report, Apia: Government of Samoa, 2011, p. 4.
[2] JICA Samoa Office, Samoa Education Sector Study Final Report, Apia: Japan International Coorperation Agency, March 2004, pp. 4–5.
[3] 2018 年 8 月，笔者带领援教团为萨摩亚进行了为期三天的培训，该数据系与萨摩亚教育体育文化部负责教师培训的官员交谈获悉。

在此基础上每月再增加200塔拉。① 尽管与国内某些地方教师待遇差不多，但萨摩亚1700多位中小学教师中，仅有不足200人可以拿到每月2000塔拉的薪资。

（四）教师学历偏低，课堂效率低

萨摩亚高中教师学历偏低，理科学士更是少之又少。许多理科教师照本宣科，时常出现计算、表达、解释错误。加之慢节奏的生活方式、缺乏考核机制等，课堂效率低，迟到、缺课现象十分严重。2017年6月，日本国际协力机构对萨摩亚四所中学9～13年级学生进行了数学基本计算能力测试，成绩见表1。

表1　萨摩亚中学生数学计算能力测试成绩

年级	平均分
9	32
10	29
11	32
12	40
13	53

注：9～13年级使用同一份测试卷。
资料来源：2017年6月9日日本国际协力机构调查数据（日本国际协力机构驻萨摩亚教育体育文化部工作人员提供）。

表1显示，10年级平均分数不如9年级，11年级与9年级成绩相当，13年级平均分数依然没有达到及格线。

（五）师资力量不平衡，数、理、化、计算机等学科教师严重缺乏

目前萨摩亚全国极缺理科教师。9～11年级，数、理、化合称科学课程，各学校尚可开设；12年级、13年级进行分科教学，属选修课程，许多

---

① 本数据通过对萨摩亚中学教师访谈得到。

学校无法开设，长此以往，导致恶性循环。各学校计算机老师不会使用 Dos 系统，不会用 Excel 表格处理数据，常有因计算机软件问题、打印机缺墨而将整台机器丢弃的事情发生。①

（六）学生在校用于学习的时间过少，更没有练习的时间

萨摩亚人身体强壮，能歌善舞。在中小学教育中，歌舞排练、体育比赛、节假日纪念活动、日常校园清理等均远远重于课堂教学，因此各种活动挤占文化课教学时间的情况时有发生。尽管每学年开学之初便制定了课程表，但教师均需每天查看学校安排，因为随时有可能取消或调整课堂教学时间，而学生回到家鲜有家庭作业，家长更不会跟进督促。孩子在家的主要任务是看护弟弟妹妹、打扫卫生、种植农作物等家务或劳动。

（七）教育评价体系不健全，缺少奖惩机制

萨摩亚小学生毕业后除了成绩优秀者升入首都阿皮亚的重点中学外，其他基本就近入学。在整个高中阶段（5年）教育中，只有 12 年级、13 年级结束时举行全国统一考试，其他学年均由任课教师自行命题考试。不仅在教学内容、教学效果方面无人过问，而且学校、家长对授课内容、授课效果、考试成绩亦没有任何要求和疑问。每年仅限于年终一次的总结颁奖活动（只有每门课程成绩均为年级第一名的学生才能获得奖励）。但获得奖励人数太少，起不到激励作用。而且，师生并不将此活动看作激励，而是视其为一场盛大的娱乐活动，因此并没有收到实际效果。

（八）大学阶段奖学金不足，大学生辍学现象时有发生

与中小学每学年四学期不同的是，萨摩亚大学每学年分为两个学期，每

---

① 在萨摩亚工作期间，笔者所在学校计算机教师向笔者求教 Dos 系统、Word 文档、Excel 表格相关问题，笔者同事秦建波老师、张剑锋老师长期义务为学校、同事、华人朋友修理计算机，秦建波老师就曾在学校垃圾桶里拣出若干计算机配件。

学期学费为1300~2000塔拉，与国内大学差不多。但萨摩亚是一个刚"脱离"联合国贫困国家名单的国家，经济薄弱，贫困人口依然占有相当比例。2019年11月13日萨摩亚国家统计局和联合国粮农组织（FAO）联合举行的萨摩亚粮食安全指标发布会公布的数据显示，"萨摩亚5000~10000人挨过饿，24%的人粮食中度不安全，3%的人严重不安全"。① 目前，中国、澳大利亚、日本、新西兰等国每年为大学生提供一定数额奖学金，但相对于在校人数来讲，不足10%，绝大多数学生还是以自费学习为主。但是，萨摩亚家庭普遍孩子多，普通家庭难以支付学生学费。许多学生依靠在海外的亲属代交学费，而一旦学费中断便面临失学。况且大学生已经成人，是家庭主要劳动力，当然也是失学高危群体。

（九）职业教育不够系统，无法满足日常服务需要

目前，萨摩亚缺乏电子、电器产品维修人员，而且从事技术服务人员多没有经过专业培训，检测不规范、维修水平不高。目前尽管萨摩亚国立大学设有专业技术培训课程，但汽车、家用电器、电子产品维修以及网络维护等既缺乏技术人员又缺乏配件，许多家电甚至汽车均成为一次性消费品，造成极大浪费。

三 中国对萨摩亚教育援助项目

（一）为萨摩亚无偿援建学校

中国对萨摩亚教育设施援助主要体现在无偿为萨摩亚援建各类学校，包括萨摩亚国立大学海洋学院、残疾人培训中心、青年妇女活动中心和8所小学。

萨摩亚国立大学海洋学院于2014年3月正式开工建设，湖南建工承建，

---

① 此信息由参加发布会的中国第四批农业技术专家组刘知文队长提供。

2015年11月竣工。残疾人培训中心于2014年5月开工建设，2016年1月竣工，湖南建工承建，是专为萨摩亚残疾儿童提供基础教育和技能培训的机构，可容纳学生400多名。萨摩亚青年妇女活动中心维修扩建工程于2009年8月举行开工仪式，2010年6月竣工，上海建工承建。另外，在主岛乌波卢岛，中国援建的小学有阿艾利小学（2009年9月竣工，青岛建工承建）、瓦伊特莱小学（2010年4月竣工，上海建工承建）、马塔乌图小学（2011年9月竣工，上海建工承建）、法雷瓦奥小学（2013年10月竣工，上海建工承建）、修睦小学（2015年10月竣工，湖南建工承建）；在萨摩亚最大的岛萨瓦伊岛，中国援建的小学有高乌台瓦伊小学（2014年1月竣工，上海建工承建）和萨帕帕里小学（2013年10月竣工，上海建工承建）；在萨摩亚第三大岛马诺诺岛，中国援建的小学有法雷乌小学（2014年1月竣工，上海建工承建）。

（二）在萨摩亚开展汉语教学

1984年，中国开始向萨摩亚派出第一批汉语教师，迄今已有十余位汉语教师在萨摩亚国立大学、瓦伊特莱小学等学校任教。1984年，中国派出程相文、周翠琳两位教师赴萨，在萨摩亚国立大学开展了为期两年的汉语教学，到2018年8月底，共有8位教师在萨摩亚国立大学任教。[①]2014年1月，萨摩亚小学开设汉语课程，迄今中国共派出了王小丽、陈露、黄艳红、王振鹏、曹群喜、刘秀莲六位教师。2018年9月，萨摩亚国立大学孔子学院成立，孔子学院中方院长为梁国杰，教师有隋清娥、柳锦、赵莉。

萨摩亚国立大学孔子学院成立以来，不仅为在校学生提供各级汉语选修课程，而且面向全社会定期举办汉语教学活动，每周末的社区课程吸引了小学生、中学生、已参加工作的成年人，也不乏政府工作人员。他们纷纷表示希望学好汉语，可以申请到中国进一步留学的机会。

---

① 2018年9月，萨摩亚国立大学孔子学院成立，孔子学院教师继续承担汉语课程讲授。

（三）对萨摩亚进行理科教学援助

应萨摩亚教育、体育与文化部长马内莱要求，2015年教育部发函委托聊城大学开展遴选和派遣国家公派教师赴萨摩亚任教工作，这是我国首个对太平洋岛国的教育援外试点项目。自2016年1月至2019年12月，聊城大学共选派了四期工作队赴萨执行援教任务。第一期队长张桂清，成员石莹丽、陈彦、肖燕、汝晶；第二期队长石莹丽，成员乔立山、张丽梅、秦建波、刘燕；第三期队长石莹丽，成员乔立山、张丽梅、曲升、崔守鑫；第四期队长伊继金，副队长张剑峰，成员刘玉堂、王阳波、杨茜、杜娟。

萨摩亚理科教学十分薄弱，中国援萨理科教师不但在所服务学校圆满完成了援教任务，而且自觉担负起了为萨摩亚老师和学生答疑解难的工作，主动为正在进行深造的教师和参加全国统一考试的高年级学生辅导数、理、化等课程，受到所在学校教师和学生的高度评价。而且，中国援萨理科教师在2017年度、2018年度执行任务期间，队长石莹丽主动联系萨摩亚教育体育文化部，带领团队成员利用两周时间奔赴全萨两大主岛5个教学点，为萨摩亚全体数学和计算机老师进行了两次拉网式培训，提升了当地教师的专业水平和授课效果。

（四）在萨摩亚举办各类培训班

"一带一路"倡议实施以来，中国共为太平洋岛国举办了数十期各类技术培训班。据不完全统计，2013年10月至2017年12月，中国政府共邀请萨摩亚政府机关工作人员赴华参加了6次高级公务员研修班、8次热带水产养殖培训班、6次热带作物培训班。仅2016年4月至2017年8月，中国政府就邀请了萨摩亚28名新闻媒体工作人员到中国参加培训，为24名医护人员提供了1~3个月的专业培训；邀请20位来自萨摩亚教育体育文化部、萨摩亚国立大学以及一些艺术院校和文化中心的学员赴华参加为期三周的萨摩亚文化艺术研修班；邀请32名学员参加服装产业贸易培训班。另外，还为4名学员提供了参加发展中国家竹藤标准研修班、为6名学员提供了参加发展中国家皮革制品加工及进出口贸易培训班的机会。① 2018年前9个月，共有200余名萨摩亚政府和私营部门人员赴中国参加教育、体育、医疗、信息技术、公共管理和烹饪美食等领域的培训。2018年10月，中国在萨摩亚举办第二期"创意手工艺品和缝纫技术海外培训班"，在5个村为100名农村妇女传授缝纫技术。②

（五）为萨摩亚籍学生提供全额奖学金，双方缔结友好学校

近年来，中国政府每年为萨摩亚学生提供一定数额的全额奖学金，用以资助优秀学生赴华攻读学士和硕士学位。据不完全统计，自2013年10月至2018年12月，中国共为124位萨摩亚学生提供了全额政府奖学金。

2015年11月，广东惠州华罗庚中学与萨摩亚中学结成姐妹学校，华罗庚中学向萨摩亚中学捐建了电化教学中心，③ 2017年和2018年暑假期间，华罗庚中学邀请萨摩亚中学师生前往中国参观学习。④

四 中国对萨摩亚教育援助主要成绩

援萨期间，中国教师时刻牢记工作职责，严格遵守国家对公派教师的各项要求和规定，努力克服困难，尊重当地民风民俗，努力融入当地文化生活，得到萨摩亚教育部的高度认可和所服务的学校全体师生的喜爱。总体来看，中国对萨摩亚教育援助取得了以下主要成绩。

---

① 本部分数据系根据中国驻萨摩亚大使馆、商务部、外交部网站资料整理所得。
② 《驻萨摩亚大使王雪峰在国庆69周年招待会上的讲话》，中华人民共和国驻萨摩亚独立国大使馆网站，http：//ws.chineseembassy.org/chn/sgxw/t1600866.htm，访问时间：2018年10月20日。
③ 《惠州华罗庚中学与萨摩亚中学建立姐妹学校关系》，中华人民共和国驻萨摩亚独立国大使馆网站，2015年11月16日，http：//ws.mofcom.gov.cn/article/zxhz/sbmy/201511/20151101179700.shtml。
④ 《驻萨摩亚大使王雪峰在萨摩亚中学师生访华团欢送会上的讲话》，中华人民共和国外交部网站，2017年9月14日，http：//www.mfa.gov.cn/web/dszlsjt_673036/t1493119.shtml。

（一）援助专业多、领域广

中国对萨教育援助既有基础设施援助、人力资源援助，还有人力资源合作开发，援萨教师中既有数、理、化、生、财会、计算机等理科教师，也有汉语教师，另外在短期培训中还有服装裁剪、缝纫、草编等专业教师授课，可以说真正做到了全方位、多专业、宽领域。

（二）服务"一带一路"倡议，宣传中国文化

援萨期间，在完成本职工作的前提下，援萨教师努力做好文化使者，时刻不忘树立中国形象、传播中国文化。2017年9月和2018年3月，中国驻萨摩亚大使馆秘书处举办内阁夫人茶话会，援萨教师石莹丽向来宾们表演了中国藏族舞蹈，蔡高红表演了太极功夫扇，曹群喜表演了二胡独奏、太极拳，乔立山、张丽梅夫妇的女儿乔一凡表演了中国古典舞蹈等，受到萨方朋友的热烈欢迎。另外，秦建波、刘燕两位老师协助大使馆经商处拍摄了中国对萨农业技术支持片，在萨摩亚国家电视台进行播放，有力地宣传了中国对萨援助工作。中国援萨教师的出色工作受到我国驻萨摩亚大使馆的高度评价，中国驻萨摩亚大使馆于2017年底向聊城大学发来感谢信。

2018年6月1日，萨摩亚举行独立日游行，援萨教师组成中国教师方阵参加，受到萨摩亚国家元首、中国驻萨摩亚大使、萨摩亚各界民众的热烈欢迎，展示了中国教师的形象。

2018年8月，秦建波、刘燕夫妇将在萨摩亚一年拍摄的视频制作成了一部长达48分钟的《遇见萨摩亚》纪录片，配有中文解说和中英文字幕，并通过公众号等媒体向公众推送，对中国对萨教育援助起到了宣传作用。

2019年3月，萨摩亚国立大学孔子学院中方院长梁国杰参加了中国－太平洋岛国农业部长会议，4月接受中央电视台中文国际频道《华人世界》栏目采访，对传播中萨友谊、树立中国形象起到了良好效果。

五　进一步加强对萨摩亚教育援助的建议

太平洋岛国经济薄弱，十分依靠国际援助。中国对各建交岛国的援助既担负起了大国责任，又彰显了自身实力，也是中国与太平洋岛国建立外交关系的保障。从长期效果和可持续发展来讲，对萨摩亚教育援助是一项民心工程，可以发挥积极作用。为了更加有效地服务于"一带一路"倡议，接下来还需要强化以下方面的工作。

（一）加强与萨摩亚教育体育文化部沟通，提高教育改革质量

萨摩亚教育体育文化部一直致力于教育改革，提高中小学生计算识字能力，提升教师学历水平，积极引进外援，改善办学硬件设施。中方可根据萨方需求进行相关援助，具体建议如下。

第一，向萨方传授中国教育改革经验。双方进行多渠道、多领域沟通，有计划地安排萨方中小学校长、学科主任等到中国参观学习，逐步改变教学方法，使萨摩亚教育模式与国际接轨。

第二，帮助萨方修订教材，编制理科教师用书和学生辅导材料。萨摩亚理科教材中存在少量基础性、知识性错误，亟须修订；萨摩亚中小学没有课本和练习册，亟须编制符合学生知识水平、接受能力的练习册。

第三，选派更多的理科教师赴萨援助。相比于英语、萨摩亚语等学科，目前在萨摩亚中学最缺乏的是数学、物理、化学、生物、计算机等学科的教师。许多学校由于缺乏教师在高年级阶段未开设理化课程，计算机课程亦"有名无实"，亟须开展有计划的系统性培训。

（二）双方中小学结为友好学校

目前只有广东惠州华罗庚中学与萨摩亚中学结为友好学校，萨摩亚中学每年选派 10 名师生前往中国进行友好交流，对于萨方 200 多所中小学来说还远远不够，建议由双方教育部牵头，搭建双方中小学交流平台，互派师生

交流学习。具体建议如下。

第一，呼吁缔结更多的一对一友好学校，双方有计划地互派学生进行短期家庭互访、文化体验等交流学习。

第二，中方学校向萨摩亚兄弟学校捐赠实验仪器、图书资料、学习用品等。

第三，向萨摩亚友好学校提供一定数额的奖学金，用以帮助成绩优异但家庭困难的学生完成学业。

（三）帮助萨摩亚改善大学专业结构，提升大学教育质量

目前萨摩亚两所大学不能满足学生入学需求，而且在专业选择上学生更倾向于英语、萨摩亚语、社会学等偏文科的专业，无法满足当前中小学理科教师需求。具体建议如下。

第一，增加奖学金名额，选拔更多萨摩亚优秀学生来华攻读理工科本科、研究生学位。

第二，中方大学与萨摩亚国立大学和南太平洋大学分校建立长期合作关系，逐步推进学分互认、学位认证等联合培养计划。

第三，在农林渔业、海洋生物、交通运输、环境规划、计算机、工程学等领域推行双方科研人员申报联合课题，实现优质资源共享，打造中国南太平洋科研基地，提升双方科研实力。

（四）帮助萨摩亚提升教师学历，为萨摩亚培养培训教师

萨摩亚理科教师学历水平较低，对于基础性知识性问题亦没有完全掌握，无法满足课堂教学要求；目前萨摩亚全部中学及部分小学配有计算机房，中国援助的所有学校均配有多媒体教学设备，所有学校配有计算机办公设备，部分机器来自中国援助，由于长期得不到维护，系统或软件故障导致无法使用，许多学校误认为机器坏了随意丢弃，造成资源的浪费。具体建议如下。

第一，选拔萨摩亚优秀理科教师赴中国进行深造；

第二，派遣相关专业硕士生、博士生导师赴萨进行短期教育培训；

第三，为萨摩亚理科教师提供在华实习或就业 1~2 年的机会。

（五）在萨摩亚建立援萨教育基地和远程教育基地

萨摩亚国立大学孔子学院的建立是中国与萨摩亚教育合作的阶段性成果，中方需借此平台在萨摩亚建立教育援助基地和远程教育基地。具体建议如下。

第一，设立南太平洋学院等援萨教育基地（聊城大学计划在萨摩亚国立大学建立南太平洋学院，相关事宜正在协商）。

第二，中方派遣专业人员长期驻萨，提供培训、咨询等相关服务。中萨计算机教师建立一对一帮扶小组，中方为每个学校安装远程维护系统，定期进行远程操作，对全校机房、教师个人计算机进行软件升级和维护。

（六）在华设立职业教育专区

职业教育和技术服务是南太平洋国家和地区普遍短缺的，也是亟须解决的问题。具体建议如下。

第一，选派优秀高中毕业生来华学习汽车、家用电器、电子产品维修，电脑维护，渔业捕捞，大型渔船维护等专业知识，并取得相关资格证书。

第二，选拔有工作经验的技工来华进行短期职业培训，可联系汽车、造船、家用电器、电子产品等制造单位提供支持，提升中国企业在南太平洋的知名度。

第三，联合国内高校成立联合学院，定向培养技术人员。聊城大学已与萨摩亚国立大学签署了南太平洋学院合作意向书。聊城大学计划依托萨摩亚国立大学孔子学院重点开展语言文化教学、区域科学研究以及高层次人才培养工作。

中共中央办公厅、国务院于 2016 年 4 月印发的《关于做好新时期教育对外开放工作的若干意见》中指出："丰富中外人文交流，促进民心相通""加大对发展中国家尤其是最不发达国家的支持力度，开展教育国际援助。"

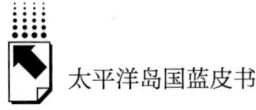

为此,教育部于 2016 年 7 月下发了《推进共建"一带一路"教育行动》的通知。通知指出,教育为国家富强、民族繁荣、人民幸福之本,在共建"一带一路"中具有基础性和先导性作用。教育交流为沿线各国民心相通架设桥梁,人才培养为沿线各国政策沟通、设施联通、贸易畅通、资金融通提供支撑。中国愿与沿线国家一道,扩大人文交流,加强人才培养,共同开创教育美好明天。萨摩亚是"一带一路"南线国家中与中国建交时间早、交往频繁、关系稳定的国家,在中国与南太平洋地区的外交中发挥着举足轻重的作用。同时,中萨教育合作和对萨教育援助可为中国对其他太平洋岛国开展教育援助提供借鉴。

附 录
Appendix

B.15
2019年太平洋岛国大事记

林 娜*

1月

2日 飓风"帕姆"袭击瓦努阿图纳皮尔农村培训中心（RTC）学校，中国土木工程建设总公司为其重建教室并捐赠70套桌椅，还建造沐浴区。

6日 中国土木工程建设总公司将瓦努阿图公路修复建设项目移交瓦努阿图政府。

24日 日本政府向瓦努阿图机场有限公司捐赠一辆化学消防车，加强机场跑道的灭火能力。这是日本"草根人类社会项目赠款援助"（GGP）的一部分。

---

* 林娜，历史学博士，聊城大学外国语学院教师，主要从事日语教学和太平洋岛国研究。

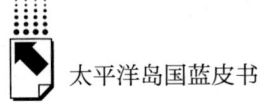

25 日 新西兰将向瓦努阿图提供 700 万新西兰元的警力支持,用于扩大安全合作计划。

2月

2 日 帕劳亚太国际航空有限公司帕劳—中国航线首航圆满成功。

15 日 中国山东新汇源国际贸易有限公司向瓦努阿图盘古社区捐赠礼物并建立联系。

20~21 日 第 19 届密克罗尼西亚元首峰会在帕劳召开。

22 日 中国政府向巴布亚新几内亚莫尔兹比港总医院捐赠逾 2 亿美元的药品与医疗设备。

23 日 萨摩亚人赴澳大利亚太平洋劳工计划正式启动。

3月

4 日 中国华为承建的巴布亚新几内亚海底光缆项目施工取得实质进展。

6 日 新西兰外交部长访问斐济,希望加强两国军事合作关系。

18 日 俄罗斯建议在帕劳建立全球导航卫星系统地球站。

21 日 根据帕劳旅游局最新统计数据,2 月中国来访的游客比同月增长一倍。2017~2018 年统计数据显示,中国成为帕劳最大客源国,中国访客量占帕劳总访客量的 52%。

25 日 新西兰对太平洋岛民开放居留资格,各国配额注册登记开始。

29 日 中国—太平洋岛国农业部长会议在斐济楠迪召开。

4月

1 日 2019"中国—太平洋岛国旅游年"开幕式在萨摩亚首都阿皮亚举行。

2 日 世界银行提供贷款 3050 万美元、赠款 2050 万美元用于支持所罗门群岛主要道路和两个最大机场的升级改造。

8 日 帕劳被批准成为第 101 个《武器贸易条约》缔约国。

10 日 日本国际协力机构与帕劳国际机场公司签署贷款协议。

11 日 中国电建集团承建的斐济瑞瓦河供水项目签约仪式在斐济首都苏瓦举行。

15 日 中国驻巴布亚新几内亚大使薛冰陪同巴布亚新几内亚总理奥尼尔参加巴布亚新几内亚首都莫尔兹比港"中国城"开工典礼。

22 日 中国公司将为瓦努阿图建造新财政部大楼。

24 日 梅纳西·索加瓦雷当选所罗门群岛总理。

26 日 杨渊戏曲人物画展在斐济首都苏瓦中国文化中心举办。

5月

1 日 马绍尔群岛共和国举办国庆日庆祝活动。

14 日 法属波利尼西亚教育部长会见中国外交学院代表团。

23 日 世界银行为所罗门群岛水和卫生项目赠款 1500 万美元。

26~31 日 瓦努阿图共和国总理夏洛特·萨尔维对中国进行正式访问。

27 日 中国农业部长韩长赋参观瓦努阿图伦塔堡养牛场。

30 日 詹姆斯·马拉佩就任巴布亚新几内亚总理。

6月

2~3 日 澳大利亚总理莫里森访问所罗门群岛,宣布为所罗门群岛急需的项目提供 2.5 亿澳元。

11 日 新西兰可持续能源公司 Infratec 首次向所罗门群岛的四个外岛提供可再生能源发电。

21~22 日 太平洋岛国论坛渔业机构 17 个成员和欧盟成员之间的政策对话首次在密克罗尼西亚联邦波恩佩召开,讨论与海洋资源可持续管理有关

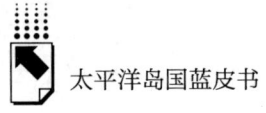

的问题。

30日 小岛屿发展中国家特别部长级会议在帕劳阿布扎比举行，与会者认为小岛屿发展中国家实现能源转型的目标是主要重点。

7月

7日 第16届太平洋运动会开幕式在萨摩亚阿皮亚公园体育场举行。

19日 帕劳和孟加拉国正式建立外交关系。

24~26日 气候变化太平洋三方高级别论坛在巴布亚新几内亚莫尔兹比港举行。

8月

4~5日 日本外务大臣河野太郎对斐济进行工作访问。

5日 美国国务卿蓬佩奥访问密克罗尼西亚联邦。

13~16日 第50届太平洋岛国论坛（PIF）在图瓦卢举行。

15~19日 所罗门群岛政府代表团访问中国，与中国政府有关官员和决策者举行高层会谈。

26日 联合国开发计划署资助帕劳750万美元用于抗灾项目。

9月

11日 中国国家主席习近平同密克罗尼西亚联邦总统帕努埃洛互致贺电，热烈庆祝两国建交30周年。

12日 汤加王国首相兼外交大臣阿基利西·波希瓦逝世。

16日 所罗门群岛政府做出决定，与中华人民共和国建立外交关系。

17日 美国承诺提供30万美元支持帕劳主办"我们的海洋2020"。

23日 中国国家副主席王岐山会见所罗门群岛外交与贸易部长耶利

米·马内莱。

24 日 所罗门群岛政府和中国国家铁路集团有限公司签署一项价值 64 亿美元的协议，用于在瓜达尔卡纳尔的金岭矿建设和租赁基础设施项目。

10月

1 日 帕劳举行独立 25 周年庆典。

1~6 日 萨摩亚总理图伊拉埃帕和夫人访问日本。

3 日 亚洲开发银行批准向所罗门群岛城市供水和卫生部门项目提供 2800 万美元贷款和 900 万美元赠款。

9 日 北京建筑设计研究院的第一支中国监察组评估所罗门群岛四个国家项目的基础设施需求，并与相关部门就项目启动计划进行会谈。

9~10 日 所罗门群岛总理梅纳西·索加瓦雷访问中国。

20~21 日 第三届中国－太平洋岛国经济发展合作论坛在萨摩亚首都阿皮亚举行。

24 日 在离开所罗门群岛近 20 年后，美国"和平队"宣布将返回所罗门群岛参与重建行动，首批志愿者将于 2021 年年中抵达。

11月

4 日 汤加王国举行第 144 个国庆日纪念庆典。

18 日 马绍尔群岛举行大选。

24~25 日 英国查尔斯王子对所罗门群岛进行正式访问。

12月

1 日 萨摩亚卫生部表示，过去一周萨摩亚麻疹疑似病例增长了一倍多，达到 3530 例，与疫情相关的死亡人数从一周前的 20 人增至 48 人。

13日 连接悉尼、霍尼亚拉、莫尔兹比港和所罗门群岛的珊瑚海电缆系统已经完成。

17日 所罗门群岛获得澳大利亚2亿美元的水电项目支持,这将帮助该国减少近70%的柴油进口。

Abstract

This report mainly summarizes and then analyzes the trends of political, economic and social development of Pacific island countries, especially the development trend of international exchanges and cooperation between China and Pacific island countries.

In general, the political, economic and diplomatic situation in the Pacific Islands region remained stable in 2019, an election year for the Pacific Islands region. During the year, general elections were held in many countries such as Solomon Islands, Tuvalu, Kiribati, Federated States of Micronesia, Nauru and Marshall Islands. Elections for the head of government took place in Papua New Guinea and Tonga due to political changes. An independence referendum carried out successfully in the Autonomous Region of Bougainville. In the economic field, the development potential of Pacific island countries is gradually being released, and for the better of the overall economic operation, but subject to its own characteristics, weaknesses and risks is still prominent. In diplomacy, new trends have emerged in the South Pacific region, which are mainly reflected as follows: First, establishing a new label of regionalism—the "Blue Pacific", and developing Blue Pacific Diplomacy. Second, putting increased importance on climate diplomacy. Third, paying close attention to the North Pacific situation, extending the scope of diplomatic activities to the entire "Pacific World". In the end, multilateral diplomacy is more and more in regional organizations.

For China, 2019 is a year of deepening development in building "the 21st Century Maritime Silk Road". During 2018, 11 Pacific island countries, including Papua New Guinea, Niue and Fiji signed the "Belt and Road" memorandum of understanding with China, making the relations between China and the Pacific island region at the best level in history. China has made new diplomatic breakthroughs in the South Pacific, not only establishing diplomatic

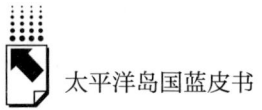

relations with Solomon Islands, but also restoring diplomatic relations with Kiribati. As a result, China's presence in the South Pacific has presented a new normal. Through the successful holding of activities such as Year of Tourism for China-Pacific Island Countries and The Third China-Pacific Island Countries Economic Development and Cooperation Forum, a dialogue platform has been set up between the two sides, which have effectively promoted bilateral economic interactions and people-to-people exchanges.

Keywords: Pacific Island Countries; "The Belt and Road"; China and Pacific Island Countries Relations

Contents

I General Report

B. 1 An Analysis on the Political, Economic and Diplomatic Development in the Pacific Islands 2019

Yu Lei / 001

Abstract: The Pacific Islands witnessed stability in 2019 in political, economic and diplomatic areas with most Pacific Island countries prioritizing economic growth, better livelihood and sea level rising. This reflects the aspirations of the mainstream society in the Pacific Islands for political stability, economic development and environmental protection. The PICs presents a differentiation in economic advancement as some keep a rapid growth by conforming to global trends whereas others decline. Internationally, the PICs articulate in "one voice" in international politics, reflecting an increasing say in global environmental and climate governance. In the aspect of regional development, the PICs work together to advance the "Blue Pacific" programme at one level and accelerate the "Looking to North" strategy at the other in the hopes of pushing forward economic development. The PICs-China relations of mutual cooperation have been deepened and intensified and thereby open a new chapter against the backdrop of their common aspiration of the BRI and the community of "shared future"

Keywords: Pacific Island Countries; Political Situation; China-PICs Relations

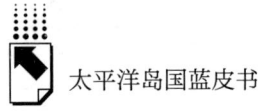

II Topical Reports

B. 2 A Review of Pacific Island Countries Political Situation in 2019

Wang Zuocheng / 012

Abstract: PICs have remained generally stable in 2019, and some countries heads into elections. However, some inherent issues have still roiled PICs' politics. Hotspots such as bougainville have held or are about to hold referendums. Pacific island countries are expected to maintain peaceful and stable on the whole, but they also face a series of uncertainties and risks.

Keywords: Pacific Island Countries; Political Situation; Referendum

B. 3 A Review of Pacific Island Countries Economy Landscape in 2019

Zhou Yuyi, Yang Yang and Hu Zhenyu / 025

Abstract: With single and fragile economic structure, Pacific island countries depend heavily on external forces for development, lack capability of self-development and have great disparities internally. With the accumulation of investment, the development of major projects and the improvement of infrastructure, the development potential of Pacific island countries has gradually been released and the overall economic performance is turning better. However, bound by their own features, their shortcomings and risks are still remarkable. Therefore, it is necessary to take precise measures, make overall plans and formulate systematic and comprehensive solutions.

Keywords: Pacific Island Countries; Economic Situation; Industrial Foundation

B. 4 Diplomatic New Trends in South Pacific Region and Its Influence: Based on the Inspect of Pacific Islands Forum Communique

Liang Jiarui / 047

Abstract: As changes of international politics and regional politics, there are new trends for diplomacy in south pacific region. Firstly, establishing new labels of regionalism and developing blue pacific diplomacy; Secondly, paying more attention to climate diplomacy; Thirdly, watching the situations in north pacific region and diplomatic activities cover the whole pacific world; Fourthly, preferring regional organizations' multilateral diplomacy. The new changes of diplomacy in south pacific region reflect a paradigm change which is changing from Pacific Plan to Framework for Pacific Regionalism. Identity and idea are the deep reasons for pacific island states to take what kind of diplomatic policies.

Keywords: Pacific Island Countries; Pacific Islands Forum Communique; "Blue Pacific"

III Special Topics

B. 5 Analysis of the General Election of Solomon Islands in 2019

Liu Xiaolin, Zhang Yong / 063

Abstract: In April 2019, Solomon Islands held its 10th general election. In this election, independents won 21 of the 50 seats in congress; The other 29 seats were split among eight parties, but none had a majority. In the end, the Democratic Coalition for Advancement, a group of political parties and independent parliamentarians, came to power and Mr Sogavare was elected prime minister. The results of the general election suggest a new normal in politics in the Solomon Islands, but the party system is still weak and the future is likely to be turbulent.

Keywords: Solomon Islands; Democratic Coalition for Advancement; Sogavare; Party System

B.6　An Interpretation of Bougainville Referendum in 2019

Sun Xueyan / 070

Abstract: A referendum is held in the autonomous region Bougainville from November 23 to December 7, 2019, Most voters are in favor of independence. As a regional hotspot, the referendum which attracts international attention gets a profound impact on the future development of PNG and Bougainville autonomous region. The trauma of war, cultural differences and dissatisfaction with the governance of Papua New Guinea make Bougainville people vote for independence, and the referendum with full preparation and high participation has been successful and won widespread praise, which also has a profound impact on the future direction of Bougainville.

Keywords: Bougainville; Referendum; Separatism

B.7　The Impact of the 2019 Pacific Games on Samoa's Politics, Economy and Culture

Jiang Yun / 082

Abstract: The successful hosting of the Samoa 2019 Pacific Games in Apia has had a positive impact on the organizers. From a political point of view, the Games not only enhanced Samoa's national image, deepened the country's understanding of sports diplomacy, but also increased its centripetal force and cohesion. From an economic point of view, the Games promoted the development of Samoa's tourism industry, demonstrated its economic development potential to the world, and created new jobs. From a cultural point of view, the

Games are conducive to the cultivation of islanders' sports awareness and help to strengthen the national physical education. More importantly, it will promote the construction of the Samoa sports system and kick off the modernization of sports.

Keywords: Pacific Games; Samoa; Sports Diplomacy

B. 8 New Trends and Priorities in the Governance in Pacific Islands Region

Qu Sheng / 093

Abstract: Since late 2014, in implementation of the Pacific Island Regional Policy, the Pacific islands worked hard together to align United Nations' sustainable development agenda, global agendas of ocean governance and climate change on one hand, and held regional conferences intensively to build consensus and pooled wisdom of various stakeholders on the other hand. Through these actions, the Pacific islands established leadership in the global agendas of ocean governance and climate change, identifying oceans and seas as region's most important priority. In recognizing the Blue Pacific as a new narrative of regionalism, sustainable fisheries, marine ecosystem resilience and marine science and technology were established as three most important priority issues in the marine sector.

Keywords: Pacific Islands Region; Ocean Governance; "Blue Pacific"; Sustainable Development

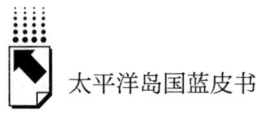

B.9 The Changes of the Civil and Foreign Affairs of Papua New Guinea and the Development of China-PNG Relations Since the APEC Summit of 2018

Han Yuping / 120

Abstract: Since the APEC Summit was held in Papua New Guinea in 2018, changes have occurred in both the civil and the foreign affairs of PNG. First, the former Prime Minister Peter O'Neill resigned and James Marape came into power, and to what extent the new prime minister will stick to the policies of the former government is still unknown. Secondly, the referendum of Bougainville will be held, and the consequences of the result are hard to predict. At the same time, both Australia and U.S. have attached their importance to PNG for their own national interests. In this complex situation China should take the political and social situations of PNG into consideration while carrying out the Belt and Road Initiative in the South Pacific region. Based on the economic cooperation between the two countries, China should reinforce the mutual political trust between the two countries and carry out more cooperation in the field of culture, education, technology and health to promote the relation between the two countries.

Keywords: APEC Summit; Papua New Guinea; Internal Affairs and Foreign Affairs; Relations between China and Papua New Guinea

B.10 2018 Fiji General Election and Influence

Lyu Guixia / 135

Abstract: As the second general election held after the military coup in 2006, Fiji and the international community attach great importance to 2018 Fiji general election. In order to ensure the smooth progress of the 2018 general election, the Fiji government has done a lot of preparatory work and successfully completed the general election under the supervision of the Multinational Observer

Mission. Compared with the 2014 general election, not only is more diversified, but also the 2018 Fiji general election breaks through the framework of the 2013 Fiji Constitution. The number of candidates increased to 51, while the number of female candidates has soared. Due to the ruling Fijifirst Party win again, the influence of the 2018 general election on Fiji's domestic politics and diplomacy has two sides, and the impact on China-Fiji relations needs to be carefully observed and dealt with.

Keywords: Fiji General Election; Bainimarama; China-Fiji Relations

Ⅳ Relations of China-Pacific Island Countries

B. 11 Sailing to the South: Opportunities and Challenges for China and the Pacific Island Countries to Co-build "The Belt and Road"

Chen Xiaochen, Guan Zhaoyu and Zhang Tingting, et al. / 147

Abstract: Based on the basic regional situation of the Pacific Island Countries (PICs) and the global circumstances, the chapter introduces the origins of China-PICs cooperation and the outcomes achieved, shows the value and importance of that cooperation, analyzes the existing "five bottlenecks" in the development of the PICs including infrastructure, institutional architecture, ecological environment, cognitive errors and developmental culture, and challenges in economic development, social ecology and cultural understanding, then proposes three pathways for co-building "The Belt and Road" — blue innovative development, green sustainable development and multilateral governance.

Keywords: "The Belt and Road"; Pacific Island Countries; Silk Road Spirit; Blue Economy; Sustainable Development

B. 12　Review and Prospects for the Future of China-Pacific Island Countries Relations in 2019

Zhao Shaofeng / 173

Abstract: In 2019, relations between China and Pacific island countries are at the best level in history. China has made diplomatic breakthroughs in the South Pacific. First, China established diplomatic relations with Solomon Islands and re-established diplomatic relations with Kiribati. Second, China successfully held several major events with Pacific Island Countries (PICs), such as China- PICs Tourism year and the Third China- PICs Economic Development and Cooperation Forum. Third, China's financial, technical, medical and educational assistance to PICs has provided important support for their development. Moreover, under the "The Belt and Road" Initiative framework, cooperation projects between China and PICs continue to increase. Chinese Wisdom and Chinese Plan will provide more help to these countries, and this will deepen the interaction, cooperation and exchanges between the two sides.

Keywords: Pacific Island Countries; "The Belt and Road" Initiative; China-Pacific Island Countries Relations

B. 13　30 Years of China-Micronesia Relations: Review and Prospect

Li Defang / 187

Abstract: In the past 30 years, China-Micronesia relations has gone steadily and far which has gradually turned from the positive interaction to "strategic partnership" and "comprehensive strategic partnership". Since the establishment of diplomatic relations, China-Micronesia relations has developed smoothly, and bilateral cooperation has grown from small to large. Great progress has been made in the fields of political mutual trust, economic and trade exchanges and human-cultural exchanges. Entering the 21st century, bilateral practical cooperation has been deepened and become a model for South-South cooperation in the process of co-building the "The Belt and Road" Initiative. This paper reviews the history of bilateral relations of China and Federated States of Micronesia, sorts out the achievements of cooperation and finds the factors affecting the development of bilateral relations. On this basis, the paper looks forward to the future development prospects of bilateral relations of China and Federated States of Micronesia.

Keywords: China; Federated States of Micronesia; Relations of China and Federated States of Micronesia; Comprehensive Strategic Partnership

B. 14 China's Education Aid to Samoa

Shi Yingli / 202

Abstract: China's education aid to Samoa began in 1984. Up to now, China has sent 14 Chinese teachers and 21 science teachers working in National University of Samoa and several primary and secondary schools. In 2018, the Confucius Institute of National University of Samoa was established, China's education assistance to Samoa has been more perfect and systematic. At present, there are also several educational problems in Samoa, such as less investment in education, insufficient attention paid by ordinary families, teachers' treatment to be improved, low educational level of teachers, poor teaching efficiency, unbalanced teaching staff, and imperfect education evaluation. In the future assistance work, China can further communicate with the Ministry of Education, Sports and Culture of Samoa to help Samoa improve the quality of education and teaching as soon as possible by improving the educational level of Samoa teachers, establishing more sister schools, establishing aid bases, distance education bases and vocational education zones.

Keywords: China; Samoa; Education Aid

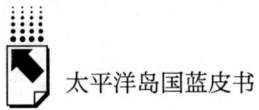

Ⅴ Appendix

B.15 The Key Events of Pacific Island Countries in 2019
Lin Na / 217

权威报告·一手数据·特色资源

皮书数据库
ANNUAL REPORT(YEARBOOK) DATABASE

分析解读当下中国发展变迁的高端智库平台

所获荣誉

- 2019年,入围国家新闻出版署数字出版精品遴选推荐计划项目
- 2016年,入选"'十三五'国家重点电子出版物出版规划骨干工程"
- 2015年,荣获"搜索中国正能量 点赞2015""创新中国科技创新奖"
- 2013年,荣获"中国出版政府奖·网络出版物奖"提名奖
- 连续多年荣获中国数字出版博览会"数字出版·优秀品牌"奖

成为会员

通过网址www.pishu.com.cn访问皮书数据库网站或下载皮书数据库APP,进行手机号码验证或邮箱验证即可成为皮书数据库会员。

会员福利

- 已注册用户购书后可免费获赠100元皮书数据库充值卡。刮开充值卡涂层获取充值密码,登录并进入"会员中心"—"在线充值"—"充值卡充值",充值成功即可购买和查看数据库内容。
- 会员福利最终解释权归社会科学文献出版社所有。

数据库服务热线:400-008-6695
数据库服务QQ:2475522410
数据库服务邮箱:database@ssap.cn
图书销售热线:010-59367070/7028
图书服务QQ:1265056568
图书服务邮箱:duzhe@ssap.cn

卡号:421647719348
密码:

基本子库
SUB DATABASE

中国社会发展数据库（下设12个子库）

整合国内外中国社会发展研究成果，汇聚独家统计数据、深度分析报告，涉及社会、人口、政治、教育、法律等12个领域，为了解中国社会发展动态、跟踪社会核心热点、分析社会发展趋势提供一站式资源搜索和数据服务。

中国经济发展数据库（下设12个子库）

围绕国内外中国经济发展主题研究报告、学术资讯、基础数据等资料构建，内容涵盖宏观经济、农业经济、工业经济、产业经济等12个重点经济领域，为实时掌控经济运行态势、把握经济发展规律、洞察经济形势、进行经济决策提供参考和依据。

中国行业发展数据库（下设17个子库）

以中国国民经济行业分类为依据，覆盖金融业、旅游、医疗卫生、交通运输、能源矿产等100多个行业，跟踪分析国民经济相关行业市场运行状况和政策导向，汇集行业发展前沿资讯，为投资、从业及各种经济决策提供理论基础和实践指导。

中国区域发展数据库（下设6个子库）

对中国特定区域内的经济、社会、文化等领域现状与发展情况进行深度分析和预测，研究层级至县及县以下行政区，涉及地区、区域经济体、城市、农村等不同维度，为地方经济社会宏观态势研究、发展经验研究、案例分析提供数据服务。

中国文化传媒数据库（下设18个子库）

汇聚文化传媒领域专家观点、热点资讯，梳理国内外中国文化发展相关学术研究成果、一手统计数据，涵盖文化产业、新闻传播、电影娱乐、文学艺术、群众文化等18个重点研究领域。为文化传媒研究提供相关数据、研究报告和综合分析服务。

世界经济与国际关系数据库（下设6个子库）

立足"皮书系列"世界经济、国际关系相关学术资源，整合世界经济、国际政治、世界文化与科技、全球性问题、国际组织与国际法、区域研究6大领域研究成果，为世界经济与国际关系研究提供全方位数据分析，为决策和形势研判提供参考。

法律声明

"皮书系列"(含蓝皮书、绿皮书、黄皮书)之品牌由社会科学文献出版社最早使用并持续至今,现已被中国图书市场所熟知。"皮书系列"的相关商标已在中华人民共和国国家工商行政管理总局商标局注册,如LOGO( )、皮书、Pishu、经济蓝皮书、社会蓝皮书等。"皮书系列"图书的注册商标专用权及封面设计、版式设计的著作权均为社会科学文献出版社所有。未经社会科学文献出版社书面授权许可,任何使用与"皮书系列"图书注册商标、封面设计、版式设计相同或者近似的文字、图形或其组合的行为均系侵权行为。

经作者授权,本书的专有出版权及信息网络传播权等为社会科学文献出版社享有。未经社会科学文献出版社书面授权许可,任何就本书内容的复制、发行或以数字形式进行网络传播的行为均系侵权行为。

社会科学文献出版社将通过法律途径追究上述侵权行为的法律责任,维护自身合法权益。

欢迎社会各界人士对侵犯社会科学文献出版社上述权利的侵权行为进行举报。电话:010-59367121,电子邮箱:fawubu@ssap.cn。

社会科学文献出版社